A ONDA

Susan Casey

A ONDA

Em busca das gigantes do oceano

Tradução:
Ivo Korytowski

Em memória de meu pai, Ron Casey

Título original:
The Wave: In Pursuit of the Rogues, Freaks, and Giants of the Ocean

Tradução autorizada da primeira edição americana, publicada em 2010
por Doubleday, um selo de The Knopf Doubleday Publishing Group,
uma divisão de Random House, Inc., de Nova York, Estados Unidos

Copyright da edição em língua portuguesa © 2010:
Jorge Zahar Editor Ltda.
rua México 31 sobreloja | 20031-144 Rio de Janeiro, RJ
tel (21) 2108-0808 | fax (21) 2108-0800
editora@zahar.com.br | www.zahar.com.br

Todos os direitos reservados.
A reprodução não autorizada desta publicação, no todo
ou em parte, constitui violação de direitos autorais. (Lei 9.610/98)

Grafia atualizada respeitando o novo
Acordo Ortográfico da Língua Portuguesa

Preparação: Leonardo Alves | Revisão: André Marinho, Eduardo Farias
Capa: Sérgio Campante | Foto da capa: © Fred Pompermayer/www.TheShot.com.br
Fotos das guardas: Karsten Petersen e Erik Aeder

CIP-Brasil. Catalogação na fonte
Sindicato Nacional dos Editores de Livros, RJ

C332o
Casey, Susan, 1962-
A onda: em busca das gigantes do oceano / Susan Casey; tradução: Ivo Korytowski.
— Rio de Janeiro: Zahar, 2010.

Tradução de: The wave: in pursuit of the rogues, freaks, and giants of the ocean
ISBN 978-85-378-0360-8

1. Ondas oceânicas. 2. Surfe. I. Título.

CDD: 551.463
CDU: 551.466.6

10-4690

"Quando você olha para o abismo,
o abismo também olha para você."

Friedrich Nietzsche

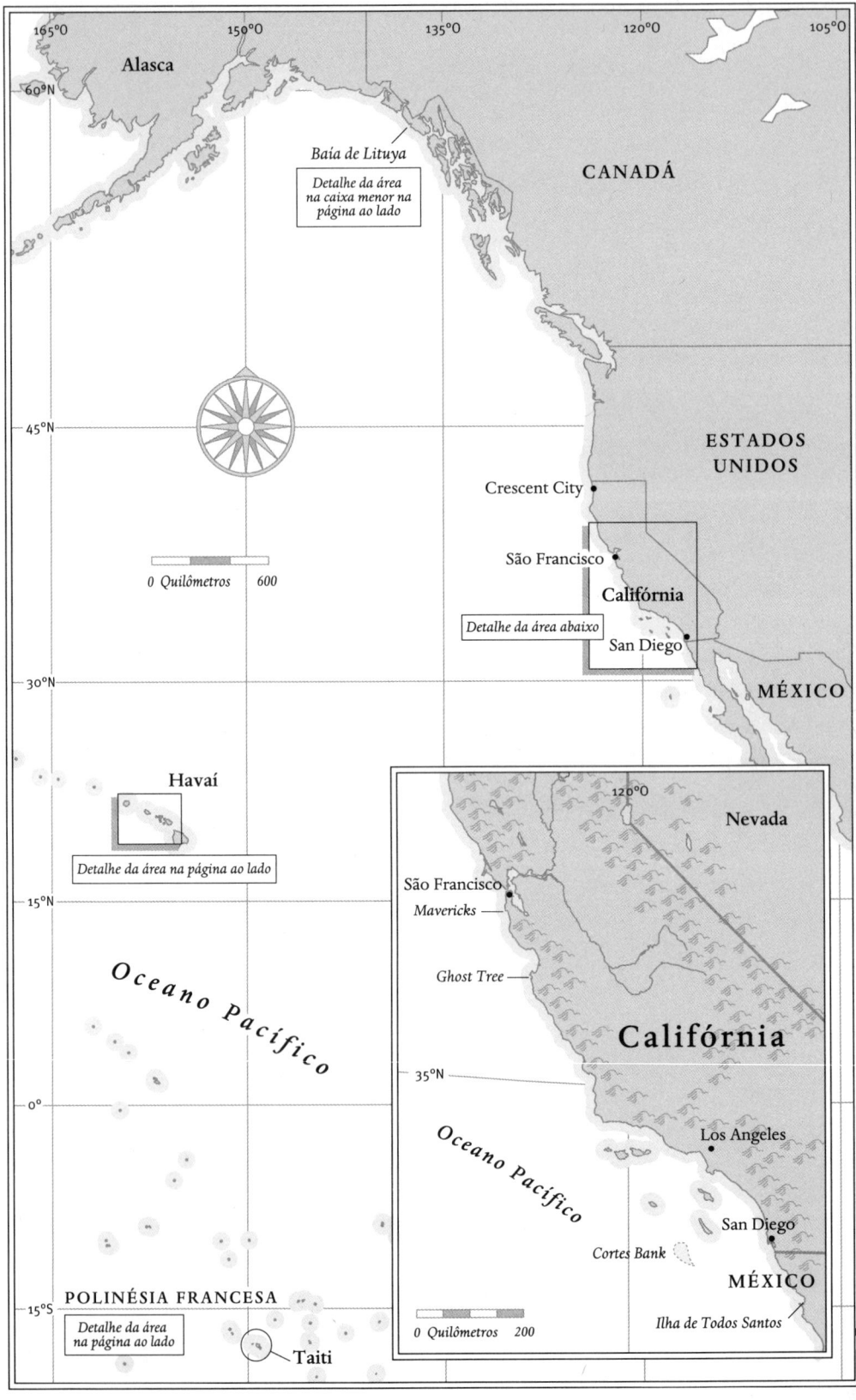

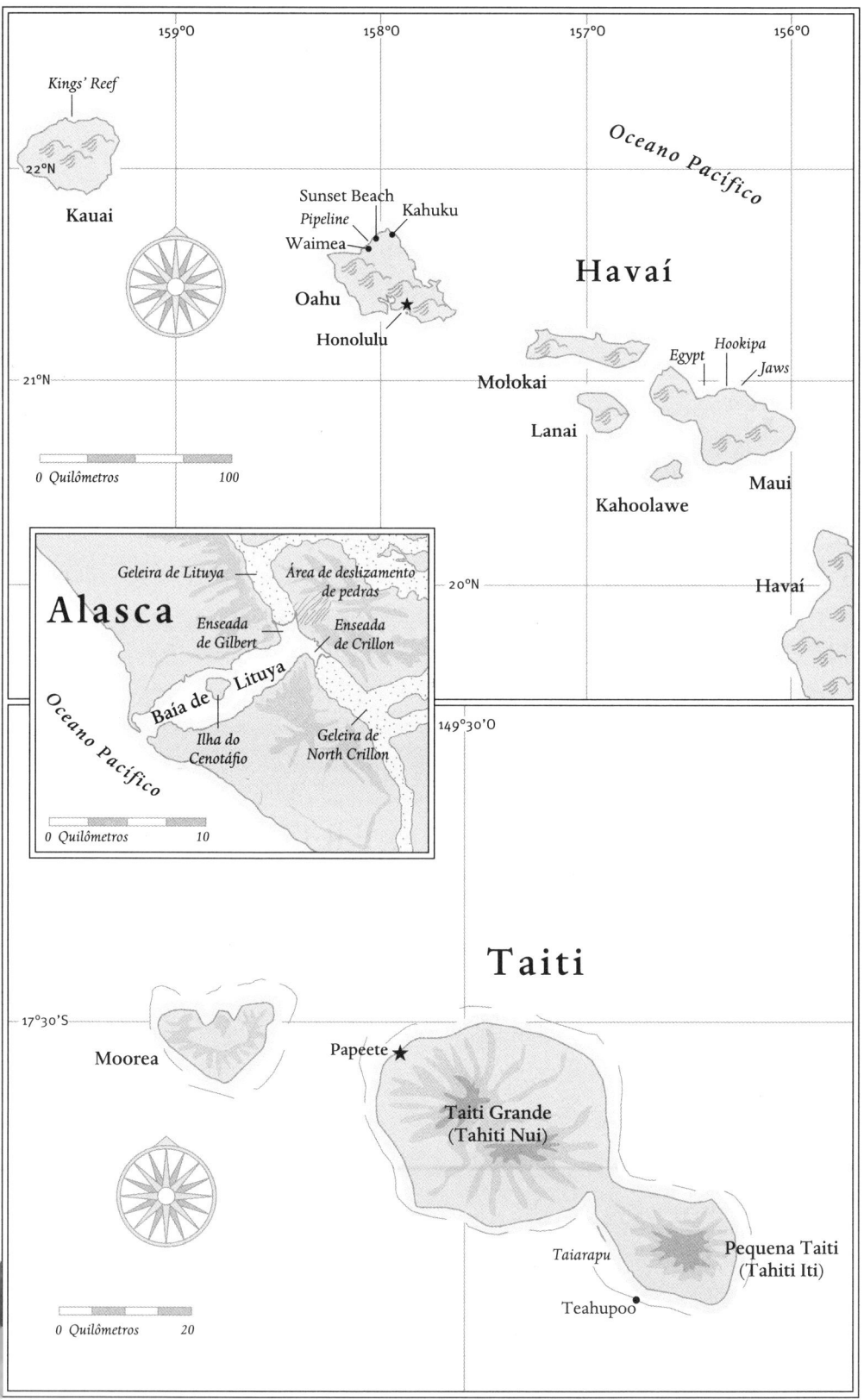

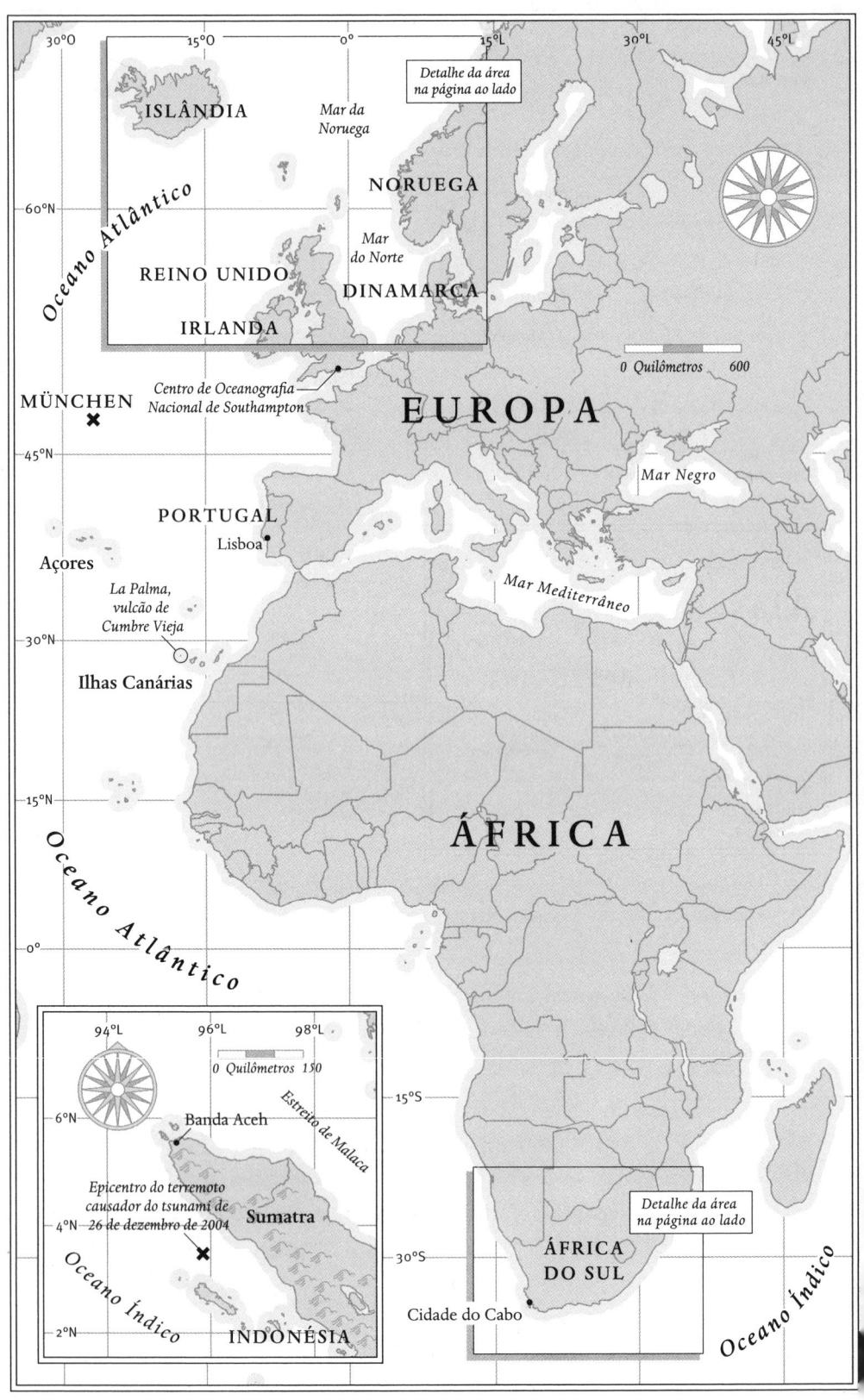

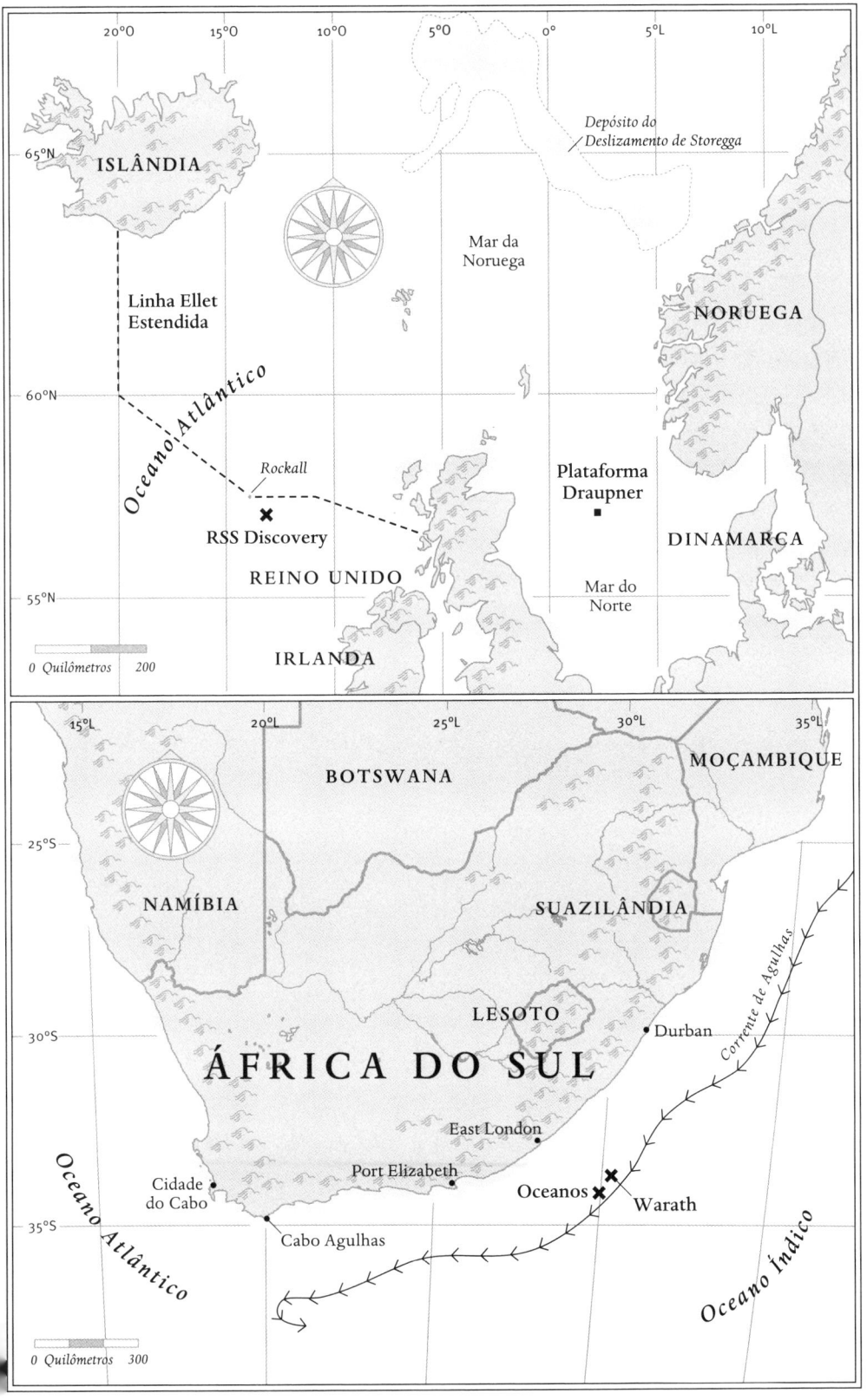

SUMÁRIO

Introdução   13

A Grande Imperatriz   31
Haiku, Havaí

Crânios Quebrados   50
Papeete, Taiti

A onda de Schrödinger   71
Kahuku, Oahu

Carma, tubarões-tigre e a cenoura de ouro   92
Paia, Maui

Diga adeus   108
Londres, Inglaterra

Mavericks   128
Half Moon Bay, Califórnia

"Nunca vi nada igual"   151
Parque Nacional Glacier Bay, Alasca

Killers   169
Ilha de Todos Santos, México

Tempo revolto 190
Southampton, Inglaterra

Egypt 212
Haiku, Maui

Bem longe, em Cortes Bank 234
Anaheim, Califórnia

A costa selvagem 252
Cidade do Cabo, África do Sul

Na beira do horizonte 273
Haiku, Maui

Epílogo 287

Agradecimentos 302
Bibliografia 305
Créditos das ilustrações 311

Introdução

57,5°N, 12,7°O
A 280KM DA COSTA DA ESCÓCIA
8 DE FEVEREIRO DE 2000

O relógio marcava meia-noite quando a onda de trinta metros atingiu o navio, elevando-se da escuridão do mar do Norte. Entre os terrores do oceano, uma onda desse tamanho era o mais temido e o menos entendido, mais mito do que realidade – ou pelo menos era assim que as pessoas pensavam. Aquele gigante com certeza era real. Quando o RRS *Discovery* mergulhou no vale da onda, adernou 28 graus para bombordo, rolou trinta graus de volta para estibordo e depois se recuperou para enfrentar as ondas que chegavam. Quais eram as chances dos 47 cientistas e tripulantes daquela viagem de pesquisa em que tudo de errado acontecera? Uma série de tempestades os havia aprisionado no vazio negro a leste de Rockall, uma ilha vulcânica apelidada de "Waveland" (Terra das Ondas) em razão da violência das águas circundantes. Mais de mil navios naufragados jaziam abaixo no leito oceânico.

O capitão Keith Avery conduziu a embarcação para dentro da fúria, como vinha fazendo nos últimos cinco dias. Embora um tempo como aquele fosse comum no revolto mar do Norte, aquelas ondas gigantes eram diferentes de tudo que o capitão vira em seus trinta anos de experiência. O pior era que elas continuavam surgindo de diferentes direções. Por todos os lados do navio de 295 pés, a tripulação mantinha constante vigilância para se certificar de que não seria pega de surpresa por uma onda que se insinuasse por trás ou pelo lado. Ninguém queria estar ali naquele momento, mas Avery sabia que a única esperança era permanecer onde estavam, com a proa voltada para as ondas. Dar meia-volta seria arriscado demais; se uma das ondas pegasse o *Discovery* pelo costado, as chances de sobrevivência seriam mínimas. É necessária uma força de trinta toneladas por metro quadrado para danificar um navio. Uma onda de trinta metros quebrando concentra cem toneladas por metro quadrado e consegue partir um navio pela metade. Acima de tudo, Avery tinha que posicionar o *Discovery* de modo a transpor as cristas, sem ser esmagado por elas.

Ele estava descalço ao leme, a única maneira de não escorregar depois de uma geladeira ter virado, espalhando uma poça de leite, suco e cacos de vidro (não dava tempo de limpar – as ondas não paravam). Na ponte de comando, tudo parecia ampliado: todos os ruídos e movimentos noturnos, as pancadas e os estrondos, os mergulhos nos vales das ondas, o vento frenético, o balançar e gemer do navio; e agora, quando as ondas subitamente se tornaram ainda maiores, mais violentas e íngremes, Avery ouviu um estrondo vindo da coberta de proa do *Discovery*. Ao forçar a vista no escuro, viu que o barco salva-vidas para cinquenta homens havia se soltado parcialmente de seu cunho de aço de cinco centímetros de espessura e estava esmurrando o casco.

Sob o convés, computadores e móveis haviam sido estraçalhados. Os cientistas, apertados em suas cabines, cuidavam de contusões, olhos roxos e costelas quebradas. Tentar dormir era inútil. Eles também ouviam os barulhos, participavam das quedas livres e das manobras radicais, e estavam preocupados com o fato de que uma janela de quase dois metros de comprimento ao lado do laboratório já havia se espatifado. O *Discovery* tinha quase quarenta anos e recentemente passara por uma grande cirurgia. O navio fora cortado pela metade, alongado em dez metros e depois ressoldado. As soldas resistiriam? Ninguém sabia ao certo. Ninguém jamais havia passado por condições como aquelas.

Um dos dois cientistas-chefes, Penny Holliday, observou uma cadeira deslizar de sob a escrivaninha, girar no ar e ir de encontro ao beliche. Holliday, uma mulher esguia, bonita como uma boneca de porcelana e tão durona quanto qualquer homem a bordo, tinha enviado naquele dia um e-mail ao namorado, Craig Harris: "A coisa não está mais divertida", escreveu. "O oceano parece completamente descontrolado." As ondas espalhavam tanta espuma que a cientista teve a estranha impressão de estar numa nevasca. Aquela era, com certeza, a Terra das Ondas, um lugar estranho com um constante movimento que não levava você a lugar algum, a não ser para cima e para baixo. Onde não havia sono, conforto, conexão com a terra firme, e onde olhos e estômagos humanos lutavam para se adaptar, mas fracassavam.

Dez dias antes, o *Discovery* tinha zarpado de Southampton, Inglaterra, no que Holliday esperara que fosse uma típica viagem de três semanas de ida e volta até a Islândia (pontilhada por nada mais grave que algum eventual enjoo). Ao longo do percurso, os cientistas parariam para analisar temperatura, salinidade, oxigênio e outros nutrientes da água. Com base nos testes, eles poderiam traçar um quadro do que estava acontecendo, de como as características básicas do oceano vinham mudando, e por quê.

Estas não são perguntas triviais num planeta com 71 por cento da superfície coberta por água salgada. O que significam para nós as mudanças climáticas da Terra – o aquecimento da atmosfera inferior e dos oceanos e o aumento dos ventos? Provavelmente problemas, e Holliday e seus colegas estavam empenhados em descobrir quantos e de que tipo. Era muito frustrante ficar presos em suas cabines em vez de estar no convés lançando seus instrumentos. Ninguém estava pensando mais na Islândia.

No entanto, a viagem estava longe de ser um fracasso. Durante as intermináveis sucessões de ondas imensas, o próprio *Discovery* coletava dados que levariam a uma revelação sinistra. O navio estava carregado de instrumentos; tudo o que acontecia era precisamente medido, a fúria do mar captada em gráficos acurados e números incontestáveis. Meses mais tarde, bem depois de Avery ter devolvido todos os passageiros em segurança às docas de Southampton, quando Holliday começou a analisar aqueles números, ela descobriria que as ondas que os haviam fustigado foram as maiores já registradas cientificamente em mar aberto. A altura significativa das ondas – média da terça parte das ondas com maior altura – era de 18,6 metros, com picos frequentes bem superiores. Ao mesmo tempo, nenhum dos moderníssimos modelos de onda e previsões do tempo – as informações de que dependem todos os navios, plataformas de petróleo, áreas de pesca e barcas de passageiros – tinha previsto aquelas ondas gigantes. Em outras palavras, sob aquelas condições meteorológicas específicas, não deveriam ter existido ondas daquele tamanho. Mas existiram.

A história está repleta de testemunhos sobre ondas gigantes, monstros na faixa dos trinta metros ou mais, porém até recentemente os cientistas os descartavam. Eis o problema: de acordo com a física básica das ondas oceânicas, as condições que podem produzir uma onda de trinta metros são tão raras que praticamente nunca acontecem. Qualquer alegação de que alguém tenha visto uma, portanto, não passaria de papo-furado de pescador ou mentira pura e simples.

Mesmo assim, era difícil desprezar o relato do herói polar Ernest Shackleton, que estava longe de ser o tipo de pessoa com inclinação para exageros histéricos. Em sua travessia da Antártida à ilha da Geórgia do Sul, em abril de 1916, Shackleton observou movimentos estranhos no céu noturno. "Em seguida, percebi que o que eu vira não havia sido uma brecha nas nuvens, mas a crista branca de uma onda enorme", escreveu. "Durante meus 26 anos de experiência no oceano em todos os seus estados de ânimo, eu nunca vira uma onda tão gigante. Uma sublevação poderosa do oceano, algo bem diferente das grandes ondas de crista branca que tinham sido nossos incansáveis inimigos por muitos dias." Quando a onda atingiu seu navio, Shackleton e sua tripulação foram "lançados à frente como uma rolha", e a embarcação ficou alagada. O navio só não soçobrou por pura sorte e porque a tripulação conseguiu rapidamente retirar a água com baldes. "Francamente, torcemos para que nunca mais nos deparássemos com uma onda daquelas."

Os homens no cargueiro *München*, de 850 pés, teriam concordado se algum deles tivesse sobrevivido ao encontro com uma onda semelhante em 12 de dezembro de 1978. O *München*, que todos acreditavam ser impossível de afundar, era o que havia de mais moderno em termos de embarcação, a nau capitânia da marinha mercante alemã. Às 3h25, fragmentos de um pedido de socorro em código Morse com origem 720 quilômetros ao norte de Açores indicavam graves danos causados por uma onda. Mas mesmo depois que 110 navios e 13 aeronaves foram mobilizados – a mais completa operação de busca na história da navegação –, o cargueiro e seus 27 tripulantes nunca mais foram vistos. Restara apenas uma pista assustadora: as equipes encontraram um dos barcos salva-vidas do *München*, que normalmente ficavam vinte metros acima da linha-d'água, boiando vazio. Os encaixes de metal retorcidos mostravam que o bote tinha sido arrancado. "Algo extraordinário" havia destruído o navio, concluiu o relatório oficial.

O desaparecimento do *München* aponta para o principal problema em se provar a existência de uma onda gigante: se você se depara com esse tipo de pesadelo, é provável que ele seja o último de sua vida. A força das ondas é inegável. Uma onda de meio metro consegue derrubar um muro erguido para suportar ventos de duzentos quilômetros por hora, por exemplo, e alertas costeiros são emitidos até para ondas de um metro e meio de altura, que costumam matar quem for pego desprevenido no lugar errado. O número de pessoas que testemunharam de perto uma onda de trinta metros e conseguiram voltar para casa para descrever a experiência é ínfimo.

Ainda que um navio consiga superar uma parede de água de trinta metros de altura, os sobreviventes saem impressionados da experiência. Histórias de peixes enormes fazem parte da natureza humana. Acrescente-se uma dose de terror mortal, confusão genuína e medo de ser responsabilizado pelos danos ao navio – se, digamos, a onda não foi exatamente "extraordinária" mas conseguiu atingir a embarcação porque o capitão estava sob o convés jogando dardos e bebendo vodca –, e o que você obtém não chega a ser uma verdade científica imaculada.

Mas houve uma rara ocasião em 1933 em que um perspicaz oficial da Marinha a bordo do petroleiro USS *Ramapo* de 478 pés por acaso estava na ponte de comando quando uma onda espantosa surgiu do Pacífico, e sua reação, em vez de berrar e cobrir os olhos, foi fazer um cálculo trigonométrico usando as dimensões do navio relativamente à crista e ao vale da onda. O resultado foi uma estimativa de altura que, se não atingiu a precisão dos sensores do *Discovery*, ao menos era aceitável. Qual foi a medição daquele oficial da Marinha? Trinta e quatro metros.

Se uma onda de 34 metros não é aberrante o suficiente, considere que aquela havia surgido em meio a ondas de quinze metros. Portanto, tinha mais que o dobro do tamanho médio de qualquer outra coisa no caminho do *Ramapo*, o que corresponde à definição científica de uma onda aberrante (também chamada de vagalhão ou onda monstruosa). Durante séculos, marinheiros falavam do "buraco no oceano", um vale cavernoso na base de uma onda anormalmente grande, e das "três irmãs", uma série de vagalhões em rápida sucessão. Esse tipo de folclore não convencia os cientistas. Os números não faziam sentido. Talvez, uma vez na vida e outra na morte, uma onda com o triplo do tamanho das ondas vizinhas pudesse existir – mas a oceanografia tradicional não podia aceitá-la como uma ocorrência típica. Quanto à ideia de muralhas mutantes de água surgindo em sucessão, nem sequer era digna de discussão. Até que algo aconteceu, e ninguém pôde ignorar.

Em 1º de janeiro de 1995, o mar do Norte estava nervoso devido a duas tempestades: uma grande avançando lentamente para o norte e outra menor vindo ao seu encontro no sul. A plataforma de petróleo Draupner, da empresa norueguesa Statoil, estava situada em algum ponto entre elas, a cerca de 150 quilômetros da costa da Noruega. Para a equipe que trabalhava no local, aquele era um dia de ano-novo com ondas de quinze metros, conforme as medições do ondógrafo a laser instalado na base da plataforma. Desagradável, talvez, mas não especialmente dramático – até as três horas da tarde, quando uma onda de 25 metros veio adernando sobre o horizonte e golpeou a plataforma a 75 quilômetros por hora. Embora a Draupner tenha sofrido apenas danos moderados, a prova estava ali. Aquele não era um caso de defeito no ondógrafo a laser ou de um porre de aquavita na noite anterior. Tratava-se da primeira medição confirmada de uma onda aberrante, mais de duas vezes mais alta e íngreme que suas vizinhas, um maníaco ondulante rasgando o mar do Norte.

Elas estavam ali com certeza. Você poderia dar-lhes o nome que quisesse – vagalhões, ondas monstruosas, gigantes, aberrantes –, mas o fato era que ninguém as havia explicado. Os engenheiros que construíram a Draupner tinham calculado que, uma vez a cada dez mil anos, o mar do Norte poderia lançar uma bomba de vinte metros em meio a ondas de dez metros. Aquilo seria o máximo. Ondas de 25 metros não faziam parte da equação, pelo menos não neste universo. Mas as regras haviam mudado. Agora os cientistas dispunham de um conjunto de números que apontavam para uma verdade perturbadora: algumas dessas ondas seguem suas próprias regras. De uma hora para outra, a ênfase mudou de explicar por que ondas gigantes não podiam simplesmente surgir no oceano para descobrir como é que elas surgiam.

Aquela era uma questão vital para a indústria petrolífera, que não desejava ver suas plataformas de milhões de dólares varridas do mapa. Aquilo já havia acontecido. Em 1982, a Ocean Ranger, uma plataforma de 120 metros de comprimento e mais de cem de altura, localizada a 275 quilômetros da costa de Terra Nova, foi atingida por uma onda de tamanho fora do comum durante uma tempestade. Jamais saberemos exatamente a dimensão da onda, pois não houve sobreviventes. Aprovada para "operações oceânicas irrestritas", construída para suportar ondas de 35 metros e ventos de duzentos quilômetros por hora, considerada "indestrutível" por seus engenheiros, a Ocean Ranger tombou e afundou quase num piscar de olhos, matando todas as 84 pessoas a bordo.

No mundo náutico as coisas eram ainda mais preocupantes. Nos mares ao redor do planeta, desde embarcações pesadíssimas como o *München* – cargueiros, navios-tanques e graneleiros – até veleiros recreativos vinham se deparando com essas ondas. Na melhor hipótese, os encontros resultavam em danos; na pior, a embarcação sumia, levando consigo todas as pessoas a bordo. "Dois navios grandes afundam em média a cada semana [no mundo inteiro], mas a causa nunca é investigada com o mesmo grau de detalhamento de um acidente aéreo. O acontecimento é simplesmente atribuído ao 'mau tempo'", disse o dr. Wolfgang Rosenthal, cientista sênior do Projeto MaxWave, um consórcio de cientistas europeus que se reuniram em 2000 para investigar o desaparecimento de navios.

Embora os números de Rosenthal possam ser altos, o argumento é significativo. Tendo em vista a falta de sobreviventes ou indícios, é impossível chegar a estatísticas exatas de navios atingidos por ondas gigantes; mas está claro que, a cada ano, mais de vinte navios grandes afundam ou desaparecem, levando a reboque suas tripulações (se forem consideradas também as embarcações menores, as cifras são bem maiores). Um tipo de navio conhecido como graneleiro é particularmente vulnerável. Numa triste ocasião em março de 1973, dois graneleiros se perderam num intervalo de uma hora na mesma área do Atlântico Norte.

Quando li pela primeira vez sobre os navios desaparecidos, fiquei abismada. No mundo marítimo high-tech de radares, transmissores de localização de emergência Epirb, sistemas GPS e vigilância por satélite, como é possível centenas de navios enormes serem engolidos pelo mar? Aliás, como isso pode acontecer sem maior cobertura da mídia? Imagine as manchetes se um único jato 747 sumisse do mapa com todos os passageiros e nunca mais fosse localizado.

Era evidente que algo extraordinário *vinha* acontecendo nos sete mares. Depois do incidente da plataforma Draupner, isso se tornou inegável: ninguém tinha ideia de como as ondas se comportavam em suas formas mais extremas. Porém, vidas dependiam dessa informação. Enquanto os cientistas discutiam, as companhias petrolíferas se mobilizavam, os engenheiros navais revisavam seus cálculos e os capitães de navios fitavam preocupados o horizonte, imagino que todos pensassem consigo mesmos: *Quer dizer que as histórias eram verdadeiras, afinal de contas.*

A primeira vez que vi uma onda realmente grande foi em dezembro de 1989. Por acaso eu estava no Havaí, e minha viagem coincidiu com a disputa da Tríplice Coroa Havaiana, uma série de três competições realizadas na costa norte de Oahu. Para que o evento ocorra, primeiro você precisa das ondas. Às vezes os surfistas tinham que esperar semanas ou meses até que se formassem as condições ideais. Portanto, foi uma sorte e algo incomum um swell* de bom tamanho chegar durante a minha visita. No

---

* Ondulação gerada por ventanias em alto-mar que, ao chegar perto da costa, transforma-se nas ondas aproveitadas (ou não) pelos surfistas. (N.T.)

dia marcado para o torneio das grandes ondas em Sunset Beach, atravessei a ilha no meu carro alugado e fui parar naquela faixa de areia junto com outras mil pessoas.

Os espectadores se deparavam com uma infinidade de cores, biquínis rosa-choque, pranchas de surfe amarelo-canário, faixas verde-limão e todos os azuis cintilantes do oceano Pacífico. Uma profusão de picapes lotadas de apetrechos, uma variedade de cabelos de praia, desde desbotados pelo sol a tranças rastafári. O sapato fechado mais próximo estava a pelo menos trinta quilômetros dali. O céu não tinha nuvens, mas pairava no ar um véu de neblina causado pela força das ondas que arrebentavam. De início achei aquilo surpreendente, porque, em Sunset Beach, a onda de verdade – a face que os surfistas surfariam – quebrava a mais de oitocentos metros da areia. E então uma série chegou, uma pulsação de energia que fez com que diversas ondas aumentassem de tamanho. Observei pelo binóculo enquanto as ondas começavam a crescer, como caroços sinistros no oceano. A água elevou-se mais e mais, até que uma figura minúscula apareceu no alto e dropou a face, que explodiu formando um penhasco móvel de dez metros. A praia tremia cada vez que uma onda quebrava com violência.

Postada na praia, eu estava assustada. Já havia presenciado avalanches, explosões, tornados, incêndios florestais e monções, mas nunca tinha visto algo tão intimidante como aquelas ondas. Apesar das imagens suaves evocadas pelo nome – Sunset Beach (Praia do Pôr do Sol) –, a verdade é que ali estava um monstro diferente. Um expert em surfe descreveu aquela rebentação como "o oceano Pacífico inteiro erguendo-se para cair na sua cabeça". Nos melhores dias em Sunset Beach, as pessoas costumavam ser arrastadas por correntes e ondas ferozes. Ao observar, eu podia compreender o que estava acontecendo. O que não conseguia imaginar era por que alguém iria voluntariamente se meter naquele lugar.

Estranho eu estar aterrorizada pela água. Após décadas de competições de natação, costumo me sentir mais em casa em ambientes aquáticos do que em terra firme. Ao longo dos anos, sofri vários acidentes em terreno sólido – contusões, pancadas, lacerações, um joelho reconstituído com parafusos de titânio –, mas nada de ruim havia acontecido comigo na água. Só que eu nunca havia experimentado a água naquele estado de ânimo. Enquanto eu observava os surfistas se lançando no oceano agitado e remando até a rebentação, preocupava-me com cada um deles. Aquele esporte parecia mais afeito a gladiadores do que a atletas, algo como chegar ao trabalho todo dia e ter que enfrentar elefantes bravios.

É esta a razão por que, alguns anos depois, fiquei de queixo caído ao ver a fotografia de um homem pegando uma onda que tinha mais que o dobro do tamanho das de Sunset Beach, algo na faixa dos vinte metros. O surfista era Laird Hamilton, um havaiano de 28 anos, um metro e noventa e 98 quilos que parecia completamente à vontade dentro de um tubo da altura de um prédio comercial. Os cabelos louros voavam para trás no borrifo, os braços musculosos estavam bem abertos para dar equilíbrio enquanto ele descia onda abaixo sobre uma prancha minúscula. Uma fisionomia de beleza clássica, esculpida e intensa, sem qualquer sinal de medo no rosto – apenas uma concentração extasiada. Olhando a foto, eu não entendia como algo assim era possível.

Desde que o surfe se popularizou, em meados do século XX, ondas com faces na faixa dos doze metros têm representado o limite da capacidade humana de remada. Qualquer coisa maior está simplesmente se movendo rápido demais. Tentar pegar uma onda de vinte metros remando com os braços, de bruços na prancha, é como tentar pegar o metrô engatinhando. E, mesmo que você conseguisse alcançá-la, não haveria como surfar. Água demais cai da face de uma onda gigante enquanto ela se encrespa, sugando o desafortunado ser (por falta de impulso) e sua prancha (por excesso de fricção) sobre a crista da onda. Assim, enquanto os points de surfe mais populares lotavam, chegando a estourar brigas na água, no mundo inteiro as ondas mais impressionantes eram desperdiçadas. Para Hamilton e sua galera, isso era inaceitável. As regras tinham que mudar, e um sistema novo precisaria ser inventado. Então, criaram uma técnica chamada surfe tow-in, ou surfe rebocado.

Adotando ideias do windsurfe e do snowboarding, criaram pranchas de surfe mais curtas e pesadas, com streps* e quilhas mais finas e fortes

---

*Também chamado de cordinha, é uma corda de material elástico que une a prancha ao tornozelo do surfista. (N.T.)

que rasgavam a água como facas. Depois, acrescentaram jet skis e cordas de esqui aquático à mistura, a fim de rebocar a prancha à posição perfeita a cinquenta quilômetros por hora. No ponto ótimo, quando a onda começava a atingir o auge, o surfista largava a corda de reboque e disparava para a face. O condutor do jet ski, enquanto isso, se afastava atrás da onda. Usando esse método, muito mais potente e com equipamento redesenhado, um surfista poderia teoricamente alcançar as maiores ondas do mundo. Quanto a surfá-las – e sobreviver em caso de queda –, era uma outra história.

Hamilton foi o piloto de teste, logo seguido por outros surfistas e windsurfistas de seu círculo: Darrick Doerner, Brett Lickle, Dave Kalama, Buzzy Kerbox, Rush Randle, Mark Angulo e Mike Waltze. Apelidados de "Strapped Crew" (Turma dos Streps), fizeram testes nos recifes externos de Oahu e Maui, longe das multidões de surfistas. "Não havia ninguém ali", disse Hamilton. "Ninguém havia surfado ondas daquele tamanho. Era o desconhecido. Como o espaço sideral ou o mar profundo. Não sabíamos se iríamos retornar."

Tudo que envolve ondas gigantes tem seu grau de risco, mas o surfe tow-in parecia um convite ao desastre. A curva de aprendizado do esporte era uma série de lições duras, e o preço da queda era alto. Incluía ombros deslocados, cotovelos rachados, tímpanos estourados, fêmures fraturados, tornozelos rompidos, pescoços arrebentados, escalpos lacerados, pulmões perfurados e ossos dos pés quebrados. Limitações que Brett Lickle descreveu como "correr quatrocentos metros prendendo a respiração e sendo golpeado por cinco Mike Tysons". Quanto às suturas, Hamilton "parou de contar em mil".

Independentemente dos riscos (ou talvez por causa deles), a popularidade e a visibilidade do surfe tow-in cresceram nos anos 1990, e os surfistas se aventuravam em ondas mais perigosas a cada ano. Eles adaptaram seu equipamento. Refinaram suas técnicas. Trabalhando em duplas – um condutor de jet ski e um surfista –, descobriram como resgatar um ao outro em ondas gigantescas. À medida que os riscos aumentavam e as margens para erros se reduziam, um tipo de seleção natural ocorreu. Surfistas que viram a própria morte de perto abandonaram o jogo. Na outra extremidade do espectro estava Hamilton. Quem o observasse tinha a impressão de que nenhuma onda estava fora de seu alcance. Quanto mais intimidantes as condições, mais ele parecia se dar bem.

Até que em julho de 2001 o empresário do surfe Bill Sharp lançou um desafio. "Ao longo de 2.700 anos", dizia o press release, "o épico de Homero conhecido como *Odisseia* tem sido associado ao canto da sereia, belo mas mortal, e a monstros assustadores de um olho só. Mas agora, graças à poderosa empresa australiana de surfwear Billabong, está associado a um monstro ainda mais assustador: a traiçoeira onda de trinta metros (cem pés)". A empresa, continuava o texto, ofereceria um prêmio de 500 mil dólares a quem surfasse uma delas. Era um valor inédito no mundo do surfe, sem falar nos milhões em patrocínio que viriam após a conquista. Um grupo seleto de equipes de tow-in seria convidado a participar, um pessoal ao qual Sharp se referiu como "a Força Delta do surfe".

Era um desafio convidativo, definido por um belo número redondo. Divulgar aquele número era a intenção de Sharp. Ele vendeu a ideia da competição Odisseia da onda de trinta metros, originalmente denominada "Projeto Monstro Marinho", à Billabong em menos de quinze minutos. Propenso a exageros, Sharp proferiu algumas frases de impacto: "A Odisseia é Jacques Cousteau encontrando Evel Knievel, que encontra *O caçador de crocodilos*, que encontra o *Jackass*."* E quase da noite para o dia a ideia da "onda de trinta metros" (ou "onda de cem pés") tornou-se o graal da mídia, o equivalente no surfe tow-in à aterrissagem na Lua.

Havia uma série de senões. Primeiro: aquilo seria fisicamente possível? Ninguém sabia como surfar uma onda de trinta metros poderia diferir de, digamos, surfar uma onda de vinte metros. Ao aumentarem de tamanho, a velocidade e a energia das ondas também cresciam substancialmente.

---

*Jacques Cousteau, famoso oceanógrafo e explorador dos oceanos. Evel Knievel, dublê conhecido pelas piruetas sobre motos e por ter quebrado quarenta ossos do corpo. *O caçador de crocodilos* foi uma série de documentários sobre a vida selvagem apresentada por Steve Irwin e sua esposa, Terri. *Jackass* foi um seriado do canal MTV em que os protagonistas se expunham a situações bizarras, dolorosas e nojentas. (N.T.)

Em que ponto a potência sobrepujaria o equipamento ou os surfistas? "A onda de trinta metros provavelmente mataria qualquer um que caísse dela", escreveu a revista *Time*. O então chefe de segurança do mar de Honolulu, capitão Edmund Pestana, concordou: "É um cenário mortal para todos os envolvidos." A revista especializada *TransWorld SURF Business* foi direta: "Vocês estão pedindo a esses surfistas que corram riscos enormes para o nosso deleite."

Além disso, ainda que um surfista quisesse correr os riscos, havia o problema de encontrar a onda. Embora não fossem mais consideradas imaginárias, ondas de trinta metros não estavam exatamente perambulando dentro do raio de alcance de um jet ski. Outro complicador: não era qualquer onda de trinta metros que servia para o surfe tow-in. As ondas enormes com que o *Discovery* se deparou e as ondas aberrantes que castigavam plataformas de petróleo eram inadequadas, apesar da grande altura. Ondas no centro de uma tempestade são avalanches de água, ondas misturadas sobre outras ondas, todas avançando numa confusão caótica.

Os surfistas necessitam de ondas gigantes de uma estirpe mais exclusiva. No cenário ideal, uma onda de trinta metros nasceria da explosão de energia de uma tempestade, percorreria uma longa distância no oceano fortalecida pelos ventos, depois se desgarraria da tempestade e se estabilizaria como um swell, um rolo compressor de potência. Aquele swell acabaria colidindo com um recife, um baixio ou algum outro obstáculo submerso, forçando sua energia para cima e para os lados até explodir em ondas de rebentação. E seria aí que o surfe começaria – longe o suficiente do centro da turbulência para que fosse menos agitado, mas não tão longe a ponto de ter perdido muito de seu poder. Era uma exigência difícil. Se o oceano fosse uma máquina caça-níqueis, ondas surfáveis de quinze ou vinte metros surgiriam com a mesma regularidade de uma sequência só de cerejas. E a onda perfeita de trinta metros? Se você topasse com uma delas, as sirenes soariam e todos no cassino parariam impressionados com sua proeza, e os funcionários viriam correndo com carrinhos de mão para ajudá-lo a transportar o dinheiro.

Um surfista que pretendesse participar da Odisseia, portanto, estaria se inscrevendo numa caça ao tesouro global. Não apenas teria que surfar a onda, como teria que esquadrinhar os oceanos para encontrá-la, monitorar cada nuance do tempo como um meteorologista e depois aparecer no momento certo levando consigo jet skis, equipamento de segurança e de surfe, e fotógrafos – sem falar num parceiro altamente qualificado que não se importasse em arriscar a vida quando convocado. Aquilo estava para uma competição de surfe como o ônibus espacial estava para um avião. "Comparado com a Odisseia, escalar o Everest é fácil", um jornalista britânico escreveu. Mesmo assim, Sharp não desanimou. "Acho que todos estão preparados", afirmou. "Agora, na era das gigantes, não existe nenhuma onda que faça alguém recuar."

Milhões de anos antes que existisse água na Terra, antes que o vapor se transformasse na chuva que se transformou nos oceanos, existiam ondas gigantes. Existiam ondas eletromagnéticas, ondas de plasma e ondas sonoras. Havia ondas de choque surgidas das muitas explosões e colisões que tornaram tão animados os primórdios de nosso planeta. Asteroides caíam na superfície levantando ondas de rocha fundida com quilômetros de altura. No passado, os cientistas chegaram a acreditar que uma enorme onda desse magma, criada por marés solares intensas, lançara-se no espaço para se transformar na Lua.

Embora essa teoria em particular não seja mais considerada verdadeira, ela aponta para algo que é: as ondas são a força primordial original. Onde quer que haja energia em movimento existem ondas, dos mais remotos rincões do universo às células de seu globo ocular. Eu me perguntava se foi por esse motivo que, após dezoito anos, não conseguia parar de pensar naquele dia em Sunset Beach. Longe de ser uma abstração no éter – como ondas elétricas, ondas de raios X ou ondas de rádio –, aquelas ondas oceânicas de dez metros constituíam uma demonstração majestosa da força invisível que move tudo. Vislumbrar algo tão fundamental, bonito e poderoso gerou um resultado inevitável: o desejo de ver novamente.

Quanto mais eu lia sobre o mistério das ondas aberrantes, quanto mais imagens impressionantes de surfe tow-in eu via (e quanto mais se tornava inevitável que alguém *iria* surfar uma onda de trinta metros), mais fascinada eu ficava. Tecnologias novas começaram a revelar informações surpreendentes: "Ondas devoradoras de navios, antes lendárias, agora são imagens comuns em satélites", dizia uma manchete do jornal *USA Today* em 23 de julho de 2004, descrevendo como o radar agora era capaz de medir ondas do espaço: "... um estudo novo baseado em dados de satélites revela que as ondas monstruosas são razoavelmente comuns." "Gigantes no mar: Ondas enormes, aberrantes, mas reais, provocam novos estudos", informou o *New York Times* em julho de 2006. "Os cientistas estão constatando que essas gigantes do mar são bem mais comuns e destrutivas do que se imaginava, desencadeando uma profusão de novos estudos e projetos de pesquisa."

De um ponto de vista científico e tecnológico, nós, seres humanos, gostamos de pensar que somos bem inteligentes. Na Suíça, por exemplo, os físicos estão à caça do bóson de Higgs, uma partícula subatômica tão esotérica que é chamada de "partícula de Deus". Se estamos fechando o cerco a *esse* tipo de coisa, como é possível que, apenas quinze anos atrás, uma força que regularmente destrói navios de 850 pés de comprimento era considerada inexistente?

A resposta é simples: o oceano não se enquadra nas explicações disciplinadas como gostaríamos. Ele é uma confusão de variáveis, algumas das quais a ciência estudou e outras não – porque nem sequer sabemos quais são. Embora estejamos mais informados sobre o mar agora do que nos tempos antigos, quando as sereias eram listadas junto com as tartarugas marinhas na *História natural* de Plínio, as profundezas ainda guardam mais segredos do que imaginamos. E essa falta de conhecimento afeta muito mais do que apenas navios no mar.

Quem vive neste planeta depende totalmente dos seus oceanos. Suas temperaturas e seus movimentos controlam o clima. Sua capacidade destrutiva – e geradora de vida – supera qualquer coisa em terra. Agora que a mudança climática é um fato aceito com consequências desconhecidas, nossa vulnerabilidade está se tornando clara. A temperatura de superfície média da Terra (terra firme e oceanos combinados) é mais alta agora do que em qualquer época nos últimos quatrocentos anos, e continua aumentando. Em seu relatório de 2007, o Painel Intergovernamental sobre Mudanças Climáticas (IPCC) concluiu que "o oceano vem absorvendo mais de oitenta por cento do calor acrescentado ao sistema climático". Com o aquecimento das águas, aumenta a velocidade dos ventos, as zonas de ciclones se tornam mais voláteis, as geleiras e as calotas polares derretem e elevam os níveis oceânicos. Até onde subirão? Tudo de que dispomos são estimativas, continuamente ajustadas para cima à medida que novos (e desencorajadores) dados surgem. Em 2007, previa-se que os níveis marinhos subiriam cerca de sessenta centímetros até 2100. Em 2009, o número aumentou para 99 centímetros, nível que desalojaria cerca de 600 milhões de pessoas nas áreas costeiras. (Existem outros cenários, como o colapso do lençol de gelo da Groenlândia, que se viessem a ocorrer elevariam o nível do mar em até sete metros. Para dar uma ideia, isso submergiria a maior parte da Flórida.) Como resultado de todos esses fatores e, provavelmente, de outros que ainda desconhecemos, as alturas médias das ondas também têm subido constantemente: mais de 25 por cento entre as décadas de 1960 e 1990. Ondas planetárias, enormes ondas oceânicas sob a superfície que desempenham um papel-chave na formação do clima, também estão se acelerando. Os detalhes sobre qual seria o aspecto de um planeta mais quente ainda são nebulosos, mas uma coisa nosso futuro ambiental certamente conterá: um monte de água agitada.

Se alguém precisava de uma amostra contundente dos tipos de situação que um mundo mais tempestuoso e líquido poderia trazer, ela chegou em 29 de agosto de 2005, quando uma maré de tempestade de 8,5 metros do furacão Katrina transpôs os diques em torno de Nova Orleans, submergindo oitenta por cento da cidade e matando quase 2 mil pessoas. (Um recorde de 27 tempestades tropicais se formaram no Caribe naquele ano.) Tempestades intensas já são destrutivas o bastante sozinhas, mas quando as ondas atingem a terra o potencial de danos vai às alturas: mais de sessenta por cento da população global vive num raio de cinquenta quilômetros da costa. Existem ainda tsunamis, ondas extraordinariamente poderosas causadas por terremotos e deslizamentos submarinos. Em 2004, o mundo observou horrorizado quando uma onda tsunami com tamanho estimado em trinta metros eliminou a cidade indonésia de Banda Aceh, com 250 mil habitantes, em questão de minutos. O Japão, talvez a nação mais vulnerável, perdeu comunidades litorâneas inteiras devido às ondas. No tempo geológico, essas inundações repentinas estão longe de constituir eventos isolados. No decorrer da história, mares voláteis varreram cidades, ilhas e até civilizações do mapa.

Na Terra das Ondas, foi como se os cientistas a bordo do RSS *Discovery* tivessem caído por um alçapão secreto, numa tempestade forte, porém típica do mar do Norte, até o âmago mais tenebroso do oceano. Um lugar onde ondas gigantes não apenas existem, mas florescem; um lugar que nos é tão obscuro que estamos mais familiarizados com o funcionamento das partículas subatômicas. O que *existe* ali? O que acontece naquele lugar? Foi o que a dra. Penny Holliday e sua equipe queriam descobrir. Assim como eu.

Cinco anos atrás, decidi entender as ondas gigantes através dos olhos das pessoas que as conheciam com mais intimidade: os marinheiros, para os quais a "sublevação poderosa do oceano" de Shackleton constitui uma ameaça presente e séria; os cientistas, que estão numa corrida contra o tempo para entender as complexidades intricadas do mar num mundo em rápida mudança; e, é claro, os surfistas de tow-in. Os membros dessa tribo rarefeita – talvez cinquenta surfistas altamente qualificados através do globo – não se limitam a se deparar por acaso com ondas gigantes, afastar seus navios delas ou estudá-las como equações em uma tela de computador. Eles vão ao seu encontro. Enquanto todos os demais se esforçam ao máximo para evitar uma onda de trinta metros, esses homens nada mais querem do que encontrar uma delas.

Que tipo de pessoa comparece aos piores ataques de raiva da mãe natureza por diversão? O que a impele? E, já que essa pessoa penetrou no âmago sombrio do oceano e sentiu sua pulsação de uma forma que a distingue, o que ela sabe sobre esse lugar que as outras ignoram? Minhas perguntas prosseguiam, mas uma coisa eu sabia ao certo: se você seguisse aqueles experts ondas adentro, teria momentos interessantes – e turbulentos.

A Grande Imperatriz

HAIKU, HAVAÍ

> "… tendo perambulado certa distância em meio às rochas sombrias, cheguei à entrada de uma grande caverna. … duas emoções contrárias surgiram em mim, medo e desejo – medo da caverna escura e ameaçadora, desejo de ver se havia coisas maravilhosas lá dentro." Leonardo da Vinci

Treze quilômetros ao leste na estrada Hana, em Maui, à sombra do vulcão Haleakala, distante dos turistas que acorrem às praias luxuriantes do sul da ilha, existe uma aldeia bastante simpática chamada Paia. As ruas dos poucos quarteirões da aldeia estão repletas de bares frequentados apenas por moradores, quiosques que servem frutos do mar, academias de ioga, lojas de biquínis, camisetas de cânhamo e artesanato inspirado em golfinhos. À parte o clima de paz-amor-*aloha*, o propósito principal de Paia fica logo óbvio: cada veículo que passa está cheio de pranchas de surfe.

Os surfistas tomam o rumo de Spreckelsville e Hookipa, trechos da costa norte próximos a Paia onde as ondas são sempre divertidas. Ambas as áreas são selvagens e a mar aberto; não são locais para principiantes. Porém, comparadas com o que aguarda um pouco mais adiante, são duas piscinas infantis. O verdadeiro espetáculo requer mais oito quilômetros de estrada, depois da aldeia minúscula de Haiku, descendo por um caminho de terra vermelha com placas de "Propriedade particular", "Cuidado com o cão" e "Somente pessoal autorizado" e cruzando um mar de campos verdes de abacaxis. Ao pé dessas plantações existe um penhasco.

Trata-se de um lugar solitário, com uma beleza selvagem, fustigado pelo vento e castigado pelo mar, que bate noventa metros abaixo. Mas a uns oitocentos metros da costa, uma série de características geológicas se combinaram para criar algo ainda mais impressionante e assustador: uma onda gigante chamada Pe'ahi, também conhecida pelo apelido Jaws.*

Durante cerca de 360 dias ao ano, Jaws fica adormecida, indistinguível das ondas à sua volta, aguardando as condições certas que a desencadearão, como um fósforo num vazamento de gás. Esse é um dos primeiros lugares a ser atingidos pelas tempestades do Pacífico Norte, manchas ameaçadoras nos mapas de radares que descem em espiral das ilhas Aleutas. Quando uma tempestade forte o bastante surge, toda a sua energia – que se deslocou por águas com centenas ou mesmo milhares de metros de profundidade – tropeça no recife em forma de leque de Jaws. Canais profundos nos dois lados do recife, cavados por milênios de fluxo de lava e escoamento de água doce do vale Pe'ahi, canalizam a energia para dentro e para cima. (Imagine um enorme caminhão desgovernado subitamente chegando a uma rampa.)

O resultado são ondas de quinze, vinte e 25 metros, de formas tão belas e simétricas que poderiam ter saído da galeria de Poseidon. A plumagem branca de quando a onda começa a se encrespar, o espectro de azuis variando do lápis-lazúli intenso ao azul-turquesa claro, a redondeza de seu tubo, a ondulação de espuma na hora que ela arrebenta – quando você avista a onda gigante perfeita, o monstro rosnador deslumbrante que parece uma pintura japonesa, o que você está vendo é Jaws.

Já nos anos 1960, surfistas vinham ao penhasco e contemplavam Jaws. "É uma onda superbizarra", disse o famoso surfista Gerry Lopez, após uma visita ao local. "Olhar para ela deixa você enjoado." Lopez, um pioneiro dos anos 1970 em algumas das ondas mais temidas do Pacífico, havia apelidado Jaws originalmente de "Atom Blaster" ("Destruidor de Átomos"), porque "ela quebrava como uma bomba atômica". Mas isso não impediu

---

* "Mandíbulas", em inglês. *Jaws* é o título original do filme *Tubarão*, de Steven Spielberg. (N.E.)

as pessoas de querer surfá-la, e com a invenção do tow-in elas tiveram a chance. Aprenderam algumas coisas de cara. A mais importante: como todas as mandíbulas, aquela tinha uma tendência para se fechar de repente, engolindo qualquer infeliz que estivesse lá dentro. E seus dentes... bem, estavam mais para presas.

Numa tarde tempestuosa no fim de outubro de 2007, eu estava sentada no banco do carona de um carrinho de golfe velho quando passamos pelo penhasco Pe'ahi e descemos um caminho íngreme e pedregoso até o oceano. Ao volante estava Teddy Casil, um havaiano robusto com um ar de "não mexam comigo" e um físico de leão de chácara. Com a mão esquerda, Casil alternava dirigir o veículo e beber uma lata de cerveja Coors Light. Na mão direita segurava um grande facão. Vez ou outra, parávamos para que ele pudesse remover algum tentáculo da selva que bloqueava nosso caminho. Às vezes a descida se tornava tão abrupta, tortuosa e cheia de lama vermelha que eu achava que iríamos simplesmente despencar lá embaixo. Mas aquele não era um carrinho de golfe qualquer. Havia sido adaptado, com pneus especiais, bancos Recaro, tração nas quatro rodas e rede de segurança. Estava pronto para o que viesse, seu dono garantia. E ele estava bem atrás de nós, dirigindo um enorme trator: Laird Hamilton.

Hamilton, como já foi mencionado, não é o típico surfista pequeno e delgado que você vê no World Cup Tour fazendo acrobacias em ondas de três metros. É um sujeito grande e visivelmente forte, uma enorme vantagem nas ondas maiores. Seus músculos posteriores, moldados por décadas de remadas, são tão definidos que quase parecem lançá-lo para a frente. É sentado no alto de um trator ou equilibrado na crista de uma onda de vinte metros que Hamilton parece estar no lugar certo para suas proporções. Nem toda vida bem-sucedida parece inevitável, mas no seu caso é como se o destino tivesse resolvido criar um ser humano sob medida para uma atividade específica. O tamanho de Hamilton, suas habilidades, sua mentalidade, sua criação – tudo o levou para as condições mais adversas do oceano.

Nascido na Califórnia mas criado no Havaí, ele cresceu com a onda mais famosa do planeta – Pipeline – a poucos passos de sua casa na costa norte de Oahu, onde morava com a mãe, JoAnn, e o padrasto, Bill Hamilton, um astro do surfe em ondas grandes nos anos 1960 e 1970. (A história de como, aos três anos, Laird escolheu o próprio pai está inscrita no folclore do mundo do surfe. Seu pai biológico saiu de cena logo após seu nascimento, e mais tarde Laird conheceu Bill Hamilton na praia, então um surfista profissional principiante de dezessete anos. Gostaram um do outro imediatamente e pegaram jacaré juntos por uma ou duas horas, a criança agarrada às costas do adolescente. Depois Laird disse: "Acho que você precisa vir à minha casa conhecer minha mãe." Bill Hamilton e JoAnn Zerfas casaram-se onze meses mais tarde.) E, como se tudo isso não bastasse, Gerry Lopez morava ao lado, atuando como mentor. Quando Hamilton tinha seis anos, o pai decidiu fugir da multidão cada vez maior em Oahu e se mudou com a família para a área mais selvagem de Kauai, na ponta norte das ilhas havaianas, onde as tempestades do Pacífico chegam primeiro e com maior impacto.

Naquela época, Kauai era uma espécie de Hades havaiano totalmente fechado aos forasteiros, e Wainiha, o acampamento na costa norte onde os Hamilton moravam, era um local inóspito e isolado onde coisas como eletricidade e encanamento eram pouco comuns. Embora seja difícil imaginar Laird Hamilton sofrendo provocações, sua condição de não nativo fez da escola uma luta permanente. O surfe foi um meio de canalizar a frustração. Aos treze anos, Hamilton havia se tornado presença respeitada nas ondas mais difíceis de Kauai. Entre a bravia costa Na Pali diante de sua casa e os rios serpenteantes que fluíam do monte Wai'ale'ale atrás (um pico vulcânico de 1.585 metros conhecido como o ponto mais úmido na Terra), Hamilton disse: "Eu simplesmente cresci nas águas mais agressivas do mundo."

Quando decidi partir em busca de ondas gigantes, Hamilton foi a pessoa óbvia a quem procurar. Nossos caminhos haviam se cruzado antes. Na década de 1990, eu trabalhei numa revista sobre esportes radicais, e as atividades de Hamilton preenchiam todos os requisitos, para dizer o mínimo. Ao longo dos anos, acompanhei a evolução de sua carreira, desde "Ei, o que ele está fazendo?" a "Meu Deus, olha o que ele está fazendo!", e depois a um patamar superior, no qual a reação mais comum era ficar boquiaberta. Na época em que Hamilton fez trinta anos, já era aclamado como uma lenda. Agora, aos 43, ainda era considerado o maior surfista de ondas grandes, embora um grupo talentoso de potenciais sucessores fizesse o possível para destroná-lo.

Ele não apenas surfava ondas que os outros consideravam impossíveis, em Jaws e outros lugares, como o fazia com uma agressividade característica, posicionando-se mais fundo na face, realizando cavadas que fariam pernas mais fracas bambear, subindo e descendo como um foguete pela face e desafiando a crista que pendia sobre sua cabeça, pronta para liberar 100 mil toneladas de água raivosa. Hamilton parecia saber exatamente o que o oceano iria fazer, e estava sempre uma fração de segundo à frente.

Essa intimidade, esse raro conhecimento do que significa fazer parte de uma onda de 25 metros – de estar dentro dela, sobre ela – era algo que eu queria entender. Por isso fui a Maui. Ali o surfe tow-in havia atraído a atenção do mundo, e Jaws ainda representava o padrão-ouro das ondas gigantes. Era também a razão de Hamilton morar naquela ilha, no alto desses campos de abacaxis: Jaws estava literalmente em seu quintal. Num ótimo dia, ele consegue sentir a onda antes de vê-la. O chão vibra por quilômetros.

Quando cheguei à sua casa naquele dia, Hamilton e Casil estavam cavando um fosso. Na ausência de ondas, Hamilton canalizava sua energia trabalhando a terra: cuidar do terreno de sua propriedade, construir nela e remover o mato. Em particular, adorava mover grandes porções de terra para criar uma pista de corrida de obstáculos para carrinhos de golfe ou uma piscina de 3 milhões de litros com um trampolim de seis metros de altura esculpido em uma encosta. Casil, um amigo que também ajudava a administrar a propriedade, normalmente ficava trabalhando ali junto com ele.

Enquanto eu via o fosso ficar mais fundo, avistei uma fileira de nuvens cinzentas se concentrando na linha do horizonte. Era o clima típico de

Maui: rajadas súbitas seguidas de arco-íris delicados. No oceano ondas miúdas vinham do oeste. Mas era quase novembro, quando os swells de tempestades do Pacífico começariam a chegar, mudando as condições meteorológicas de normais para ameaçadoras. Com certeza Hamilton tinha esse calendário em mente quando interrompeu sua escavação e se dirigiu a mim. Seus cabelos, pele, bermuda e botas estavam cobertos de uma poeira castanho-avermelhada. "Você queria nadar até Pe'ahi?", ele perguntou. "Hoje é um bom dia."

Eu queria. Após ouvir descrições assustadoras da topografia do fundo do mar que cria a onda, estava curiosa para vê-la. Algumas pessoas diziam que o recife tinha forma de leque. Outras, que era pontudo como uma flecha, e que sua extremidade desaparecia na penumbra do mar. Eu ouvira falar de uma "língua de lava" ali embaixo, o que parecia apropriado para Jaws, mas também um tanto sinistro. Brett Lickle, amigo íntimo de Hamilton e seu companheiro de surfe em ondas grandes, descrevera o leito marinho de Jaws como repleto de covas, saliências e cavernas. "Não é essa coisa plana e bonitinha lá embaixo", ele disse, descrevendo como, quando você toma uma vaca,* "existe um monte de pequenos buracos e lugares onde você pode ficar preso".

"Então agora está calmo lá?", eu quis saber.

Hamilton deu um sorriso malicioso:

"Bem, para esta época do ano, sim. O mais calmo possível."

⁂

Quando Hamilton, Casil e eu emergimos da vegetação densa, a trilha se abriu para uma enseada na base dos penhascos. As ondas vinham e voltavam, atingindo os penedos ao redor. O lugar tinha um ar quase setentrional, com abetos e pinheiros inclinados em ângulos artríticos em razão do vento. Não havia sinal da Maui descrita nos folhetos turísticos, nenhum lugar onde fosse possível entrar aos poucos na água, nenhuma

---

* No jargão do surfe, "tomar uma vaca" é cair da prancha. (N.T.)

praia de areias brancas. Estávamos duas baías distantes da costa de Jaws, talvez a dois quilômetros de distância pela água. Casil abriu outra lata de cerveja e deu meia-volta para fazer algum reparo na trilha, seguido pelos dois cães rat terriers de Hamilton, Buster e Speedy, com os rabos abanando de felicidade.

Hamilton, vestindo bermuda de surfe e com as botas de borracha cobertas de lama, apontou para a água. "Está preparada?", perguntou. "Trouxe a máscara? Preciso que você tenha uma boa visibilidade, porque iremos nadar perto das rochas." Quando ele tirou as botas e um par de meias amarronzadas que já haviam sido brancas, observei que seu pé direito estava com uma cor púrpura viva. "Um dia desses deixei cair uma bancada de cinquenta quilos no meu pé", ele explicou. "Quebrei um dedo e desloquei todas as articulações." Disse aquelas palavras num tom de voz que alguém normalmente usaria para descrever uma ligeira irritação, uma bolha talvez, ou queimaduras leves de sol. Comparado com tudo que os pés de Hamilton já suportaram, não passava mesmo disso. Ele havia fraturado o tornozelo esquerdo cinco vezes enquanto praticava surfe tow-in, os streps forçando tanto a articulação que ela enfim cedeu. Em uma ocasião, o osso ficou tão destroçado que atravessou a pele. Ele também havia quebrado todos os dedos do pé (a maioria, mais de uma vez), fraturado os dois arcos inúmeras vezes e perdido a maioria das unhas.

Seguindo-o, desci por uma confusão de rochas de basalto negro. Algumas eram escorregadias, com algas vermelhas que faziam um pouco de cócegas. As ondas se elevavam e quebravam no ponto em que o mar se encontrava com a terra. Observei Hamilton medir o tempo das ondas, saltando na água logo depois que uma recuou, mas antes que a próxima chegasse, afastando-se assim rapidamente da zona de impacto. Olhei para baixo. Pepinos-do-mar e lapas formavam letras S nas rochas. Quando vi a espuma voltando a cobri-las, saltei.

O mar era uma água-marinha escura, turva pela turbulência. Ao ajustar minha máscara e olhar em volta, vi um campo de penedos abaixo, como se estivéssemos nadando sobre uma enorme caixa de ovos virada de cabeça para baixo. Era um lugar primitivo, uma paisagem marinha de rochas quebradas, numa ilha surgida das contorções de um vulcão. Ao descrever as águas em torno de Jaws, Hamilton dissera que a intensidade da onda tornava difícil para a vida marinha prosperar ao seu redor. Ele estava certo. Aquele não era um lugar para o ornamental ou o frágil. Os delicados cavalos-marinhos e os graciosos unicornes-do-mar que flutuavam sobre os recifes no lado a sota-vento da ilha durariam apenas uns cinco minutos naquela máquina de lavar.

Hamilton mergulhou numa profusão de bolhas. Tentei acompanhar seus pés de pato enquanto ele ziguezagueava pelas rochas, mas as ondas me sacudiram, e logo o perdi de vista. Afastei-me da costa para me situar. O snorkel de Hamilton surgiu por um momento e depois voltou a desaparecer sob uma onda com crista espumosa. Para ele, nadar até Jaws num dia em que a onda colossal não estava quebrando era como fazer um passeio de barco pelas cataratas do Niágara depois de já ter descido por elas num barril: um tremendo anticlímax. Para mim, por outro lado, era uma combinação de medo e fascínio, a mesma sensação de espiar a toca de um monstro adormecido.

Seguimos diagonalmente através da baía. Depois de algumas centenas de metros, Hamilton parou e apontou para baixo: "Vê aquele buraco? É uma versão em miniatura do que existe sobre o recife." Abaixo de nós jazia um labirinto de rochas; algumas arredondadas, outras chatas, e outras com cantos afiados e angulosos. Amontoavam-se num mosaico brutal, com caminhos finos serpeando entre elas. No centro, uma fenda mais escura, da largura aproximada do corpo humano.

O epicentro de Jaws ficava menos de um quilômetro à frente, mas já dava para sentir que estávamos na vizinhança. A água mudava abruptamente de azul-marinho para preto azulado à medida que ficava mais fundo. Contrastando com a escuridão, foi fácil divisar o contorno nebuloso de um tubarão-tigre, seu padrão de listras como uma sombra em seu corpo enorme. Eu preferia que tivéssemos passado logo por esse trecho, mas Hamilton parou e levantou a máscara. Apontou para umas rochas de aspecto cruel no mar. "Várias pessoas são levadas pelas ondas até aquelas rochas. Veja, tem um pedaço de prancha de resgate." Olhei e vi um pedaço branco projetando-se como um punhal, os restos de uma prancha de dois metros de comprimento que é unida à traseira do jet ski. Ao longo dos anos, dezenas de pranchas de surfe, pranchas salva-vidas e jet skis encontraram seu fim naquelas pedras, enquanto toneladas de espuma batiam contra as escarpas. Todas as rotas de fuga acabavam naquele beco sem saída. Qualquer pessoa que fosse parar lá perto não conseguiria evitar a colisão. Eu sempre soubera que ali era um local perigoso. Mas naquele momento, vendo os destroços, a sensação foi visceral. Havia tantas coisas que podiam sair errado.

Impossível pensar em Hamilton – e em Jaws – sem incluir Dave Kalama, Darrick Doerner e Brett Lickle. Despontando da "Turma dos Streps" como uma unidade mais coesa, os quatro compartilhavam dois traços fundamentais: extrema competência no surfe de ondas gigantes e disposição em realizar resgates, por mais arriscados que fossem. Esses traços eram básicos, porque, acima de tudo, o surfe tow-in é um esporte de equipe. Qualquer surfista que caísse em Jaws não conseguiria se safar sozinho. Havia uma breve janela, talvez um intervalo de quinze segundos entre as ondas, em que um condutor tinha que avistar a cabeça de seu parceiro na espuma agitada, voar até lá no seu jet ski, agarrá-lo e sair antes que a onda seguinte estourasse. (Além do tamanho, Jaws se desloca com velocidade incomum, superando os sessenta quilômetros por hora.) Logo ficou claro que nem todos estavam à altura da tarefa. Algumas pessoas ficavam paralisadas pelo medo ou fingiam estar ocupadas em outro lugar, enquanto seus parceiros se debatiam na zona de impacto. "Havia os sujeitos que vinham salvar você e os sujeitos que não vinham", contou Hamilton. "E havia uma separação, um grande abismo, entre quem vinha e quem não vinha." Hamilton, Kalama, Doerner e Lickle faziam questão de vir, resgatando quem precisasse de ajuda, mesmo surfistas que eles não conheciam, ou cujas manobras estúpidas praticamente garantiam uma queda.

Kalama e Lickle haviam começado a carreira nas ondas como windsurfistas em Hookipa, um trecho a mar aberto a poucos quilômetros de

Jaws. Para Kalama, foi uma volta para casa: a família de seu pai é uma das mais antigas e respeitadas do Havaí, e, embora ele tivesse sido criado no sul da Califórnia e fizesse uma carreira de sucesso como esquiador, Maui chamou-o de volta. Com seus cabelos louros ondulados e olhos verdes, Kalama não parecia um nativo havaiano, mas desde o início surfou como se fosse. Em pouco tempo, dominou o windsurfe e depois expandiu seu repertório para o *surf canoeing* (canoagem no oceano), *out-rigger paddling* (canoagem havaiana), surfe em pé e, é claro, tow-in. Kalama tinha fala mais mansa e seu físico era um pouco menos imponente que o de Hamilton, mas era quem mais se aproximava dele nas ondas.

Lickle era de Delaware. Aos 21 anos, foi para Maui de férias, decidiu que havia achado seu lugar ideal e jurou retornar um dia para ficar. De volta a seu estado, demonstrou suas intenções aos pais brincando com uma prancha de windsurfe no quarto durante horas. Durão, engraçado e robusto, consolidou sua fama em 1987, ao pegar, numa prancha de windsurfe, uma onda de quinze metros na costa norte de Maui, na época a maior que alguém já havia surfado.

Apesar da loucura da profissão que escolheu, os 47 anos de idade de Lickle o fizeram aprender o significado da palavra cautela. Com o tempo, seus quase fracassos e os ferimentos terríveis das outras pessoas lhe ensinaram que mesmo os melhores podem se dar mal. Ele acredita em instinto, intuição e na sabedoria de escutar aquela voz fraca e sussurrante na sua cabeça quando ela aconselha a permanecer na praia. "Às vezes, se as condições não parecem boas, ponho minha prancha de volta no carro", diz ele.

Doerner vivia em Oahu e era um dos salva-vidas mais venerados da costa norte da ilha. "Double D", como era chamado, havia resgatado centenas de pessoas do oceano bravio. Enquanto os outros paralisavam de pânico, Doerner reagia do modo inverso, ficando mais calmo e mais concentrado sob pressão. Essa capacidade valeu-lhe um segundo apelido: "Homem de Gelo". Mesmo na época pré-surfe tow-in ele era um ótimo surfista de ondas grandes. Ele e Hamilton haviam se conhecido em Oahu nos anos 1980, juntaram-se no desejo de surfar ondas cada vez maiores e depois realizaram suas primeiras experiências com o surfe tow-in nos recifes além de Sunset e Pipeline.

Os quatro seguiam o conceito polinésio do "waterman" ("homem das águas"), um código que exigia do surfista a mesma autoconfiança completa tanto no oceano como em terra. O protótipo moderno era Duke Kanahamoku, o campeão olímpico havaiano de natação que também apresentou o surfe ao mundo na década de 1920. Como Duke e os reis havaianos que o precederam, um verdadeiro waterman conseguia nadar durante horas nas condições mais adversas, salvar vidas à vontade, remar cem quilômetros se necessário e conviver com todas as criaturas do oceano, inclusive tubarões grandes. Ele entendia seu ambiente. Podia sentir as mudanças mais sutis do vento e saber como aquilo afetaria a água. Conseguia navegar orientando-se pelos astros. Além de surfar as ondas, sabia como elas funcionavam. Mais importante, um waterman sempre demonstrava o respeito apropriado por seu elemento. Ele reconhecia que o oceano atua em uma proporção que torna insignificantes até mesmo as maiores iniciativas do ser humano.

Não se conduzir com humildade em Jaws, portanto, constituía o supremo pecado cármico. "No momento em que você pensa: 'Consegui dominar esta onda, sou o máximo!'", disse Lickle, "está a trinta minutos de levar a maior surra da sua vida."

Todos eles, até Hamilton, haviam sobrevivido a altas vacas em paredões enormes. Eles sabiam como era ser esmurrado pela onda, vir à superfície e depois ser salvo de mais problemas por um parceiro que estava no controle da situação. Aquela sensação era bem mais intensa que um mero alívio. "Você se safa e é como se tivesse enganado alguma coisa", explicou Lickle. "Não gosto de dizer que foi a morte, mas é verdade. É como se tivesse ganhado um outro ingresso." Na cabeça de Hamilton, o verdadeiro perigo da queda não era físico, mesmo no caso de ferimentos fatais: "Você nem ficaria sabendo. Seriam as pessoas que você deixou para trás." Seu medo mais profundo, ele disse, não era da morte, e sim "ser atingido com tanta força que não conseguisse se recuperar psicologicamente".

Era véspera do ano-novo de 2000 quando isso quase aconteceu com Dave Kalama. Jaws estava lançando ondas de quinze metros, e Kalama se sentia agressivo. "Eu estava pensando: 'Vou botar pra quebrar neste lugar hoje'", disse ele. Seu parceiro habitual, Hamilton, não estava na ilha, então Lickle o havia rebocado com o jet ski até três ondas perfeitas. Depois veio a quarta. Aquela onda era uma meia-irmã feiosa, sua face cheia de bumps.* Quando Kalama atingiu de mau jeito um desses bumps, foi arremessado para trás, vendo a crista encrespada e ameaçadora acima. Ele se lembra de ter pensado: "Isto vai ser bem interessante."

Sugado para cima da onda, o local mais desastroso para se estar, viu de relance o céu azul antes de ser arremessado para baixo e afundar dez metros. O pânico acelera o gasto de oxigênio, então Kalama tentou permanecer calmo, encolhendo braços e pernas enquanto a onda liberava energia, e depois subindo em direção à superfície. Estava a centímetros de conseguir respirar quando a onda seguinte quebrou, lançando-o de volta às profundezas. Levar caldo de duas ondas seguidas era sinistro. "Pode ser meu fim", pensou Kalama, "mas vamos ver."

Quando a segunda onda o liberou, ele chegou à superfície e viu Lickle por perto. Kalama agarrou a prancha de resgate, mas outra montanha de água já se abatia sobre ele. Ao atingi-los, o jet ski foi sugado para trás num buraco de água espumosa, e Kalama foi arrancado da prancha e lançado para baixo de novo, dessa vez ainda mais fundo. "Consegui sentir pela pressão nos meus ouvidos."

A água espumosa bloqueia a luz, de modo que sob a superfície tudo estava escuro. Kalama, exausto e desorientado, não sabia distinguir o lado de cima. Começou a ter convulsões, seu corpo lutando para respirar, o que encheria o pulmão de água, enquanto sua mente mal conseguia evitá-lo. Mais tarde, ele ficou sabendo que esse é o primeiro estágio do afogamento.

Por sorte, habilidade ou graça divina, ele voltou à tona, e de novo Lickle estava lá. Kalama fez um esforço desesperado para agarrar a prancha

---

* Um balanço na onda, algo que atrapalha o equilíbrio quando se está em cima da prancha. No contexto do surfe, não tem tradução para o português. (N.T.)

de resgate. Mas ainda não se livrara de Jaws – outra onda explodiu sobre eles, fazendo o jet ski dar uma cambalhota. "Estávamos rolando embaixo d'água", disse Kalama. Os pés de Lickle atingiram a cabeça de Kalama, mas os dois homens se seguraram um no outro e em trinta segundos estavam de volta a águas mais calmas. "Uma maneira um pouco ruim de começar o novo século", disse Kalama. "Custei para reconquistar a autoconfiança. Levei três anos até voltar a me sentir no controle."

"Esta é a praia de Jaws", disse Hamilton, nadando na água e apontando para a costa.

Pude divisar uma pequena reentrância em forma de crescente a uns setecentos metros de distância, repleta de rochas. Mais do que isso, eu conseguia ouvi-la. À medida que as ondas batiam e recuavam, as rochas rolavam para frente e para trás, produzindo um som que parecia uma avalanche de bolas de bocha. Um barulho áspero e rascante que era francamente aterrorizante. Eu havia lido que os antigos havaianos consideravam aquele um local sagrado e celebravam cerimônias nos penhascos acima. Dava para entender por quê. Eles acreditavam que toda pedra, folha, flor e gota d'água, bem como as pessoas e os animais, encerrava uma força vital espiritual chamada *mana*. Todas as coisas da natureza estavam plenas de vida. Se você fechasse os olhos e ouvisse as rochas estrepitando e rangendo, era como se Pe'ahi tivesse uma voz.

Continuamos nadando. Ao nos aproximarmos da boca de Jaws, as características do fundo mudaram de rochas médias para placas, bancos de areia e monólitos, uma Stonehenge aquática. Ali estavam os molares (e alguns incisivos pontiagudos). O recife era maior do que eu esperava – para discernir sua forma seria preciso uma visão aérea – e também mais desolado, malévolo e ameaçador. Sob sua superfície azul, Jaws era um estudo em tons de cinzas: cinza-ardósia, preto acinzentado, cinza azulado e um cinza pálido esbranquiçado. Parte de sua lugubridade, eu percebi, advinha do aspecto de cidade-fantasma: não se via um peixe sequer. Geralmente, nadando ao redor de rochas, se você olhar para baixo, descobre criaturas por toda parte. Ali, não.

Procurei Hamilton à minha volta, mas não consegui encontrá-lo. Houve um instante de pânico, e depois algo passou sob mim. Hamilton havia mergulhado até o fundo do mar – mais de dez metros abaixo. Pude ver seus cabelos loiros brilhando na penumbra. Enquanto eu flutuava nas ondulações, observei-o serpenteando por túneis e entre rochas pelo que pareceu uma eternidade. Uma vez perguntei quanto tempo ele conseguia prender a respiração embaixo d'água, achando que aquilo fosse algo que ele costumasse praticar. "Existe uma escola de pensamento que diz que você não treina para aquilo que não quer que aconteça", ele respondeu. "Não quero saber conscientemente quanto tempo consigo ficar sem respirar. Só sei que, por enquanto, consigo o tempo suficiente."

Hamilton voltou à superfície, segurando um punhado do fundo. Não era uma areia de grãos finos, mas uma mistura bruta de rochas quebradas. Jaws não é o tipo de lugar convidativo, e demos meia-volta para retornar. A tarde havia se escoado, e a água adquiriu um tom ainda mais escuro, enquanto o sol se escondia atrás dos penhascos. Acima de nós, as silhuetas retorcidas das árvores arqueadas pelo vento destacavam-se num relevo mais nítido. As ondas estavam mais encrespadas agora, o vento mais irritado. Hamilton nadou em direção às rochas, a linha mais reta possível.

Decidi tomar uma rota mais longa para permanecer longe das rochas, temendo ser lançada de encontro a elas. Ao nadar, tentei me acalmar. Nada mais perturbador do que estar só num trecho assustador do oceano. Quando três grandes peixes cinza passaram na minha frente, recuei como se tivesse sido atacada.

Chegando perto do local onde havíamos mergulhado, Hamilton esperou a uns cinquenta metros da praia. As ondas estavam agora explodindo de encontro às rochas. "Então você me seguirá até a praia", ele disse. Não era uma pergunta. Ambos sabíamos que a única forma de eu retornar à praia ilesa seria suspendendo meu julgamento e fazendo exatamente o que ele mandasse. Quando dissesse para eu ir, eu teria que ir. Se eu hesitasse por achar que talvez aquele não fosse o momento certo, pagaria um preço. Julgar as ondas, conhecer a pulsação de sua energia era algo tão natural a Hamilton quanto qualquer um dos cinco sentidos. Vendo por sobre o ombro as ondas que chegavam, ele esperou até que uma série tivesse passado, depois gritou "Agora!" e pegou jacaré nela, saindo da água num único movimento fluido. Hesitei um instante longo demais, levei um caldo na água espumosa, arranhei-me nas rochas e fiquei com os dois joelhos sangrando.

A casa onde Hamilton mora com a mulher e as filhas destaca-se sobre as plantações de abacaxi com a graça minimalista das construções baixas. Uma casa de dois andares, planejada ao longo de linhas horizontais. O andar de cima é a área de moradia, enquanto o andar térreo é ocupado por uma academia e uma enorme garagem que, como um hangar de aviões, abre-se nas duas extremidades. Para Hamilton, a garagem serve como uma mistura de sede de clube, centro de controle de missões e depósito. Sob o teto ficam vários veículos, inclusive dois velhos caminhões basculantes do Exército, um trio de carrinhos de golfe incrementados, três picapes Ford de carga pesada, um Range Rover, meia dúzia de jet skis Honda em trailers e uma lancha Yamaha. Também ficam lá mountain bikes, bicicletas de corrida e infantis, uma bicicleta para duas pessoas, pranchas de skate off-road, uma mesa de piquenique, duas geladeiras, uma máquina profissional de café expresso e todas as ferramentas que se possa imaginar: prateleiras lotadas de geradores, aspiradores de pó, galões de gasolina, serras de corrente, de fita e de arco, e, claro, estantes e mais estantes de pranchas de surfe. Hamilton estima que possui atualmente cerca de 140 pranchas, variando de esguias pranchas de dois metros para surfar Jaws a majestosas pranchas de quase oito metros para fazer coisas como remar por todo o arquipélago havaiano.

Quem vê a garagem – o QG do Demolidor – fica querendo saber o que a mulher de Hamilton acha daquilo tudo. Mas quem é apresentado a Gabby Reece instantaneamente obtém a resposta. Com um metro e noventa de altura, cabelos loiros caindo até a cintura e um currículo atlético que inclui vôlei universitário, vôlei de praia profissional e o fato de ter sido a primeira mulher a dar seu nome a um tênis da Nike, Reece está no mesmo nível de Hamilton em todas as áreas. Eles se conheceram em 1995 quando Reece, apresentadora de um programa de TV chamado *The Extremists*, convidou-o para uma participação. Saltaram de paraquedas juntos. Casaram-se dois anos depois, numa canoa no rio Hanalei, em Kauai. Em 2003, Reece deu à luz a primeira filha do casal, uma menina chamada Reece Viola Hamilton, e, quando estive lá, Gabby estava grávida de sete meses do segundo filho. (Hamilton também tinha uma filha de um casamento anterior: Izabela, de treze anos.) Dado seu próprio histórico esportivo, Reece não apenas tolerava o estilo de vida incomum de Hamilton, como o apoiava entusiasticamente. "Ele é assim", costumava dizer. "Não daria para viver com ele se não estivesse fazendo essas coisas."

Estabelecido perto de Jaws, mantendo uma família, não abrindo mão de nada: Hamilton batalhou mais de duas décadas para chegar aonde chegou. Desde o início, voltara suas costas para as competições de surfe profissional, com suas comissões julgadoras e obrigações com os patrocinadores, e dera atenção exclusivamente para as ondas gigantes. Aquela foi uma postura nobre, talvez, mas decididamente não comercial, ao menos no princípio. Um único patrocinador, a empresa francesa de materiais esportivos Oxbow, apoiara-o desde o começo de sua carreira, e a lealdade de Hamilton em relação a ela era profunda. Ele e Kalama também foram sócios de uma produtora cinematográfica, lançando filmes anualmente sobre seus melhores dias em Jaws. Com o aumento da visibilidade e da notoriedade de Hamilton – e à medida que o tow-in se tornou popular – empresas como American Express e Toyota o procuraram. Desenvolver uma carreira lucrativa exigiu que ele abrisse caminho por uma trilha singular que antes sequer nem existia.

A noite havia caído quando retornamos de nosso mergulho, parando diante da casa junto de Ginger e Marianne, os dois porcos-do-mato de quase 150 quilos de Hamilton. Os porcos estavam fuçando o chão, arrancando nacos de lama e relva. Hamilton estacionou o trator, foi até a lateral da casa e apanhou uma mangueira para se lavar. Casil sumiu dentro da garagem. Fiquei ali observando os campos se transformando de verdes em dourados, e depois o mar. Uma coisa é lhe dizerem que algo é mágico, pensei, e outra coisa é você mesmo sentir. É a diferença entre ver a foto de um temporal e se achar em meio a um deles, ouvindo o trovão, cheirando a água no ar enquanto o céu escurece. Eu definitivamente queria ver Jaws quebrando, mas mesmo naquele momento estava começando a entender o que tornava aquela onda única.

Hamilton carregou a mangueira pelo gramado e pôs-se a remover a lama de Ginger e Marianne. "Ondas diferentes têm personalidades diferentes?", perguntei.

"Com certeza", ele disse rápido, e depois hesitou. "Pe'ahi é… hmmm… a Grande Imperatriz." Hamilton é uma pessoa eloquente, e quando algum tema o entusiasma ele fala numa torrente de palavras. Sua voz tem um tom grave de barítono, não chegando a ser bem um rosnado, mas quase. Falando sobre Jaws, porém, seus pensamentos foram cuidadosamente medidos, seu tom mais suave. "Pela magnitude, pelo simples volume, pelo tamanho da onda, pela forma dela", disse. "E ela é temperamental também. Em um mesmo dia, pode dar um beijo em uma pessoa e um tapa em outra. Você espera ser quem ganha o beijo. Mas ela é sensível assim." Fez uma pausa breve, depois riu. "Recebi uma ou outra surra, mas não é comum. Sou bem educado com ela."

Nem todo mundo poderia dizer o mesmo.

Quando o tow-in entrou em sua segunda década – quando ficou claro que uma pessoa poderia mudar drasticamente sua sorte sendo fotografada numa onda de vinte metros (com a imagem viajando pelo planeta naquele mesmo dia), quando os serviços de previsão de ondas surgiram e as condições ideais deixaram de ser um segredo local –, um novo quadro de surfistas começou a aparecer nos melhores dias. Eles eram mais agressivos do que experientes, mais impetuosos do que respeitosos. Não haviam passado anos aperfeiçoando suas habilidades, praticando resgates e cultivando suas parcerias. Por causa disso, eram perigosos.

O problema atingiu o auge em 15 de dezembro de 2004. Deveria ter sido um dos melhores dias de todos os tempos em Jaws, mas em vez disso os problemas começaram cedo. "Quando chegamos lá, a primeira coisa que vi foi uma multidão descendo pela face", recordou Dave Kalama. Em anos anteriores, haveria ali umas dez equipes de surfe tow-in, todas conhecidas, tratando a situação com seriedade total. Naquela manhã a cena que os saudou parecia saída de um circo aquático de Fellini.

Duas mil pessoas se enfileiravam no penhasco, enquanto lá embaixo a água pululava de fotógrafos, surfistas, jet skis e barcos lotados de fãs. Havia pelo menos quarenta equipes de surfe tow-in zanzando por ali, e um enxame de outras embarcações balouçando no canal perto da onda. Helicópteros circulavam pelo céu. Muitos dos maiores surfistas de ondas grandes do mundo tinham vindo a Maui para aquele swell, mas vieram também dezenas de surfistas cuja melhor credencial era a capacidade de arrumar um jet ski e alguém para conduzi-lo.

O prêmio da onda de trinta metros (a Odisseia havia se transformado em um evento chamado Billabong XXL) tinha gerado o receio de que surfistas inexperientes se colocassem em situações que não conseguiriam controlar, e a loucura daquele dia pareceu mostrar que o receio era justificado. Helicópteros de resgate içavam da água um fluxo constante de feridos. Viam-se jet skis estraçalhados nas rochas. Um surfista levou tamanho caldo que seu colete salva-vidas, sua camiseta rash guard e o calção de banho foram arrancados do seu corpo, e ele jazia desnudo e ensanguentado na prancha de resgate ao ser trazido de volta ao canal.

Kalama estava aturdido. "Eles mal tiram a carteira de motorista e já querem disputar as Quinhentas Milhas de Indianápolis", disse. Lickle estava espantado: "Vi sujeitos pegarem uma onda de vinte metros sem nenhuma habilidade. Aquele negócio imenso dá uma porrada na cabeça deles. Tomam mais cinco porradas e depois retornam ao jet ski e fazem a mesma coisa de novo. *Qual o sentido disso?*" Hamilton estava furioso. Quando um jet ski passou bem na sua frente enquanto ele dropava uma onda, Hamilton foi forçado a se aprumar e a surfar direto para a zona de impacto. A violência do choque rachou seus lábios.

Todos concordaram que metade do pessoal não teria ido não fosse a corrida pelo prêmio em dinheiro. Quando a Odisseia foi anunciada pela primeira vez, Hamilton, Kalama, Doerner e Lickle deixaram claro que, longe de brigarem para ganhar o prêmio, não queriam se envolver com aquilo. "As pessoas se contentam com as aparências", disse Hamilton zangado. "'Fulano de tal surfou a onda de trinta metros.' Isso é por acaso. Eu não quero nada 'por acaso'. Quero mais desempenho. O que você *está fazendo* nessa onda de trinta metros que está supostamente surfando? Vai arriscar a vida no rabo da onda? Você mal está conseguindo surfar ou está botando pra quebrar como se fosse uma onda de seis metros?" Além disso, ele acrescentou, é estúpido julgar a intensidade de uma onda apenas pela altura. Uma onda menor compacta e combativa poderia ser bem mais radical do que uma onda alta e anêmica: "Você preferiria ser atacado por um pit bull ou por um cão dinamarquês?"

Eis o fato estranho: após uma década produzindo ao menos dois ótimos dias por temporada, desde 15 de dezembro de 2004 Jaws não voltou a chegar nem perto de todo o seu esplendor. Dois invernos se passaram, um terceiro estava começando, e Jaws ainda não havia rugido. Era como se a Grande Imperatriz tivesse decidido punir toda a sua corte por mau comportamento.

Nada mais desanimador para um surfista de ondas grandes do que passar meses sem ondas. Dá uma sensação de vazio, frustração e até depressão, coisas que você sentiria se fosse um alpinista preso numa planície ou um corredor de Fórmula 1 num mundo que tivesse apenas carros populares. A reação de Hamilton foi treinar ainda mais, esgotar-se fisicamente trabalhando ao ar livre, subindo de bicicleta até o vulcão ou nadando longa e arduamente ao longo da costa. "Quanto mais ocupado fico, melhor", disse ele. "Estou aqui no corpo de bombeiros esperando o alarme de incêndio tocar."

Oito dias depois, ele tocou.

Crânios Quebrados

PAPEETE, TAITI

"As ondas não são medidas em metros e centímetros. Elas são medidas em acréscimos de medo." Buzzy Trent, surfista de ondas grandes

À uma da manhã de 30 de outubro de 2007, o aeroporto de Faa'a, em Papeete, a capital da nação-ilha do Taiti, estava lotado. Músicos com camisas polinésias saudavam os visitantes recém-chegados com uma serenata, enquanto mulheres sorridentes com longos vestidos vermelhos ofereciam grinaldas de flores brancas. As flores eram minúsculas, mas sua fragrância enchia o ar, que parecia quente e úmido mesmo no meio da noite. A área de recebimento de bagagem estava caótica. Centenas de pranchas de surfe em capas acolchoadas, estojos de câmeras, enormes bolsas de pano, malas, engradados e caixas foram sendo descarregados até não caber mais nada na área, e camionetes paravam diante do pequeno terminal ao ar livre para apanhar as cargas, congestionando o trânsito. Buzinas soavam, pessoas berravam. Todo mundo manobrava com equipamentos demais, e uma energia confusa percorria o local como uma corrente de ar.

A multidão compunha-se quase que inteiramente de homens, e quase todos se conheciam. Embora tivessem chegado ao Taiti vindos de todos os cantos do globo, era fácil identificar os membros daquela tribo. Antes de mais nada, ostentavam um uniforme: bermudas longas, sandálias de dedo, agasalhos de moletom com capuz e camisetas com logotipos da Quiksilver, da Billabong, da Hurley e da Pipeline Posse. A maioria usava algum tipo de chapéu, um boné de time de beisebol ou um gorro de lã abaixado até os ouvidos. Nessa confraria não havia gente barriguda, óculos com lentes de fundo de garrafa nem peles pálidas cultivadas sob lâmpadas fluorescentes. Era um mar de bronzeados, tatuagens, testosterona e nervos de aço.

Todos os homens tinham vindo pelo mesmo motivo: uma onda lendária chamada Teahupoo (pronuncia-se "tei-a-rú-po"). Dentro de umas 28 horas, um swell gigante deveria chegar àquelas praias, fazendo com que a onda – seu nome taitiano pode ser traduzido livremente como "Crânios Quebrados" – irrompesse em seu pleno esplendor bestial. Ninguém se identificava mais com a velha Crânios Quebrados que Laird Hamilton, que atravessou o aeroporto sem ligar para o fato de que sua presença se impunha sobre os demais surfistas. Todo mundo sabia que, se Hamilton estava ali, as ondas seriam sinistras.

Como Jaws e outros locais onde a tempestade certa trazia não apenas ondas grandes, mas também uma proposta de vida ou morte, Teahupoo era famosa por seu tipo especial de risco. Um turbilhão cruel com um bojo profundo e uma crista que parecia uma laje grossa e prometia arremessar o surfista no recife, que jazia não muito abaixo da superfície. Tanta água e energia explodiam numa área tão estreita que os oceanógrafos muitas vezes se referiam à hidráulica de Teahupoo como "aberrante". Ela aterrorizava até os surfistas mais experientes – mesmo nos dias de ondas menores.

Havia também os dias de ondas não tão pequenas assim. Em particular, 17 de agosto de 2000. As únicas três palavras na capa da revista *Surfer*, com uma foto de Hamilton surfando Teahupoo naquele dia, foram: "Oh, Meu Deus!" Poucos meses antes, um surfista havia morrido em condições bem mais amenas, com o pescoço quebrado e o rosto despedaçado no coral dentado. Aquilo devia estar na cabeça de todos quando Hamilton, rebocado por Darrick Doerner, pegou uma onda tão gigante e tão malévola que os espectadores assistindo dos barcos temeram que estivessem testemunhando a última dropada dele. Havia tamanha fúria naquela onda, algo como a mistura da ira divina com um moedor de carne ou uma betoneira, que mesmo observá-la em vídeo era uma experiência angustiante.

Enquanto a onda se erguia à sua volta, Hamilton não conseguia vê-la: estava pegando a onda de backside, com o corpo de costas para o tubo. Mas podia senti-la, e sua mente, conforme disse mais tarde, gritou para que ele abortasse, ejetasse – qualquer coisa menos enfrentar aquilo. Ao mesmo tempo, a hesitação teria sido fatal. Quando a crista desabou sobre o recife, o tubo se convulsionou, a espuma explodiu à sua volta e Hamilton sumiu de vista. Por um ou dois segundos, ninguém soube se a onda o atingira. Em seguida, ele emergiu, deslizando com os braços erguidos. Se Hamilton tivesse caído, concordaram os peritos em ondas, a única coisa que sobraria dele seria uma mancha vermelha no recife.

Os detalhes daquele dia, e o grau em que Teahupoo exigiu de Hamilton o máximo de sua habilidade, entraram para a história como "a pior onda já surfada". E para enfatizar o registro, aquela tempestade – um sistema meridional de baixa pressão fora de época que se formara na Antártida e serpenteara rumo ao Pacífico Sul, abastecendo-se da umidade tropical ao longo do caminho – estava se tornando a mais forte dos últimos anos. Era feroz, lenta e visível o suficiente nos mapas meteorológicos para dar aos surfistas dois dias inteiros para chegar ao Taiti. No dia anterior Hamilton estava tomando o café da manhã de atum e ovos em Maui quando recebeu um telefonema do amigo Raimana Van Bastolaer, um surfista taitiano. Trinta e quatro horas depois, aterrissou em Papeete.

Localizei minhas malas e arrastei-as até o meio-fio, onde esperei Hamilton e os dois fotógrafos que o acompanhavam, Sonny Miller e Jeff Hornbaker. Miller, de 47 anos, e Hornbaker, de 48, eram nomes bem conhecidos no mundo das imagens de surfe. Ambos eram californianos que desenvolveram um gosto pelas ondas desde bem jovens. Miller, cabelos revoltos, olhos azuis, dado a um riso contagiante e áspero, ex-skatista profissional, tornara-se famoso pelas filmagens oceânicas que eram metade arte, metade loucura jornalística. Hornbaker era um sujeito alto e expressivo, com barba grisalha por fazer e pele castigada pelo sol; seu trabalho era icônico, bonito e íntegro. No princípio, Hornbaker filmava apenas ondas vazias, extasiado por sua forma. Como um purista, nada o irritava mais do que o comercialismo obtuso ou pessoas que não conseguiam ver a simples magnificência do mundo que as cerca.

Na multidão, localizei Sean Collins, o fundador e principal previsor das condições de surfe do Surfline.com. Ele sabia, mais do que ninguém, como o swell que avançava rumo ao Taiti estava progredindo. Se pressionado, provavelmente teria recitado sua longitude e latitude em tempo real. Collins, de 54 anos, era um gênio da previsão de ondas, e havia transformado aquele talento num negócio formidável. O site Surfline, com seu slogan "Saiba antes de ir", fornecia orientação a qualquer pessoa interessada em como andavam as ondas. O serviço disponibilizava prognósticos, mapas do tempo, modelos de ondas, notícias, matérias, galerias de fotos, vídeos, webcams, informações de viagem e glossários. Fazia tudo menos passar parafina na prancha para você.

No entanto, como todos os surfistas de ondas grandes sabiam perfeitamente, nenhuma previsão era infalível. Para cada tempestade que aparecia no momento certo, com o tamanho e a intensidade esperados, havia duas que desafiavam as expectativas. Swells pequenos acabavam sendo violentos (e não tão pequenos) tapas na cara; monstros pesadões chegavam quase se arrastando. Ocasionalmente swells surgiam do nada, sua existência totalmente imprevista. As melhores apostas a longo prazo eram tempestades que, como aquela, apareciam como uma espiral tão pronunciada nos mapas dos radares que mesmo na pior das hipóteses produziria ondas notáveis. Um pensamento reconfortante se você acaba de viajar meio mundo em busca delas.

Collins, ele próprio um surfista nascido em Pasadena, transparecia apenas um leve sinal do nerd meteorológico obcecado por detalhes: estava em seus olhos, que esquadrinharam o aeroporto observando tudo, como que registrando dados para um futuro programa de computador. Afora isso, restava um sujeito de cabelos claros, estatura mediana, sorriso tímido e com uma voz baixa e tranquila, trajando jeans e camiseta. Fiquei curiosa para saber o que ele tinha a dizer sobre aquela tempestade, então fui perguntar. "Vai ser grande", disse ele, abanando a cabeça na palavra final para enfatizar. "Um swell perigoso, com certeza. A tempestade está perto. A dois dias e meio de distância. O satélite naquele local mediu ondas de quinze metros e vento a sessenta nós." Collins parou, olhando a horda de surfistas lá fora. "Todo mundo está aqui", disse ele, e logo se corrigiu. "Bem, alguns caras não quiseram vir. Um deles disse: 'Estou esperando um filho. Não preciso rachar minha cabeça no recife bem agora.'"

Naquele momento, Hamilton aproximou-se para me conduzir até o carro alugado. Vendo que eu falava com Collins, seu rosto ficou duro feito pedra. "Oi, Sean", ele disse, "vejo que você trouxe todo mundo pra cá." Receber a raiva de Hamilton não é agradável para ninguém, e Collins encolheu-se sob seu boné de beisebol. Sem esperar qualquer resposta, Hamilton apanhou minhas malas, deu meia-volta e se afastou. Segui-o. "É isso que acontece quando você manda um e-mail em massa dizendo 'Swell Gigante!'", reclamou, apontando para o aeroporto.

Ao contrário de muitos dos surfistas ali, Hamilton tinha idade suficiente para lembrar a época em que você não tinha 48 horas de aviso prévio para chegar até as ondas e precisava contar com uma combinação de paciência, persistência, sorte e suas próprias adivinhações meteorológicas para dar uma surfada épica. Ninguém mandava a informação por e-mail; o conhecimento não podia ser comprado. Agora estava à venda por uma assinatura mensal, junto com todos os demais equipamentos que um surfista principiante de tow-in pudesse desejar. Quer você gostasse ou não, a época em que era necessário farejar no ar os sinais de uma tempestade e inventar o equipamento em sua garagem ficara para trás, superada pela tecnologia e por um próspero empreendimento comercial.

Miller e Hornbaker estavam ocupados carregando uma dúzia de caixas de equipamento de filmagem numa picape, que também continha uma pilha enorme com as pranchas de surfe de Hamilton. A picape nos encontraria na casa de Raimana, onde nos hospedaríamos. Para uma ilha pequena, o Taiti tinha um bom número de surfistas de ondas grandes famosos, e Van Bastolaer era um dos melhores. Ágil e de baixa estatura, começou sua carreira em Teahupoo como praticante de bodysurf, enfrentando as ondas com apenas um par de pés de pato. (Em vez da prancha de surfe rasgar a água, o atleta de bodysurf usa seu corpo.) Essa atividade está restrita a dias de mar mais calmo, é claro, mas permitiu que Van Bastolaer aprendesse as nuances do movimento das ondas. Quando passou a praticar o tow-in nos dias de ondas maiores, já conhecia todos os segredos delas. Ele tinha a vantagem de surfar em casa e tirava proveito dela, mas também fazia questão de que as equipes visitantes dispusessem de tudo que precisassem. Quando um swell se aproximava e os craques das megaondas chegavam à cidade, Van Bastolaer podia ser encontrado no centro de tudo, um anfitrião onipresente. Ele conhecia todos os protagonistas – locais e forasteiros, patrocinadores e surfistas – e coordenava as coisas com tanta abrangência que os surfistas muitas vezes se referiam ao Taiti como o "Mundo de Raimana". Naquele swell, ele e Hamilton seriam parceiros de tow-in.

Com a picape totalmente carregada, Hamilton, Miller, Hornbaker e eu nos espremamos no nosso carro alugado, um compacto que parecia uma caixa-preta e devia ser o último veículo disponível na ilha. "Gostou do carro?", Hamilton perguntou, enfiando-se no banco do motorista. "Acho que eu conseguiria levantá-lo com as mãos." Ele dirigiu através da multidão, ainda transbordando da área de bagagem para a rua. Abrindo a janela, Miller emitiu um riso longo e ruidoso. "Todo mundo está vindo ao Taiti", disse ele, inclinando-se para fora. "Olha que loucura!"

Três horas depois, acordei com ruídos metálicos e vozes abafadas. Grogue, deitada num colchonete no escuro, ouvindo ondas quebrando por perto, experimentei um momento breve e desorientador em que não tinha ideia de onde estava. Os taitianos, eu descobri, possuem um jeito nômade de lidar com o sono. Quando querem tirar um cochilo, simplesmente estendem um colchonete no chão onde quer que estejam. Se não sentem vontade de ir dormir no quarto e preferem tirar uma soneca na cozinha ou na sala, é para lá que vão. A casa inteira fica escancarada para as frias brisas noturnas – ninguém fecha janelas ou portas (a criminalidade praticamente inexiste). É como acampar, só que dentro de casa.

Levantando silenciosamente para não incomodar a mulher de Van Bastolaer, Yvanne, e sua filha de oito anos, Rainia, deitada no chão da sala de estar, caminhei na ponta dos pés até a garagem, onde Miller e Hornbaker estavam tentando enfiar seus apetrechos no carro. Faltava espaço. Fotografar ondas gigantes requer todo tipo de caixas, acessórios e equipamento à prova d'água, e nada daquilo era pequeno ou leve. A tarefa é uma complicada gincana, uma lista sem fim de coisas altamente especializadas para comprar, manter, carregar para lá e para cá, manejar, dominar e, de maneira geral, se preocupar. Rearrumando as caixas pela quarta vez, Miller recuou e balançou a cabeça. "Somos homens crescidos arrastando centenas de quilos de equipamento por todo o mundo", ele comentou. "É isso aí", disse Hornbaker. "Mas prefiro trazer excesso de bagagem a ter que serrar um parafuso no meio da noite porque falta uma peça do equipamento."

Durante os vinte primeiros anos de sua carreira, Hornbaker nunca permaneceu mais de três meses em qualquer local específico. Pelo contrário, embarcou em décadas de movimento perpétuo, perambulando entre os hemisférios Norte e Sul em busca das ondas perfeitas. Miller era igualmente peripatético: certa vez, gastou quase três dias viajando de San Diego até uma remota ilha indonésia para tirar umas fotos, conseguiu as imagens de que precisava e voltou para casa, o que levou ainda mais tempo. Cinco dias depois pediram que retornasse à Indonésia em outra missão. Os passaportes dos dois homens estavam repletos de vistos, carimbos e registros na alfândega. Como a maioria dos grandes fotógrafos do surfe, eles tinham muito tempo de Taiti.

Embora só fossem cinco e meia da madrugada e aquele fosse apenas um dia preparatório, o swell ainda a quilômetros da costa, Hamilton e Van Bastolaer haviam partido bem mais cedo. Teahupoo localizava-se a 64 quilômetros, na extremidade sul da ilha, na região menos povoada, conhecida como Tahiti Iti (Pequeno Taiti). Depois que o carro ficou entulhado com o equipamento de Miller e Hornbaker, restando para mim no banco traseiro um espaço do tamanho de um forno de micro-ondas, partimos naquela direção também.

Quando surgiu a luz do sol, primeiro com uma luminosidade fraca e depois iluminando plenamente as cores caleidoscópicas da ilha, comecei a ver a beleza do local. O Taiti era uma profusão de flores, plantas e árvores irrompendo de todo trecho de terra disponível, de aves paradisíacas junto às bananeiras e orquídeas, de coqueiros repletos de frutos lutando por espaço com abacateiros, bastões-do-imperador e antúrios. Cães corriam pela estrada, que serpenteava por lagoas cujas tonalidades safira e esmeralda pareciam ter saído de uma pintura de Gauguin. Picos vulcânicos pontudos se elevavam acima, tão drapejados de floresta tropical verde-escura que quase pareciam negros.

A ilha tinha a forma de um oito malfeito, com o círculo superior cerca de três vezes maior que o inferior. Percorremos a orla de Tahiti Nui (Taiti Grande), passando por lojinhas com letreiros franceses e barracas de beira de estrada vendendo mamões e óleo de monoï. No caminho, paramos para comprar baguetes. Passamos por Taravao, o istmo que liga as duas partes da ilha, e continuamos até Tahiti Iti. Nosso destino situava-se literalmente ao final da estrada, marcado por uma pedra pintada que dizia: "Teahupoo: Milha 0."

O pavimento terminava diante de uma ponte estreita atravessando um rio de água doce que descia das encostas do Taiarapu, um vulcão extinto. O rio acabava numa praia de areias pretas em forma de crescente. "Pessoas moram do outro lado da ponte, mas lá não tem eletricidade nem nada", Miller disse. "É como entrar num outro século." Fomos para a última casa na Milha 0, uma construção branca de dois andares conhecida como "Mommy and Poppy's". Era uma casa particular que se transformava em base de operações de surfe de ondas grandes quando as condições eram propícias, bem à beira-mar e no lugar ideal para se chegar à rebentação de Teahupoo, cerca de um quilômetro e meio mar adentro.

Eram apenas oito da manhã, mas o pátio estava fervilhando. Havia homens, jet skis e pranchas de surfe por toda parte, com galos circulando entre eles. Adesivos, pôsteres e autógrafos cobriam as paredes de madeira da casa e da garagem. Mommy, uma miúda senhora asiática na casa dos sessenta anos, emergiu da cozinha com um avental vermelho e um boné de beisebol, pondo uma frigideira de ovos e salsichas em uma mesa comprida ao ar livre. Vários jovens de vinte e poucos anos estavam sentados à volta dela, reunidos ao redor de um laptop que exibia um filme de surfe, e pegaram a comida sem tirar os olhos do computador. Comentando o filme, falavam no seu dialeto tribal:

"Radical! É G-Land?"

"Ahhh, aquela foi sinistra. Ele tava muito pra dentro."

"Eu tava lá naquele dia em Pipe. A galera tava vibrando."

"Brou, tenho que voltar pra Indo."

Observei Hamilton do outro lado do pátio, fixando uma quilha numa prancha de surfe. Seus movimentos eram enérgicos e eficientes, os músculos do braço se flexionando enquanto ele trabalhava. Uma exibição improvável de vigor de alguém que havia dormido só duas horas. "Tenho energia sobrando", ele disse, quando mencionei isso. "Especialmente quando se trata dessas coisas. Quase não preciso dormir." Todo surfista de ondas grandes com quem falei enfatizara a impossibilidade de obter uma boa noite de sono antes de um grande swell. Hamilton referiu-se à noite em claro como "dar o salto do peixe mahi-mahi. Um mahi que já está na frigideira. Você levanta toda hora e olha para o despertador."

Atrás de Hamilton, quatro jet skis repousavam sobre reboques no alto de uma rampa de atracação. Van Bastolaer inclinou-se sobre um deles, aspirando combustível com uma mangueira comprida de borracha. O cheiro de gasolina impregnou o ar. "Ei, mantenha esses franceses com seus cigarros longe daqui!", ele berrou, gesticulando para um grupo de fotógrafos que se reuniu num canto do pátio para fumar. Depois ele riu, exibindo uma arcada de dentes brancos brilhantes. À primeira vista, você não olharia para Van Bastolaer e pensaria "atleta de elite". Enquanto Hamilton e muitos dos outros tinham traços firmes e contornos bem-definidos, os de Van Bastolaer eram arredondados. Até seus cabelos eram encaracolados. No panteão das ondas grandes havia muitos rostos sem expressão e olhares frios, mas Raimana era o tipo do homem que sorria com o corpo inteiro, seus olhos castanhos irradiando uma alegria profunda.

Ao lado de Van Bastolaer, um mecânico com uma camiseta da Red Bull mexia no motor de um jet ski ornado também com logotipos da Red Bull. Ao seu lado estava um surfista usando um boné de beisebol da Red Bull. Era Jamie Sterling, um homem de 26 anos sólido e duro na queda, de Oahu. Ele e Hamilton começaram uma conversa, e outros surfistas se aproximaram para participar. Havia uma aura de empolgação e nervosismo, a adrenalina já começando a fluir. Enquanto Hamilton continuava ajustando os detalhes de sua prancha, um dos surfistas mais jovens anunciou que planejava usar um traje de borracha fino sob o colete salva-vidas – não para se aquecer, mas para acrescentar outra camada entre sua pele e o recife. "E se você tiver flutuabilidade suficiente", ele raciocinou, "não afundará com tanta força."

Hamilton ergueu a vista. A força que aquela onda descarregava fazia parecer absurda a ideia de acrescentar um milímetro extra de neoprene para maior segurança, como esperar que um guarda-chuva pudesse amortecer o impacto da queda de uma bigorna. Os coletes salva-vidas eram outra história. Todos os surfistas os usavam agora, e alguns vestiam dois. Sem dúvida, salvaram muitas vidas. Mas essa prática começara em Jaws, na onda de vinte metros em que um surfista caído talvez jamais voltasse a ver a luz do dia. Já o recife em Teahupoo jazia apenas noventa centímetros sob a superfície.

"Não estou preocupado com a flutuabilidade aqui", Hamilton observou.

"Sim", Sterling concordou. "Não é como Jaws."

Hamilton assentiu com a cabeça e apanhou uma chave de fenda. "Em Jaws o risco é você se afogar", ele disse. "Em Teahupoo é se esborrachar no recife."

A certa altura durante a noite, as ondas chegaram. No momento em que Hamilton e Van Bastolaer deixaram a casa, às quatro da madrugada, as ondas arremetiam ruidosamente contra os quebra-mares, e, quando os dois foram de carro até Mommy and Poppy's, viram água molhando o pátio. Na marina onde Miller, Hornbaker e eu chegamos de manhãzinha para encontrar o capitão de nosso barco, um pescador de atum chamado Eric Labaste, fortes vagas dificultaram o embarque do equipamento fotográfico. A manhã estava limpa e ensolarada, com uma brisa ligeira e um grupo de nuvens que mudava de forma. Parecia idêntico ao dia anterior, com uma diferença: aquele era um oceano completamente diferente. Onde o swell atingiu a barreira de recife, alguns quilômetros em direção ao horizonte, uma faixa grossa de espuma branca pulsava e refulgia como uma fogueira descontrolada e fantasmagórica.

Estávamos compartilhando o barco com três fotógrafos franceses que Hornbaker e Miller conheciam bem. Em qualquer swell grande, a presença de fotógrafos era fundamental. Como acontece com a árvore proverbial caindo na floresta,* se você descesse a face de uma onda de trinta metros e não houvesse ninguém ali para tirar uma foto, você realmente a surfou? Havia muitas respostas a essa pergunta, é claro, mas ninguém realmente queria respondê-la. Só na América do Norte, a indústria do surfe rende 7,5 bilhões de dólares por ano, impulsionada por pessoas que desejam ser surfistas. Filmes, pôsteres, revistas, protetores de tela – todo tipo de imagem – são a moeda de troca do reino, e ondas gigantes têm uma demanda especialmente alta. Como os surfistas que viviam vidas separadas até que um mapa do tempo os fizesse convergir ao mesmo destino – Taiti, Havaí, Austrália, África do Sul ou onde quer que a próxima grande onda se materializasse –, os fotógrafos se juntavam no local dos swells. Desatracando o barco do píer de concreto, Labaste deu um último gole no seu café e nos conduziu em direção a Teahupoo.

Ouvi antes de ver a cortina de vidro que explodiu no recife, a crista de um tubo de dez metros atingindo a terra como um apocalipse líquido.

---

* Alusão à reflexão do filósofo irlandês George Berkeley quanto à hipótese de que, se uma árvore cai na floresta e não há ninguém para ouvir, não existirá barulho. (N.T.)

Pelo aspecto visual, Teahupoo era linda. Lápis-lazúli forte, esmeralda profunda, água-marinha fraca – suas águas tinham as cores de joias, e sua pesada crista branca cintilava ao sol. Mas, embora a onda fosse linda, tinha a personalidade de uma serra circular. À medida que se elevava, Teahupoo drenava a água do recife, transformando a zona de impacto – uma lagoa que já no início era implacavelmente rasa – em uma extensão quase descoberta de corais afiados, ouriços-do-mar pontudos e rocha vulcânica. Aquilo aconteceu em segundos, numa área com uns cem metros de comprimento. Observei. Eu nunca vira uma onda se comportar como aquela. "Sim, é diferente", disse Miller, vendo minha expressão perplexa. "Como uma descarga de escopeta."

Embora eu mal conseguisse desgrudar os olhos da onda, forcei-me a recuar e absorver o ambiente. Estranho, realmente, quão próximo você consegue chegar da ferocidade. Como Teahupoo é criada por um swell atingindo uma protuberância da barreira de recife, existe – teoricamente – um canal seguro bem ao lado, onde a água é mais funda. Nosso barco e vários outros estavam parados no limite, tão perto das ondas que quando um surfista saía de uma delas tinha que olhar por onde passar. Hamilton certa vez rompera o joelho ao sair de uma onda, na tentativa de evitar a colisão com o motor de popa de alguém.

Mesmo nessa suposta zona de segurança, porém, os capitães de barco mais experientes ficavam receosos. Sabiam que o canal não era permanente. Poderia desaparecer subitamente se a direção do swell sofresse uma ligeira mudança, ou se uma série descomunal aparecesse. Ao longo dos anos, barcos haviam sido atingidos, virados e destruídos por aquela onda. Certa vez, Van Bastolaer surfava nas profundezas do tubo de Teahupoo quando viu um grande objeto preto zunir poucos centímetros acima de sua cabeça. Era um jet ski que havia sido catapultado sobre a crista quando seu condutor se aventurou um pouco perto demais da borda.

Uma névoa fina pendia à luz dourada da manhã, e quando a onda quebrou recebemos uma ducha de borrifos. O vento era mínimo, dando à água a textura oleosa e lisa que os surfistas adoram. "Vai haver uma demonstração de poder ali hoje", previu Hornbaker, erguendo no ombro uma câmera de cinema super 16 à prova d'água. Bem à nossa frente, como que engajado em algum espetáculo cênico de vanguarda, um surfista brasileiro dropou uma onda. Balançou no tubo por uns segundos antes de ser lançado no ar de costas. O efeito foi o de um pino de boliche derrubado de cima de uma trave de ginástica pelo jato de uma mangueira de incêndio. Vimos sua prancha disparar para o céu e o lampejo de uma perna que parecia estar inclinada na direção errada. "Eis um cenário", disse Miller. "Um cenário ruim."

Quando a onda explodiu com um estouro de granada, o surfista desapareceu na mandíbula. Seu parceiro veio correndo resgatá-lo, e deu para ver em seu rosto que a zona de impacto do Teahupoo era o último lugar do mundo onde ele gostaria de estar. Dirigindo-se para a água espumosa, esperou nervoso que a cabeça do surfista aparecesse, mas não havia sinal. O condutor do jet ski deu uma volta, ainda procurando, mas a onda seguinte já estava caindo. Ele estava sem tempo. E também sem sorte: quando acionou o guidão para sair dali, o motor estancou. "Ele está cavitando!", alguém berrou de um barco. Os jet skis eram notórios por emperrar na espuma turbulenta: seus motores, ao tentarem obter tração da água, acabavam engasgando no ar. Agora, em vez de um veículo de resgate, o condutor tinha um problema de novecentos quilos. Na falta de opções, mergulhou na água espumosa.

Notando o drama, diversas equipes acorreram à borda da zona de impacto, prontas para ajudar. Uma delas recolheu o jet ski abandonado, enquanto outra conseguiu colocar seu condutor na prancha de resgate. Quando uma terceira onda se elevou, a cabeça do surfista foi avistada no lado oposto da laguna. Ele havia percorrido quase meio quilômetro embaixo d'água, arremessado feito bala de canhão ao longo do recife. Alguém o recolheu da água, poupando-o de mais pancadas.

Cinco minutos decorreram, e depois dez, e os jet skis continuaram aglomerados no fundo da laguna. No canal, as pessoas especulavam sobre pescoços quebrados e membros arrancados. Depois o surfista apareceu, esparramado numa prancha de regate, sorrindo e acenando como se estivesse numa recepção de boas-vindas. Sangue gotejava de seus cotovelos. Ao passar, acenou para nós com um *shaka*, o cumprimento havaiano que indicava que "as coisas não poderiam estar melhores". "Deus é misericordioso", observou Hornbaker. Miller abaixou sua câmera e fitou com um ar de descrença: "Ele não tem a menor ideia de como teve sorte."

Hamilton aproximou-se de nós num jet ski vermelho. De todos os barcos, os fotógrafos direcionaram suas lentes para ele. Vestia uma camiseta rash guard branca de mangas compridas sobre um colete salva-vidas reforçado, fazendo-o parecer um pouco uma tartaruga ninja, e bermudas de neoprene. "Ingressos para as cadeiras especiais", disse ele, sorrindo. Para Hamilton, aquele era um dia em que as coisas não poderiam estar melhores. Sua família e seus amigos sabiam bem: quanto mais ondas Hamilton pegava, e quanto maior o grau de dificuldade daquelas ondas, mais contente e amigável ele se tornava. "Se eu levo um susto uma vez por dia, me torno uma pessoa melhor", disse. "Isso ajuda a dar aquela perspectiva de que a vida é frágil." Em poucos lugares esse fato era mais claro do que em Teahupoo. Mas, em respeito a seu anfitrião, Hamilton começara o dia conduzindo o jet ski, e não surfando. Ele acabara de rebocar Van Bastolaer para dentro de uma onda enorme, e agora estavam voltando para a continuação.

Abrindo caminho entre as embarcações no canal, uma dúzia de equipes de tow-in retornou à zona de partida, que era chamada de "alinhamento", embora não houvesse nada ali tão alinhado assim. A área tinha esse nome porque fornecia um alinhamento visual com um marco na praia (nesse caso, um estreito entre os picos vulcânicos escarpados), um sinal que os surfistas podiam usar para se posicionarem corretamente. Era importante conhecer o local, ter uma noção precisa de onde a onda iria quebrar.

Por essa e outras razões, olhos de águia eram um componente básico do esporte. Para ter alguma esperança de pegar um daqueles gigantes estourando, os surfistas tinham que divisá-lo de longe. Aquela não era uma habilidade fácil de adquirir. Ao aparecer pela primeira vez no horizonte, uma onda promissora não passava de uma sombra sutil na água, como uma faixa indistinta de veludo. Quando a energia se aproximava da rebentação, a água se elevava numa protuberância. Algumas protuberâncias, porém, eram mais acentuadas do que outras, e eram as que todo mundo queria. Com frequência, meia dúzia de equipes acabavam perseguindo a mesma onda, embora um só homem pudesse surfá-la. Vários surfistas disparando a mais de sessenta quilômetros por hora numa face gigantesca era, além de indesejável, perigoso. Para decidir quem ficaria com a onda, uma espécie de jogo de xadrez furioso era disputado levando em conta uma série de fatores que incluía quem estava melhor posicionado, quem soltou o cabo de reboque primeiro (colocando-se mais fundo no bojo da onda), quantas ondas cada surfista já havia (ou não) pegado, quem tinha o condutor de jet ski mais agressivo, quem estava mais alto na cadeia alimentar das ondas grandes – em uns poucos segundos todas essas coisas entravam em jogo. O surfe tow-in não era um esporte para os tímidos ou excessivamente educados.

"Esta é uma galera da pesada", Miller observou, examinando as equipes. "Tem o Garrett McNamara. G-Mac. Vi quando sua perna virou um sashimi aqui. A coxa inteira se abriu, até o joelho. Chamaram aquele dia de 'Domingo Sangrento'." McNamara, 42 anos, era um surfista muito competente, com uma ousadia do tamanho do continente norte-americano. Sua combinação de talento e audácia o levava a fazer coisas que poucos tentariam. Logo antes de ir ao Taiti, por exemplo, McNamara havia surfado a onda provocada por um iceberg recém-desprendido no Alasca, esquivando-se da queda de blocos de gelo do tamanho de quarteirões. Em outra ocasião, para um videoclipe promocional, deixou uma centopeia de vinte centímetros de comprimento sair rastejando da sua boca.

A personalidade não-repita-isto-em-casa de McNamara também o levava – regularmente – a suportar vacas das quais nem todo mundo sobreviveria. Observei-o conduzindo um jet ski com cores de camuflagem, vestindo uma camiseta rash guard também com padrões de camuflagem e um boné de beisebol. Embora estivesse quase sempre sorrindo, havia uma intensidade sombria na presença de McNamara. Seus cabelos estavam cortados bem rentes e eram de um preto forte e lustroso, seus olhos castanho-escuros. Como muitos dos melhores surfistas, ele crescera na costa norte de Oahu e tivera de abrir caminho à força naquela brutal fraternidade do surfe. Mas sua vizinhança havaiana barra-pesada de Waialua parecia um resort de luxo comparada com a cidade natal de seu parceiro de tow-in, Koby Abberton.

Abberton, 28 anos, viera de Maroubra Beach, um subúrbio de Sydney, Austrália. Maroubra era um trecho intenso da costa, conhecido pelas ondas desafiadoras, pela estação de tratamento de esgotos, pela prisão de segurança máxima e pela grande população de traficantes e viciados em heroína, que incluía a mãe de Abberton e seu namorado, um ladrão de bancos. A juventude de Abberton esteve tão cheia de violência e obstáculos, culminando com a salvação pelo surfe, que, enquanto ele atravessava o canal em Teahupoo, a história de sua vida estava sendo transformada em um documentário narrado por Russell Crowe. Quando Abberton tinha quatorze anos, ele e seus irmãos mais velhos Sunny, 21 anos, e Jai, dezenove anos, haviam formado uma gangue de praia conhecida como Bra Boys (um duplo sentido: "Bra" é abreviatura de Maroubra e na gíria em inglês do surfe significa "irmão"). A gangue, agora com quatrocentos integrantes, ganhou notoriedade em 2003 quando Jai Abberton foi indiciado pelo assassinato de um homem de Sydney (ele depois foi absolvido sob a justificação de que agiu em defesa própria). Koby foi acusado de ajudá-lo a se livrar do corpo (acusação pela qual recebeu uma pena de nove meses em regime aberto).

"Observe a onda de Koby", Miller aconselhou. "Ele não pega nenhuma que não seja completamente maluca. Ou uma parede radical ou nada." Sentado atrás de McNamara no jet ski, Abberton – que guardava uma forte semelhança com o ator Mark Wahlberg – parecia bem calmo para o momento, uma impressão atenuada por seu pescoço coberto de tatuagens.

Enquanto a manhã avançava, Teahupoo produzia uma onda raivosa após a outra, mas o swell possuía um ritmo próprio. Pulsava ligeiramente, depois fortemente e às vezes convulsivamente. Um conjunto de ondas superpoderosas chegava de roldão, apenas para serem seguidas por uma relativa calmaria, até que a próxima explosão de energia chegasse. "Em um mesmo dia, cada onda é diferente", havia explicado Hamilton, descrevendo como mudanças minúsculas na direção do swell, no vento e no intervalo – os segundos que decorrem entre duas ondas – resultavam em variações incessantes. "Nunca é a mesma montanha."

Já havia tido uma onda, pega por um surfista de 24 anos de Maui chamado Ian Walsh, anormalmente maior do que as outras. Aquela onda simplesmente tinha mais de tudo: mais altura, mais circunferência, mais espuma e oscilação, mais loucura. Era como se Teahupoo tivesse detestado o gosto dela e a cuspisse com nojo. Coletivamente, as pessoas ofegavam. A onda de Walsh parecia duas de tão grande, e ele sabia, lançando a cabeça para trás de alegria enquanto saía de forma perfeita, e no final saudou-a aliviado.

O vento se elevou, borrifando água e deixando o mar mais mexido. Hamilton pegou uma onda. Imediatamente pude ver a diferença entre ele e os outros. Várias vezes naquela manhã eu vira surfistas lutando para manter o controle no tubo. A onda sugava tanta água face acima que, sem as reservas certas de impulso e massa, eles eram rapidamente derrotados. Com sua força e seu tamanho, Hamilton não voava pela onda, ele abria uma trincheira nela. Mas seu lance mais incrível era permanecer no tubo mais tempo do que qualquer outro. Em vez de correr à frente da crista cadente, ele brincava com ela, saindo no último segundo possível, como que transpondo o limiar de um prédio no instante de seu desmoronamento. Quando saía da onda numa cambalhota de 360 graus inconfundível, o canal irrompia em aplausos.

Durante a tarde, o tempo piorou. Nuvens serpenteavam ao redor da base dos picos íngremes atrás de nós, e o martelar contínuo das ondas revolveu tanto a água que o oceano mudou de cor, de um azul-celeste para um verde turvo e espumoso. Um tronco do tamanho de um poste flutuou para dentro do canal. Antes que pudesse causar qualquer dano, o grande surfista taitiano Poto veio voando no seu jet ski e o removeu. Embora não estivesse surfando naquele dia, Poto (cujo nome de batismo era Vetea David) era um rei naquelas águas, o primeiro profissional do Taiti no circuito competitivo mundial. Pessoalmente, ele era um sujeito que você olharia duas vezes. Seus traços classicamente belos eram enrijecidos por uma dureza de pugilista, como um cruzamento de um boneco Ken polinésio com um traficante sul-americano. A imagem era complementada por uma mulher estonteante num biquíni minúsculo sentada atrás dele no jet ski, faixas de cabelos negros caindo em cascata sobre as costas.

Mais surfadas, mais triunfos, mais tombos. "Bye-bye!", disse um dos fotógrafos franceses, com seu sotaque charmoso, quando as pernas de um surfista desabaram. Observando-o sendo arremessado pela face da onda, tentei imaginar o que estaria passando por sua cabeça naquele momento, quais orações desesperadas estariam sendo murmuradas. No barco ao lado de nós, um surfista estava apenas usando uma tanga, a parte superior do corpo e os quadris cobertos de cortes e sangue. Sua prancha, estraçalhada, jazia na popa.

Após algum tempo, Teahupoo emitiu outra superonda, surfada por Shane Dorian, 35 anos, um surfista veterano de Big Island, Havaí. À medida que ela se elevava, todos no canal se encolheram por reflexo. Embora fosse um dos surfistas mais fortes por ali, Dorian pareceu ter sido pego desprevenido pela gigante, e oscilou até quase cair. Conseguiu manter-se ereto até o final da seção tubular, a saída da onda, quando foi cuspido de costas. "Ele esteve perto do desastre", comentou Miller. Dorian concordou: "Também achei. Eu estava corrigindo o tempo todo."

Hamilton pegou mais ondas, assim como Van Bastolaer, inclusive uma que acabou compartilhando com Garrett McNamara. McNamara, porém, deu uma de camicase, dropando tão fundo onda adentro que aquilo não podia dar certo. Levou um tombo espetacular. "Fui de encontro ao recife a, tipo, cento e cinquenta quilômetros por hora", ele contou à *Surfing Magazine* mais tarde. "... Fui pedindo para Deus: 'Por favor, por favor, maneire esta onda.'" McNamara escapou inteiro, mas depois de levar "umas dez" ondas na cabeça devido à sua posição no centro do turbilhão. Quando Abberton conseguiu enfim alcançá-lo, contou McNamara, "verifiquei meus cortes, abracei Koby e disse 'obrigado! Aquilo foi loucura! Sinto-me vivo!.'" Mais tarde, ele encontraria fragmentos de coral incrustados no seu capacete.

O dia estava terminando. Os surfistas pareciam esgotados, os espectadores estavam queimados de sol, os fotógrafos atacavam os isopores em busca de latinhas de Hinano, a cerveja local. Somente Labaste, vigilante, ainda esquadrinhando o horizonte, e a própria Teahupoo, ainda formando ondas gigantes, conservavam sua energia. Ao pôr do sol quase todos haviam voltado à praia.

O pátio de Mommy and Poppy's ostentava um ar de festa, os surfistas plenos de alívio e testosterona. Circulavam cuidando de seus apetrechos, lavando-os, embalando-os, colocando jet skis de volta nos reboques, bebendo cerveja e pedindo aos fotógrafos que mostrassem as imagens digitais de suas surfadas. Quando você está de fato numa onda gigante, eles me contaram, não tem uma ideia exata do tamanho do monstro. A experiência mais se assemelha a uma colagem de impressões sensoriais. Pode haver um lampejo de borrifo branco, um súbito solavanco, uma sensação de energia subindo dos pés, a suspensão do tempo de modo que dez segundos se estendam como um chiclete através de um violento universo azul. Dentro do tubo, um local que os surfistas encaram com reverência, luz, água e movimento se somam em algo transcendente. Uma suspensão deliciosa de todas as coisas mundanas, na qual nada importa senão viver aquele instante particular. Algumas pessoas passam trinta anos meditando para atingir essa sensação. Outras ingerem drogas psicodélicas. Para os surfistas de ondas grandes, uma breve surfada em uma montanha de água é o que basta.

Sentei-me à mesa ouvindo um grupo deles trocar histórias sobre o dia, toda a sua tensão e temores pré-swell tendo sido consumidos nas ondas. À minha frente, Miller estava conversando com um surfista taitiano chamado Teiva Joyeux. Eu travei contato com Joyeux, de 31 anos, no dia anterior e me impressionei com seu jeito tranquilo e elegante. E com suas tatuagens. No estilo tradicional polinésio, elas cobriam grande parte do seu corpo. Joyeux havia tatuado faixas decoradas, curvas acentuadas e animais sinuosos nos braços, nas pernas, nas costas, na barriga, no tórax – ele e sua mulher Nina chegaram a tatuar suas alianças nos dedos. Pode não ser uma imagem que você adotaria se trabalhasse num escritório, mas em Joyeux aquilo era natural e impressionante. Eu sabia que, para ele, dias como aquele eram agridoces. Em 2 de dezembro de 2005, seu irmão mais novo Malik Joyeux, então com 25 anos e um dos astros do surfe em Teahupoo, morreu numa queda enquanto surfava em Pipeline, Oahu. Os dois irmãos eram muito próximos, e a perda foi devastadora. Assim, ainda que um swell grande trouxesse amigos do mundo inteiro ao Taiti, para Joyeux sempre faltaria um surfista.

O pátio começou a se esvaziar. Alguns homens tinham que pegar aviões naquela noite, rumo à onda seguinte. Deixando o carro alugado para Miller e Hornbaker, subi no banco traseiro da picape de Van Bastolaer, sentando-me atrás de Hamilton, que ocupava o banco do carona. À vontade, exausto como ele adorava ficar, voz gasta de tanto berrar o dia inteiro em meio às ondas tonitruantes. Os olhos dos dois homens estavam tão vermelhos que dava pena olhar. (Por motivos óbvios, o surfe tow-in não permite o uso de óculos escuros.) Ao sairmos para a rua, um surfista que não reconheci veio correndo à janela do motorista e meteu o braço dentro da picape, tentando dar a mão a Van Bastolaer. Um sujeito baixo, cabelos longos, fora de si. "Obrigado! Realmente, OBRIGADO!", ele agradeceu, e depois hesitou, procurando as palavras. "Aquilo foi… REAL."

"Real", repetiu Van Bastolaer com uma risada. "É isso aí, brou! Aqui não há fingimento."

Seguimos estrada abaixo, deixando para trás a Milha 0 e toda a sua magia. Uma noite diáfana desceu sobre as águas, o céu se acomodou em camadas de damasco e rosa que lentamente se aprofundaram em um negro tingido de violeta. Hamilton, comendo amêndoas defumadas em lata, ofereceu-nos. "Não", Van Bastolaer disse. "Quero beijar minha mulher, e quero o gosto real." Virou-se para mim no banco traseiro. "Esposa feliz, vida feliz!"

Hamilton olhou para ele. "Você poderia lavar a boca com sabão que ela continuaria sentindo o gosto de cerveja."

O Taiti não é muito rico em iluminação artificial. Não há sinais de trânsito, anúncios luminosos ou prédios comerciais iluminados para ofuscar o brilho das estrelas no céu. Eu ainda conseguia ouvir as ondas rugindo por perto, mas a quase escuridão proporcionou uma chance de processar a sobrecarga sensorial do dia.

Teahupoo, com seu poder atemporal, me trouxe à mente a distinção filosófica milenar entre a beleza e seu primo torto, o sublime: para que o meramente belo fosse promovido ao sublime, era necessário o terror na composição. "Os Alpes enchem a mente de uma espécie de horror agradável" escreveu um pensador do século XVII, sintetizando o conceito. E, conquanto os seres humanos fossem capazes de criar o adorável, o dramático, o triste ou o inspirador, somente a natureza conseguia produzir o sublime. Um conceito ao mesmo tempo reconfortante e perturbador: existem muitas coisas por aí mais poderosas do que nós. Ninguém tinha mais consciência disso do que os homens que haviam surfado Teahupoo naquele dia (exceto, talvez, aqueles que tinham caído dela).

"Todos vão sentir a Síndrome Pós-Onda Grande", disse Hamilton com voz rouca. Aquele era seu nome para a depressão inevitável após a euforia do alto nível de endorfina. O corpo havia esbanjado todas as suas substâncias boas numa única farra. Agora, um suprimento novo era necessário – o que poderia levar semanas de deslocamentos, com nervos à flor da pele. "Às vezes ela só vinha três ou quatro dias depois", ele explicou. "Antes de saber o que era, aquilo me derrubava."

"Ah, brou", disse Van Bastolaer. "Vamos ter outro swell grande aqui antes do ano-novo. Tenho um pressentimento. Vou chamar você." Imitou o movimento de discagem, e riu. "Você vai voltar."

A onda de Schrödinger

KAHUKU, OAHU

> "Penetrando em tantos segredos, deixamos de acreditar no incognoscível. Mas ali está ele, em calma expectativa." H.L. Mencken

A costa norte de Oahu é um lugar adorável e agitado que atrai alguns turistas, moradores tentando escapar do tumulto de Waikiki e praticamente todos os surfistas de ondas grandes da face da Terra. Se o reino das ondas possui uma Hollywood, Meca ou Harvard, fica ali. "Chamam-na de o milagre dos onze quilômetros", contou-me Hamilton. "É o campo de provas. Se você é um surfista e está começando a aparecer – e é sério naquilo que faz –, tem que vir a Oahu e mostrar do que é capaz. É inacreditável quantas ondas existem numa área tão pequena. E cada onda é uma onda grande." Ao longo da costa norte havia ondas esquerdas, direitas, praias com fundo de pedra, tubos perfeitos, paredes gigantes; havia recifes internos e recifes externos, e nos dias realmente grandiosos as ondas quebravam nos recifes *mais externos*, onde Hamilton e Darrick Doerner haviam testado pela primeira vez o surfe tow-in e onde Jeff Hornbaker certa vez filmara em ondas tão selvagens que ao final tartarugas marinhas mortas assomaram à superfície.

Numa noite perfeita de cartão-postal de meados de novembro, percorri a estrada de mão dupla que se estende ao longo daqueles onze quilômetros sinuosos, a partir de Haleiwa, com seu cartaz declarando ser a "Capital Mundial do Surfe", depois passando por Himalayas, Alligators, Waimea Bay, Log Cabins, Back Door, Pipeline, Sunset Beach, Backyards, Velzyland e Phantoms – um elenco de ondas famosas. No percurso, esquivei-me de ciclistas, skatistas e pedestres distraídos atravessando correndo a estrada rumo à praia, todos carregando pranchas de surfe. A temporada das ondas grandes estava no auge, mas eu não viera para ver surfistas pegando aquelas ondas. Eu estava ali para ouvir pessoas falarem sobre elas. Na ponta norte da ilha, entrei no Turtle Bay Resort.

No saguão, famílias bronzeadas marcavam excursões de mergulho subaquático e casais em lua de mel bebiam *mai tais* e namoravam. Ventos alísios sopravam do oceano. Música ambiente havaiana envolvia o lugar como uma nuvem. Em cima, no Salão 1, 120 cientistas participantes do 10º Workshop Internacional de Simulação e Previsão de Ondas e Simpósio de Riscos Litorâneos circulavam no coquetel de boas-vindas, triplicando temporariamente o QI *per capita* da costa norte.

De dois em dois anos, os cientistas de ondas mais eminentes do mundo reúnem-se em algum ponto para trocar informações, apresentar estudos, comparar anotações e, acima de tudo, discutir. Era um grupo de especialistas em ondas tanto quanto aquele que fora ao Taiti, exceto que ali a ação das ondas envolvia outro tipo de risco: como os interesses humanos poderiam coexistir com coisas como marés de tempestade de quinze metros, ondas traiçoeiras que abalroam navios e furacões superfortes.

Contrariando o estereótipo, esses cientistas constituíam uma turma diversificada e de aspecto saudável. Havia o grupo habitual de óculos de fundo de garrafa e barbicha, mas havia também um número animador de mulheres no grupo, bem como um contingente mais jovem, com bermudas folgadas e sandálias de dedo, que não pareceria estranho em Pipeline. Após o tsunami indonésio de 2004 e a inundação de Nova Orleans, e em meio a preocupações crescentes com quão drasticamente mudanças climáticas poderiam afetar os oceanos, a ciência das ondas se tornara uma disciplina popular, e energia nova vinha afluindo. O campo progredira bastante desde a Segunda Guerra Mundial, quando planejadores militares, percebendo que desembarques furtivos em praias requeriam previsões precisas das ondas, ficaram abismados ao descobrir que nada daquilo existia. (Para os cientistas, nada garante mais a segurança no emprego do que trabalhar em algo considerado útil à guerra.)

Os presidentes da conferência, Don Resio e Val Swail, saudavam os participantes na recepção. Fui até lá me apresentar; eu já havia falado por telefone com Resio, um experiente pesquisador do Corpo de Engenheiros do Exército norte-americano, e ele concordara com minha ida à conferência. Mesmo como uma voz sem corpo, ele agradava logo de cara, mas pessoalmente Resio possuía o tipo de magnetismo que é o sonho de todo político. Um homem alto e jovial com cabelos grisalhos curtos e cavanhaque bem-cuidado. Ao sorrir, o que fazia com frequência, revelava um conjunto de dentes brancos perfeitos. "Oi!", disse ele, dando-me a mão. "Seja bem-vinda. É maravilhoso ter você aqui." Embora eu fosse uma espécie de penetra no evento, as palavras de Resio foram sinceras. Ele só tinha uma preocupação: que eu não entendesse nada da conferência.

Uma preocupação legítima. Naquele nível, o estudo das ondas envolvia física quântica, teoria do caos, cálculo infinitesimal avançado, equações de turbulência de vórtices e física atômica. Meu conhecimento dessas coisas estava um pouco enferrujado. "Não esquenta", disse o copresidente Val Swail, com um sorriso sardônico. "Quando eles começarem com as equações, nós também estaremos boiando." Swail, um canadense com cabelos grisalhos abundantes e tez corada que parecia gostar da vida ao ar livre, trabalhava em pesquisas climáticas de ponta para o governo de seu país. Olhou-me com simpatia. "E ninguém entende Vladimir [Zakharov]. Ele usa cinco integrais. O resto de nós usa só duas."

Como que para ilustrar seus argumentos, artigos científicos ampliados lotavam o salão. Ostentavam títulos como "Modelagem de ondas espectrais das transformações de swells na navegação dos nativos das ilhas Marshall" e "Parâmetros de *forcing* globais de alta resolução da superfície do mar combinados para a modelagem numérica de oceanos". Olhei a impressão de um dos artigos, repleto de fórmulas matemáticas. Os cartazes variavam de extravagâncias gráficas – o tipo de coisa que você recebe de brinde quando assina a *National Geographic* – a um trabalho meio capenga consistindo em uma folha de papel tamanho carta em preto e branco pregada na parede. Havia gráficos que pareciam ter levado tiros de chumbinho e outros que pareciam sistemas solares. Enquanto folheava as apresentações, entreouvi trechos das conversas. "Eu mesmo fiquei um pouco intrigado com a alta frequência da quebra da cauda", disse um cientista japonês. "Naturalmente", respondeu um italiano. "Você afirma que existe uma lei da potência para a interação vento-onda", disse um homem carrancudo com forte sotaque alemão. "Acho que é um pressuposto questionável."

Do outro lado do salão, topei com um artigo que consegui entender: um negócio colorido ilustrado com fotografias de ondas gigantes quebrando, intitulado "Prototipagem de previsões de ondas operacionais de resolução fina para o noroeste do Atlântico". A conclusão daquele artigo pareceu ser que não conseguimos prever o comportamento das ondas nas tormentas mais extremas. "As tempestades estão ficando mais fortes?", perguntei ao seu autor, o cientista canadense Bash Toulany, que estava de pé por perto. "Essa é uma pergunta complicada", ele respondeu. "Tem a ver com as temperaturas da superfície marinha e..."

Uma voz animada sobre meus ombros interrompeu a frase. "Oh, nós vamos ser atingidos. Com certeza." Voltei-me para o orador, um homem de óculos, cabelos escuros e aspecto feliz, na casa dos quarenta anos. Seu nome era Dave Levinson e ele era um cientista climático da Administração Oceânica e Atmosférica Nacional (NOAA, em inglês).

"Atingidos?", perguntei. "Pela mudança climática?"

Levinson assentiu com a cabeça. "Temos alguns desafios pela frente que serão bem barra-pesada. Precisa de outra cerveja?"

Com todo o seu senso de humor e sua capacidade de comunicação com um leigo, Levinson era um especialista seríssimo, que presidiria o tema da mudança climática na conferência. Tinha um ar inquieto. Ao falar, as palavras jorravam em alta velocidade, como se tudo fosse tão loucamente fascinante que não daria tempo de chegar ao fim. "Lido com tempestades", ele me contou. "Sempre lidei com tempestades." Tendo crescido em Chicago, Levinson guardava boas lembranças das nevascas violentas do meio-oeste que cobriam a região na sua infância. "Todos os carros ficavam nas garagens e nos locomovíamos de esqui."

Embora o aquecimento global signifique menos neve, existem vários sinais de que não faltarão tempestades terríveis. De acordo com Levinson, podemos esperar quatro grandes mudanças – se não um apocalipse total – no que tange ao comportamento oceânico. "Existem algumas coisas acontecendo", disse ele. "Temos a mudança dos trajetos dos ciclones. Temos a elevação dos níveis dos mares." Isso era inegável. O nível médio do mar no planeta subiu cerca de dezessete centímetros no século XX, e o ritmo está se acelerando: uma estimativa conservadora para os próximos cem anos acrescentaria mais trinta centímetros aos níveis atuais; alguns cientistas acreditam que será algo mais próximo de dois metros.

Parte da elevação dos níveis do mar se deve ao derretimento do gelo, claro, assim como ao aumento das temperaturas oceânicas, porque a água se expande ao se aquecer. Embora os cientistas estejam divididos quanto a se o oceano mais quente resultará em tempestades mais frequentes, eles concordam que as tempestades mais fortes estão se intensificando. (Temperaturas oceânicas mais altas também significam mais vento, e a força dos furacões cresce exponencialmente com a velocidade do vento.)

Ao mesmo tempo, em certas áreas, como o Pacífico Norte e o oceano Antártico, a energia das ondas está aumentando. Essas ondas mais poderosas têm o potencial de causar danos aonde quer que cheguem, mas são especialmente destrutivas nos litorais, onde provocam forte erosão, danificam propriedades e matam. Em todos os anos, existem numerosos relatos de ondas engolindo observadores em quebra-mares, promontórios e praias.

Em lugares onde o gelo marinho ou recifes de corais têm agido como barricadas naturais contra as ondas, tal proteção desaparece quando o gelo derrete ou os recifes desmoronam (devido à exposição a ondas mais fortes). As marés de tempestade podem então fazer incursões mais profundas, e todo o ciclo de retroalimentação continua. Quando você entende a interconexão do sistema inteiro – e o fato de nove das dez maiores cidades do mundo estarem localizadas em terra costeira baixa –, os oceanos aquecidos constituem um conjunto imenso e perigoso de dominós desabando. "Ninguém gosta de ser alarmista", disse Levinson, "mas..." Sua voz se desvaneceu.

Uma onda pode parecer algo simples, mas na verdade é a forma mais complicada na natureza. Os cientistas dificilmente concordam sobre uma definição básica e geral do que é uma onda. Muitas ondas, mas não todas, funcionam como um distúrbio movendo-se por um meio. Esse distúrbio costuma ser, mas nem sempre é, energia. Uma onda pode armazenar essa energia ou dissipá-la. Paradoxalmente, ela é tanto um objeto quanto um movimento. Quando a energia da onda se desloca por um meio – a água, por exemplo –, o próprio meio não vai realmente a lugar algum. Em outras palavras, quando uma onda se eleva no oceano e parece correr pela superfície, aquele trecho específico de água não está realmente avançando – quem está é a energia da onda. É como estalar um chicote. Ao passar pelo oceano, a energia gira as moléculas de água numa órbita mais ou menos circular, temporariamente levantando-as. Somente quando a onda está prestes a quebrar, numa praia, digamos, as moléculas de água mudam de lugar – e mesmo então, ligeiramente – ao se arremessarem de encontro à areia.

Para existir, as ondas requerem uma força perturbadora e uma força restauradora. No oceano, essa força perturbadora costuma ser, mas nem sempre é, o vento. (Terremotos, deslizamentos submarinos e a força gravitacional do Sol e da Lua também podem desempenhar esse papel.) A força restauradora costuma ser, mas nem sempre é, a gravidade (em ondas minúsculas, pode ser a ação capilar da própria água). Em suma, se você quer explicar realmente uma onda, recorre a equações em vez de palavras. Porque as ondas fazem todo tipo de coisas estranhas.

Existe a onda estacionária, cuja energia move-se em duas direções opostas, e a onda de Love, que se desloca somente por sólidos. As ondas de raios gama – minúsculas e superenergéticas – conseguem matar células vivas. Muitos cientistas batizaram ondas com seus próprios nomes, resultando em trava-línguas como "onda de Tollmien-Schlichting". A onda X (abreviatura de "extraordinária") é um tanto sinistra: parece rodar mais rápido que a luz, teoricamente permitindo que retroceda no tempo. Existem também as misteriosas ondas gravitacionais, que, de acordo com a relatividade geral, arqueiam a superfície do espaço-tempo. Mas precisamos acreditar em Einstein, porque ninguém jamais encontrou uma delas.

Apesar de suas diferenças, as ondas compartilham algumas características. Elas são definidas de acordo com o comprimento de onda, que é a distância entre duas cristas consecutivas, e o período, que representa a mesma medição no tempo. Tomados em conjunto, o comprimento de onda e o período determinam a velocidade: mais longo significa mais rápido. (Os tsunamis, ondas causadas por súbitos abalos na crosta da Terra, são os campeões de velocidade do oceano. Seus comprimentos de onda podem superar 160 quilômetros, e elas podem se deslocar mais rápido do que aviões a jato.) As ondas oceânicas de período mais longo, acima de 12 segundos, são as que os surfistas de ondas grandes procuram, porque contêm mais energia e, portanto, criam as maiores faces quando quebram. Seu poder advém de o vento ter transferido sua energia para a água por uma extensão de quilômetros (distância tecnicamente conhecida como "*fetch*"), de modo que as ondas mais formidáveis emergem em lugares como o mar do Norte, o Pacífico Norte e o oceano Antártico, onde ventos de tempestade sopram por vastas áreas de mar não interrompidas por terra firme.

Outra coisa que as ondas têm em comum é que, apesar dos esforços da ciência para dissecá-las, elas resistem a um entendimento total. Lendo um texto básico de oceanografia, deparei com esta sentença: "Como o vento faz a água formar ondas é fácil de entender, embora muitos detalhes intricados ainda careçam de uma teoria satisfatória." Um cientista francês foi ainda mais direto: "As pessoas vêm estudando ondas por muitos anos, mas continuamos lutando para entender como elas funcionam."

A sala de conferências era grande, ensolarada e triangular, com janelas de um lado ao outro das paredes dando vista para o oceano. Um lugar idílico para discutir ondas; era como sentar na proa de uma embarcação com casco de vidro. Após um café da manhã continental e uma bênção havaiana tradicional para abrir os trabalhos, as pessoas se acomodaram com seus laptops em longas mesas. A sessão, Ondas Costeiras I, foi encabeçada por um cientista chamado Al Osborne. Alto, de constituição sólida e cabelos grisalhos ondulantes, trajando um suéter com capuz azul, ele estava no palco com o jeito informal de alguém que não tem nada para provar. Fiquei curiosa sobre Osborne, um físico nascido no Texas que atraíra a atenção da mídia ao conseguir criar vagalhões num tanque de simulações. Agora trabalhando na Itália, na Universidade de Turim, dedicara sua carreira ao estudo da dinâmica não linear na água, abordando a questão de por que algumas ondas avançavam de forma razoavelmente normal e outras subitamente se transformavam em monstros. Gerá-las num ambiente controlado foi um grande passo rumo à sua compreensão.

Junto com seu colega Miguel Onorato, um prodígio de 37 anos que também estava participando da conferência, Osborne havia descoberto que, embora os vagalhões não se comportassem conforme as regras da física tradicional (teorias lineares diretas provando que, em essência, um mais um é igual a dois), podiam ser parcialmente explicados mediante a mecânica quântica, as equações mais exóticas que descrevem o comportamento atômico e subatômico (teorias não lineares de por que, em ambientes caóticos, um mais um pode ocasionalmente resultar em 17). As coisas ficam estranhas quando examinadas pela lente quântica. Matéria e energia podem existir tanto como ondas quanto como partículas, dependendo das condições. A realidade se revela um constructo flexível, pleno de universos paralelos. Parecia um território fascinante e tortuoso, e decidi que procuraria Osborne mais tarde.

Onorato levantou-se para apresentar o primeiro estudo, "Interações de ressonância exata de três e quatro ondas nas equações de Boussinesq de fundo chato". Um começo nada ameno para uma conferência. Desde o título, achei aquilo totalmente incompreensível e, a julgar pelos olhares das pessoas no salão, eu não estava sozinha. Onorato era um italiano esguio e formidável, com o aspecto desmazelado que, para um cientista, serve como um indicador visual de genialidade excêntrica. *Eu não me dou ao trabalho de lavar minhas calças*, o olhar dizia, *porque estou ocupado demais fissionando este átomo*. Ao passar para um slide de equações tão denso que parecia que galinhas tinham pisado em tinta e percorrido a tela, um chinês à minha esquerda expirou ruidosamente.

A moral da história, eu estava começando a entender, é que a ciência das ondas é desconcertantemente complexa porque as próprias ondas são assim. Equações elegantes que descrevem como as ondas se deslocam pela água foram formuladas já no século XIX, e continuam úteis. Mas elas se basearam na noção de que as ondas se comportavam de formas simples e previsíveis. Se esse pode ser o caso quando você atira uma pedra num laguinho tranquilo, no oceano ocorre o inverso: trata-se de um campo de interações constantes e intensas entre ondas, vento e gravidade. Se cada onda representa uma nota, então o oceano está tocando a mais intricada sinfonia imaginável. Desenredar esse caos e capturá-lo num pacote bonitinho de números constitui um desafio e tanto, mas, de todos os cérebros excepcionais que poderiam ser capazes de chutar a bola para a frente, muitos estavam naquele salão.

Onorato encerrou sua apresentação e perguntou se alguém tinha alguma pergunta. Ouviu-se uma tosse nervosa. Após um momento de silêncio constrangedor, uma voz profunda e com forte sotaque ressoou à frente. O autor da pergunta, o cientista russo Vladimir Zakharov, estendeu-se por algum tempo. Era difícil ser mais inteligente que Zakharov, um homem com tórax amplo e proeminente e cabelos brancos como neve, cuja aparência fazia lembrar um Boris Yeltsin menor e mais amigável. Ouvi Zakharov, 68 anos, autor da equação de Zakharov, ser descrito como "o pai da mecânica não linear das ondas". Dos 53 temas que ele arrolara como seus "interesses de pesquisa", em algum lugar lá no meio constava: "Construção de novas soluções exatas das equações de Einstein." Ele e Onorato se engajaram numa discussão, como se estivessem conversando em uma língua particular, até que um terceiro homem aderiu: Peter Janssen, cientista holandês do Centro Europeu de Previsão do Tempo de Médio Prazo (ECMWF, em inglês) em Reading, Inglaterra. Um outro titã na vanguarda da pesquisa das ondas. Alguns dos computadores mais velozes do mundo residiam no ECMWF, ocupados na mais recente iniciativa de Janssen: uma tentativa de prever o aparecimento das ondas monstruosas.

As apresentações continuaram numa confusão de teoria das ondas, enquanto lá fora as ondas reais cresciam. Surfistas deslizavam, preenchendo as janelas. No palco, um cientista discutia o Wave Watch III, um modelo matemático que simulava as condições nos oceanos globais. Os modelos são a base da ciência das ondas (e do clima). Essencialmente, são programas de computador colossais que interpretam milhões de leituras de satélites, boias oceânicas, estações eólicas, balões meteorológicos e outras fontes. Todos esses dados constantemente alimentam os modelos. O resultado, espera-se, é um quadro permanente dos estados do mar, das condições dos ventos, das zonas de pressão, da circulação dos oceanos — e das interações entre essas quatro coisas — que possa ser usado para prever comportamentos futuros do clima. A criação de um modelo requer um grande esforço. Os cientistas estão sempre reajustando esses modelos e procurando maior precisão. Modelos como o Wave Watch III são ferramentas críticas, empreendimentos científicos colossais. Quem quer que esteja tentando fazer qualquer coisa em qualquer lugar perto do oceano confia neles. Só há um problema com os modelos: com frequência estão errados.

Não se esqueça de que os modelos diziam que as ondas monstruosas eram impossíveis. Eles demonstraram por que os engenheiros da plataforma de petróleo Draupner não precisavam se preocupar com o surgimento de uma onda de 25 metros. Eles asseguraram aos arquitetos navais que o *München* jamais afundaria em uma tempestade. Os modelos preveem para menos, ou preveem para mais, ou erram completamente em intervalos regulares. "Dispomos de modelos de ondas sofisticadíssimos", um cientista me informou. "Eles estão tentando reproduzir o que acontece, e foram desenvolvidos com conhecimento de física o bastante para se obter o máximo desempenho. No entanto, eles não estão reproduzindo as ondas corretamente sob certas condições."

Quando se considera a complexidade esmagadora do oceano e da atmosfera, não é difícil entender o porquê. Parece inútil tentar modelar coisas tão imensas e tão intrinsecamente aleatórias. Para a profunda frustração da ciência, a natureza regularmente perturba nossas tentativas de prever seu próximo lance. Quando perguntei a Don Resio se ele achava que a mudança climática levaria a oceanos mais tormentosos e ondas maiores, ele deu de ombros dramaticamente. "Não conseguimos prever dez dias à frente", disse ele. "O que nos leva a pensar que possamos prever dez anos no futuro?" Ao mesmo tempo – pois precisamos de quaisquer informações que possamos coletar sobre o mundo natural a fim de vivermos e construirmos coisas nele e termos a esperança de entendê-lo –, não nos resta outra opção senão tentarmos. Assim as sessões se sucederam, e as pessoas se inclinavam sobre seus laptops e tentavam não observar pelas janelas que surfar nas ondas parecia bem mais divertido do que escrever equações sobre elas.

Vindo de outra parte da ilha, acabei me perdendo por completo a caminho de Turtle Bay e precisei entrar na ponta dos pés no meio da sessão sobre Mudança Climática. As primeiras palavras que ouvi foram: "Existe uma grande incerteza aqui." Dado o que os cientistas vinham falando, aquela frase se afigurou uma síntese perfeita. A palestra seguinte foi sobre se as ondas estavam se tornando mais revoltas nas latitudes setentrionais (sim) e o que isso poderia significar para a navegação marítima (problemas); depois, um exame de como o clima afetará a frequência dos furacões (não sabemos ao certo) e das marés de tempestade (todos às armas). Aquilo provocou uma discussão acalorada. Durante uma apresentação, Zakharov, trajando uma camisa havaiana escarlate, levantou-se e desferiu tamanha torrente de protestos que Resio interrompeu: "Existe alguma pergunta aí, Vladimir?"

Mais tarde naquele dia, durante uma palestra sobre o comportamento das marés de tempestade, Resio mencionou o Katrina. Sendo um sulista, tratou aquela tempestade como parte de sua experiência pessoal e, ao falar sobre seu impacto terrível, sua voz se tensionou e seus olhos ficaram sérios. "Quando existe um evento de onda no litoral, sempre prevemos para menos", ele observou, e depois fez uma pausa. "O Katrina foi um alerta. Nós não temos a ciência de que precisamos como uma nação."

No intervalo, saí da sala, onde topei com Dave Levinson e outro cientista, John Marra. Marra, que vivia em Oahu, tinha cabelos longos e uma constituição atlética, e revelou-se um surfista ao contemplar as ondas próximas como um gato contempla os passarinhos. Quando Levinson apresentou-me e descreveu meu projeto, Marra fez uma pergunta: "Esses sujeitos que querem se lançar de ondas com trinta metros estão com problemas na cabeça?"

"Quer dizer que você acha isso impossível?", perguntei.

"Não sei a velocidade de fase de uma onda de trinta metros", disse ele, tornando-se sério num instante e citando teoria matemática avançada sobre arrebentação de ondas. "Eu teria que calcular a rapidez. Não vejo por que não, eu suponho... Se você estiver se movendo suficientemente rápido. Mas será da natureza humana querer *fazer* isso?"

Defendi a sanidade mental dos surfistas de tow-in por alguns momentos e depois desviei o assunto para a mudança climática. À semelhança de Levinson, Marra não pretendia investir em imóveis litorâneos tão cedo. Sua opinião era sombria. "As zonas polares já eram", ele afirmou com determinação. "E haverá alguns problemas básicos de sobrevivência, como falta d'água. Colapsos de ecossistemas. Cadeia alimentar..."

"Não há dúvida de que você está certo, John", interrompeu Levinson. "O problema da água será o pior de todos."

"Então por que toda essa discussão lá dentro?", perguntei. "Por que os cientistas não concordam sobre esse troço?"

"Bem, trata-se da variabilidade natural *versus* influência humana", disse Levinson, explicando como a ciência tinha que discernir quais mudanças podiam ser atribuídas aos ciclos regulares da natureza e quais se deviam a nossa interferência na química do planeta. "Os registros são tão escassos que os céticos podem apontar para a incerteza na atribuição da mudança climática." Você não pode se limitar a um evento isolado de mudança climática, ou mesmo a alguns anos de clima anormal: você teria que examinar tendências em prazos mais longos. O que, é claro, demanda tempo.

Marra entrou na discussão. "O argumento de Dave é que não dá para provar a coisa antes que seja tarde demais. É a analogia do sapo na panela. Ele não sabe que está sendo cozinhado até ser tarde demais e ele *já estar* cozido."

Levinson assentiu com a cabeça. "Incerteza não significa que não esteja acontecendo."

"Eu realmente não gostaria de ser um previsor do tempo neste momento", acrescentou Marra, "porque estamos chegando a uma época em que, possivelmente, o normal desaparecerá." Ele sorriu para espantar o pessimismo. "Mais uma razão para surfar! O negócio é curtir esses momentos de 'agora' total, porque será tudo que vai restar."

Voltei a encontrar Al Osborne no luau da conferência. Mesas tinham sido dispostas sobre um promontório, tendo ao fundo o rosado e sedoso pôr do sol. As ondas continuavam encrespadas. Quando a lua surgiu, tochas Tiki foram acesas, as cristas das ondas refulgindo ao fundo. Uma banda havaiana subiu no palco, o cantor inclinando-se para o microfone: "Agora uma hula para vocês viciados em ondas!" Osborne estava sentado do lado de Resio, e fui até a mesa deles.

Osborne padecia de um resfriado e um terrível *jet lag*, mas ainda estava disposto a conversar sobre ondas. Na verdade, o tema parecia animá-lo. "Todos os fenômenos físicos são ondas", ele explicou, com a fala meio arrastada de texano. Enfiou as mãos nos bolsos, reclinou-se na cadeira e acenou com a cabeça para o céu. "O universo é formado de ondas. Vou dizer por quê. Por loucura!"

Desde o início de sua carreira, Osborne tinha um pendor para lidar com as ondas mais estranhas. Tendo estudado para se tornar físico de raios cósmicos, deixou o programa Apollo da Nasa em Houston a fim de trabalhar no grupo de oceanografia da Exxon. No início da década de 1970, a exploração de petróleo estava esquentando. Para perfurar poços com segurança no oceano, empresas como a Exxon precisavam desesperadamente de conhecimentos científicos. Osborne tinha conhecimentos... sobre o espaço. "Quando fui trabalhar ali [na Exxon], eu não sabia nada sobre ondas [oceânicas]", disse ele. "*Nada* mesmo. E as ondas aquáticas são mais complicadas do que as ondas eletromagnéticas porque não são lineares."

Mas ele era um sujeito curioso e aprendia rápido, e quando a Exxon o enviou em missão importante ao mar de Andaman, Osborne estava mais preocupado com o aviso do Departamento de Estado de que a área era habitada por "caçadores de cabeças implacavelmente hostis" do que com quaisquer deficiências profissionais. Sua tarefa foi descobrir por que o *Discover 534*, o maior navio-sonda do mundo na época, vinha sendo fustigado em mares aparentemente calmos. "Ninguém jamais fizera quaisquer medições ali", disse Osborne. "Ninguém sabia." Usando instrumentos improvisados e uma abordagem de tentativa e erro involuntariamente cara, Osborne solucionou o mistério. Para seu espanto, descobriu que, menos de duzentos metros sob o navio, ondas submarinas monstruosas com quase duzentos metros de altura e 150 quilômetros de comprimento estavam se deslocando a uma velocidade de quatro nós. Nada no modelo explicava aquilo. "Tratava-se simplesmente de algo que não deveria estar ali", recordou Osborne. "Assim tomei conhecimento das ondas internas."

Sabemos agora que as ondas internas constituem aspectos básicos do oceano, visíveis em fotografias tiradas do espaço. A densidade da água varia em qualquer trecho do mar, formando uma espécie de coquetel em camadas. Quando as forças das marés arrastam uma camada sobre outra, surgem as ondas internas. Elas desempenham um papel crucial na circulação oceânica (e portanto no clima) e deslocam nutrientes pela coluna d'água. E possuem uma característica adicional que fascinou Osborne: são sólitons, ondas que se comportam como partículas.

Os sólitons vinham por muito tempo fazendo os cientistas coçar a cabeça de espanto. Em 1834, um engenheiro escocês chamado John Scott Russell por acaso viu uma onda estranha percorrendo um canal em Edimburgo. Descrevendo-a como um monte d'água "redondo, uniforme e bem-definido", ele seguiu sobre a onda por mais de três quilômetros à medida que ela abria caminho pelo canal como uma barbatana de tubarão, em vez de oscilar para cima e para baixo como uma onda normal. "Movia-se a grande velocidade", ele escreveu, "sem mudar de forma nem diminuir de velocidade. Como aquilo seria possível?"

A visão de uma massa d'água singular e anômala fascinou a mente analítica de Russell. A onda, que ele denominou "Grande Onda de Translação", parecia invalidar as leis da hidrodinâmica de Newton (que considera os líquidos campos contínuos, e não uma sucessão de objetos separados). A Grande Onda obcecaria Russell pelo resto da vida e destruiria sua carreira, devido à incapacidade dele de convencer os demais cientistas do que havia visto. Somente quando a física quântica surgiu, setenta anos mais tarde, e explicou o sóliton – como uma onda podia se comportar independentemente das outras ondas à sua volta e sem ser afetada por elas –, Russell foi justificado.

Ao que consta, sólitons existem onde quer que haja movimento ondular: em gases, em sinais telefônicos, no céu, até em nossos corpos. Mas em 1975, o fato de Osborne encontrá-los espreitando no oceano representou tamanha proeza científica que ele foi entrevistado no programa *The Tonight Show with Johnny Carson*.

"Não suportei a prosperidade", disse Osborne ironicamente, lembrando aqueles anos. "Então me mudei para a Itália." Na Universidade de Turim, ele continuou estudando ondas, examinando seus fundamentos quânticos. Em 1999, um gráfico representando a onda gigante de Draupner assomando do oceano deixou-o perplexo. Era idêntico a um sóliton! Caso fosse, sua mente concluiu, então deveria ser possível criar vagalhões usando a equação não linear de Schrödinger (um famoso avanço na física quântica que descreveu esse tipo de comportamento rebelde das ondas em elétrons).

De fato, no tanque d'água, Osborne conseguiu sintonizar Schrödinger e fazer com que minivagalhões saltassem da água. "Após centenas de anos em que tudo sobre as ondas gigantes se baseava em indícios casuais", disse Osborne, "subitamente havia uma dinâmica física real." Embora os vagalhões não sejam exatamente sólitons – eles são mais como primos de segundo grau –, a descoberta dele foi importante: quando você se afastava do caminho linear e adentrava os bosques escuros e não lineares, chegava mais perto da compreensão do oceano em seu estado mais extremo. (Desde então, os tsunamis também foram identificados como parentes do sóliton.)

Quanto mais eu ouvia, mais me parecia que as descobertas de Osborne confirmavam o adágio da ciência de que "o universo não apenas é mais estranho do que imaginamos, ele é mais estranho do que *podemos* imaginar". Ao falar sobre seu trabalho, Osborne empregou expressões como "magia negra" e "puros milagres", o que fazia seu dia a dia parecer bem empolgante. À luz daquilo, eu tinha uma última dúvida, um tanto absurda. Antes, ele havia mencionado que, para surgir, uma onda monstruosa tinha que agredir (minha descrição) seus vizinhos. Após tentar explicar isso para mim usando a teoria da instabilidade de Benjamin-Feir, as funções zeta de Riemann e a análise de Fourier, Osborne enfim decompôs e personalizou as ondas como fantoches. "É como se essa onda aberrante estivesse escondida", disse ele, usando suas mãos para demonstrar. "Seus braços estão para fora, cobrindo um monte de outras ondas. Quando fica pronta, ela arrebata toda a energia delas, roubando-a e concentrando-a naquela única crista grande."

Como não sou cientista, a imagem das ondas monstruosas como espertos vilões oceânicos me divertiu e não saiu da minha cabeça. Mas o que fazia de uma onda uma perpetradora desse roubo de energia e de outra uma vítima? Era quase como se algum tipo de inteligência fantasmagórica e secreta estivesse envolvida. "Não creio que se possa chamar isso de inteligência", disse Osborne rapidamente. "Inteligência implica que você pode tramar e maquinar. Requer um cérebro." Fez uma pausa momentânea e sorriu. "Mas elas fazem quase que de brincadeira, não fazem?"

A sessão sobre Ondas Extremas veio no quarto dia. Embora eu esperasse uma forte concorrência da praia àquela altura, o recinto estava lotado. O primeiro palestrante foi Luigi Cavaleri, um italiano animado, na casa dos sessenta anos, com olhos ardentes e um tom de voz melífluo. A palestra de Cavaleri foi um discurso de advertência sobre uma tempestade excepcional – e completamente imprevista – que assolara Veneza em 1966, o pior dilúvio da história da cidade. Se tal fenômeno voltasse a acontecer agora, queria saber Cavaleri, seríamos capazes de prevê-lo?

Impossível não gostar de Cavaleri, um homem brilhante, vestindo uma camisa xadrez confortável, mangas arregaçadas, suas sobrancelhas sinuosas saltando em seu rosto, suas mãos nadando pelo ar. "Quantos de vocês já viram o mar sob uma tempestade?", perguntou. "É um quadro completamente diferente." Houve um murmúrio de risos educados: *Como se.* Quase todo cientista das ondas com quem falei confessou sua preferência pela terra firme, admitindo sentir enjoos terríveis no mar e uma aversão pela ideia de ser sacolejado num navio, quando o trabalho para valer acontecia diante de um computador. Embora as pesquisas de Cavaleri revelassem que provavelmente seríamos capazes de prever a tempestade agora, seu lembrete sutil de que não faria mal nenhum aos cientistas das ondas se eles passassem algum tempo no mar foi o que mais me impressionou em sua palestra.

Nesse aspecto, os surfistas tinham uma vantagem quando se tratava de entender as ondas mais extremas. Sentir uma onda de vinte metros se erguendo sob seus pés, ouvir seu estrondo de turbina, enfrentar o poder de sua face e depois se afastar dançando de sua detonação – tudo isso, embora não seja o tipo de trabalho de campo que fará você ganhar um Nobel, é no mínimo uma experiência informativa. Eu observara que qualquer surfista de tow-in digno de seus streps também era um meteorologista enrustido, capaz de traduzir em prováveis ondas as leituras de boias, análises espectrais, períodos de swells, direções dos ventos e características do fundo do mar. Muitas vezes Hamilton me surpreendera discorrendo sobre coisas como refração e dispersão de ondas, e Kalama tinha tamanho dom para interpretar dados de tempestades que fora apelidado de "Decimal Dave". Talvez houvesse um incentivo extra para compreender as ondas quando sua vida, bem como seu salário, dependia delas.

O orador seguinte, um homem de cabelo amarelado e cara de estudioso chamado Johannes Gemmrich, deu uma palestra intitulada "As ondas 'inesperadas' são tão importantes quanto as ondas monstruosas?". Ondas inesperadas, ele explicou, eram ondas normais de tamanho extragrande que ocorriam eventualmente, até duas vezes maiores que a média. Mais comuns e menos misteriosas que as ondas monstruosas puro-sangue – que podiam atingir alturas mais de quatro vezes superiores às dos mares circundantes –, as ondas inesperadas podiam ser igualmente destrutivas. Gemmrich mostrou slides de uma trilha na ilha de Vancouver de onde ondas inesperadas (ou ondas sorrateiras, como às vezes são chamadas por marinheiros) regularmente sugavam excursionistas das rochas, matando-os. "Ondas inesperadas não são ondas monstruosas", disse Gemmrich. "E nem toda onda monstruosa é inesperada." Fiquei imaginando qual seria a importância dessa distinção quando você estava sendo tragado por uma delas.

Peter Janssen, o orador seguinte, desvencilhou sua figura alta e magricela da cadeira e dirigiu-se ao palco. Cabelos grisalhos desgrenhados, barba revolta, seu aspecto sério e profissional parecia intimidante até você observar o brilho em seus olhos. Sua palestra abordou a versão de segunda geração do sistema de alerta de ondas monstruosas do ECMWF, a ser lançado em breve. Postou-se ao lado da tela com uma mão no bolso e a outra apontando para uma barafunda de números, letras gregas, pontos, barras e símbolos de raiz quadrada. Ainda que rudimentarmente, consegui acompanhá-lo, porque, além do maquinário veloz que zunia em sua cabeça, Janssen tinha o dom de traduzir o hermetismo da ciência das ondas em inglês claro – embora o inglês fosse sua quarta língua.

No dia anterior, havíamos nos encontrado num almoço à beira da piscina para conversar sobre sistemas de alerta. "Como é possível prever uma onda monstruosa?", perguntei. Parecia uma contradição. "Prefiro o termo 'ondas aberrantes'", disse Janssen. "Ondas monstruosas me fazem pensar numa manada de elefantes." Ele riu e tomou um bom gole de cerveja.

Com seu sotaque holandês preciso, Janssen explicou que, em certas condições, os vagalhões se tornavam bem mais prováveis. O segredo estava em prever aquelas condições. Surpreendentemente, o critério principal não eram oceanos enormes (embora aquilo ajudasse), e sim a forma do espectro da onda – a medição de como a energia da onda estava distribuída numa determinada área. Tudo se resumia à ingremidade. Ondas íngremes estavam mais longe do equilíbrio: menos estáveis, mais propensas a piratear a energia das outras ondas. Se o espectro era estreito e pontudo – como se alguém tivesse espremido algumas ondas adoráveis em um torno –, era ali que, nas palavras de Janssen, "você obtinha uma probabilidade elevadíssima de eventos extremos".

Tempestades em rápido crescimento tendiam a criar ondas íngremes, assim como ventos altos que sopravam por um longo tempo na mesma direção percorrida pelas ondas. Havia também notórios redutos de ondas aberrantes, como a Corrente de Agulhas, ao largo da costa sudeste da África, onde correntes rápidas e quentes colidiam de frente com correntes mais frias vindas da direção oposta, criando uma espécie de colisão oceânica de trens. De novo, aquilo tornava íngremes as ondas e aprofundava os vales entre elas.

O método do ECMWF de prever a probabilidade de vagalhões envolvia dividir os mares em quadrados de quarenta por quarenta quilômetros, fixar um parâmetro, introduzir as leituras oceânicas e atmosféricas no modelo e depois soar o alarme quando as condições parecessem suspeitas em qualquer dos quadrados. Na teoria isso parece algo simples de fazer; na prática é diabolicamente difícil. Como você pode se certificar de que os modelos estão no rumo certo? Em qualquer momento, os oceanos estão na maior parte vazios e inobservados, sem que ninguém registre a observação de ondas excessivamente íngremes. "É difícil validar nossas teorias", diz Janssen. "Tenho esperança de encontrar instrumentos de satélite que serão capazes de monitorar essas situações extremas." Ele suspirou. "Pode ser que estejamos completamente errados."

Fiz a Janssen a pergunta que fizera a vários outros cientistas: devíamos esperar ondas mais agressivas devido à mudança climática? Como todos os outros, ele hesitou antes de responder. "Bem... o que vemos no momento... siiim", disse ele, escolhendo as palavras cuidadosamente. Durante uma sessão anterior, ele observou, o cientista russo Sergey Gulev havia apresentado um estudo mostrando que a ingremidade das ondas havia aumentado substancialmente entre 1970 e 2006.

"A mudança climática não é fácil", acrescentou Janssen. "Porque no princípio quase não dispúnhamos de dados." Difícil afirmar que existam mais ondas gigantes agora – ou furacões, ou tufões – se ninguém sabe quantas havia antes. Porém, a esta altura, poucos cientistas acreditam que não tenhamos razões de nos preocupar. "Posso afirmar uma coisa sobre a mudança climática", disse Janssen. "Tenho absoluta certeza de que está ocorrendo."

Era novembro de 2007, o final de um ano estranho e tempestuoso. Ondas gigantes haviam golpeado a Europa, a África do Sul, a Indonésia, a China, Taiwan e Austrália, gerando manchetes como "Moradores fogem depois que ondas atingem a costa da Indonésia", "Praias asiáticas reabrem depois que os ventos provocaram ondas imensas" e "Ondas gigantes atingem a ilha Reunião".

"Irlanda preparada para ondas gigantes: Ondas enormes, mais altas que casas, deverão fustigar a costa oeste da Irlanda este fim de semana", alertou o *Edinburgh News*, levando um leitor on-line a reclamar: "'Ondas mais altas que casas' – que tipo de alerta é este? Trata-se de arranha-céus enormes ou de casinhas pequeninas? Precisamos ser informados!"

No mundo inteiro também registraram-se secas prolongadas, calor brutal, inundações violentas, incêndios florestais descontrolados e flutuações da temperatura. A Europa foi assolada por ventos e inundada por chuvas. Tamanha quantidade de gelo ártico derreteu que, pela primeira vez na história humana, a Passagem Noroeste se abriu. O Furacão Noel, o sexto furacão da temporada e o mais mortal deles, atingiu as províncias marítimas do Canadá em 4 de novembro, uma tempestade de fim de estação que se anunciou com ventos de 130 quilômetros por hora e ondas de mais de quinze metros. As ondas destruíram píeres, viraram barcos, arremessaram carros, abriram buracos no calçamento, destruíram estradas e lançaram penedos grandes bem longe terra adentro.

Um dos incidentes mais dramáticos do ano ocorrera poucos dias antes, em 11 de novembro, o primeiro dia da conferência. Como que para lembrar aos cientistas a importância de seu trabalho e o que poderia acontecer de errado com as ondas, uma tempestade no mar Negro, na Rússia, afundara quatro graneleiros e rachara um navio-tanque ao meio, causando um vazamento de três mil toneladas de petróleo. Soçobrando em meio a ventos de 110 quilômetros por hora e ondas de dez metros, os graneleiros haviam também despejado sete mil toneladas de enxofre no mar. Outros seis navios cargueiros encalharam e mais de quarenta embarcações foram evacuadas do porto Kavkaz, novecentos quilômetros ao sul de Moscou. Foram confirmadas as mortes de três marinheiros, e quinze estavam desaparecidos. Enquanto helicópteros de resgate vasculhavam as ondas em busca de sobreviventes, alertas de uma segunda tempestade foram emitidos. Entrevistado pela TV, um funcionário portuário estava transtornado. As câmeras zuniam enquanto ele lamentava os danos ao turismo na área, os produtos químicos na água, os pássaros marinhos manchados de petróleo, a loucura da tormenta. "Os navios não foram feitos para esse tipo de onda", disse ele, agitando as mãos. "Eles não deveriam ter zarpado."

Carma, tubarões-tigre e a cenoura de ouro

PAIA, MAUI

"*Uma onda é uma agitação comunicada.*" Jack London

Dias de chuva deram lugar a uma manhã de domingo clara e com brisa, as palmeiras se agitando, nuvens violetas afastando-se no horizonte. Às sete e meia da manhã, Hookipa Beach Park já estava lotado, as ondas quebrando grandes e firmes. Um vento terral erguia as ondas ao arremeterem contra a praia, aparentemente mantendo-as abertas por um pouquinho mais de tempo, deixando que rosnassem, borrifassem e investissem por um ou dois segundos extras. Tinham o dobro do tamanho dos surfistas, alinhadas em formação perfeita. Em vez de se fecharem subitamente em água espumosa e estrepitosa, formavam um arco perfeito de cima a baixo. Suas cristas pareciam plumas brancas de espuma. Uma picape após a outra entrava no estacionamento precário, para-choques espalhando areia, e quando os surfistas saltaram, contemplaram o oceano e observaram as ondas, o vento e a perfeição de tudo aquilo, foram em frente com a energia premente de crianças na manhã de Natal indo direto até a árvore. Pranchas foram descarregadas de bagageiros ou puxadas das carrocerias das picapes, retiradas das capas, parafinadas, examinadas em busca de amassados e depois levadas sob o braço de seus donos até a praia. Era como se um sinal silencioso tivesse sido emitido, uma espécie de apito ultrassônico para surfistas, convocando-os ao mar.

Hamilton chegou em sua picape Ford 250 preta, janelas abertas, Pearl Jam como trilha sonora. Ao entrar no estacionamento, acenou com uns *shakas* e berrou alguns "beleza?" aos amigos. Nada era mais óbvio que um sorriso enorme em seu rosto, mas, se você passasse algum tempo junto com Hamilton, aprendia a sentir seus estados de humor. Sua energia era do tipo de alta octanagem. Além da potência extra, havia um risco maior de detonação. Quando Hamilton estava frustrado ou aborrecido, toda a sua presença sinalizava seu ânimo. Seus olhos brilhavam com uma cor mais fosca que o verde-mar habitual e se endureciam num olhar desconcertante, seus movimentos se enrijeciam, sua voz se tornava mais baixa e monocórdia, seus músculos se flexionavam como que ansiosos por uma luta. Ele era conhecido por sua agressividade, e pelo reverso da moeda também: pela franqueza, generosidade e humor. "Laird consegue ser extremamente tudo", Dave Kalama havia explicado certa vez. "Pode ser extremamente gentil, extremamente paciente, extremamente irritante, seja o que for. Quer dizer, ele não é uma pessoa comum." Você precisa lembrar o contexto, acrescentou Kalama. "Pessoas não acostumadas com situações como as nossas não entendem – essa intensidade é uma das coisas que nos fazem sobreviver."

Mas nesse dia Hamilton estava contente. As ondas estavam lá. Embora não passassem de pequenos canapés para um surfista de ondas grandes, elas eram saborosas, e no devido tempo o prato principal chegaria. Faltando apenas uma semana para o dia de Ação de Graças, a fábrica de ondas hibernal das ilhas Aleutas estava em plena atividade. Qualquer dia daqueles, uma bolha magenta poderia pulsar no radar, indicando uma tempestade forte descendo do Alasca. Alguns dos swells mais memoráveis da história haviam surgido acompanhados do peru recheado.

Hamilton foi com seu carro até o extremo da praia, estacionando à sombra de uma torre de salva-vidas amarelo-vivo diante de uma placa que dizia: "Cuidado: Corrente Forte. Você Pode Ser Arrastado para Longe da Praia e Se Afogar." Ao lado havia outra placa: "Mai huli 'oe I kokua o ke kai!", aviso em língua havaiana que significa: "Nunca dê as costas ao oceano!" Em cima alguém colara um adesivo de um círculo vermelho com uma barra no meio, o símbolo universal de "proibido o que está dentro do círculo". Naquele caso, um desenho de um surfista de stand-up de pé na prancha sobre um alerta rabiscado: "Mantenha-se afastado da rebentação!" Hamilton saltou e descarregou sua prancha de surfe stand-up de quatro metros, apoiando-a na placa enquanto pegava seu remo de Kevlar dentro da picape.

O surfe stand-up, no qual os surfistas ficam de pé sobre a prancha desde a remada, é uma modalidade do esporte que Hamilton, Kalama, Lickle e outros haviam adotado vários anos antes como um desafio nos dias em que ondas de vinte metros não estivessem disponíveis. Enquanto toda a indústria do surfe vinha gravitando em direção a pranchas mais curtas, rápidas e finas para fazer acrobacias em faces menores, Hamilton estava aparecendo com pranchas enormes que variavam de três a cinco metros de comprimento, e carregando o que parecia um remo de canoa de dois metros e meio. De início, ninguém sabia ao certo o que ele estava fazendo, mas depois que descobriram o esporte explodiu em popularidade.

"Nós o chamamos de 'o esporte antigo que nunca vimos mas sabemos que existiu'", disse Hamilton, erguendo a prancha de dezoito quilos no ombro. "Parece simples, mas não é." Ao contrário do surfe comum, o surfista stand-up fica de pé o tempo todo. Você não pilota a prancha de bruços, com as mãos na água. Em vez disso, o remo é o meio de propulsão. Para pegar uma onda, o segredo é não apenas permanecer de pé (tão fácil como se equilibrar descalço sobre uma bola de basquete), mas manobrar a prancha volumosa para a posição certa num piscar de olhos (tão fácil como manter a disciplina num ônibus escolar).

Como o aviso deixava claro, os surfistas de remada habituais encaravam os surfistas stand-up com graus variáveis de contrariedade, quase sempre na extremidade superior da escala. Uma reclamação era que, quando um surfista stand-up caía, sua prancha descomunal tornava-se uma arma de demolição desgovernada. Todo surfista que conheci havia sido atingido numerosas vezes pela própria prancha de surfe ou pela de um colega, e as consequências não eram agradáveis. Um exemplo vivo era Hamilton, cujo corpo era um mapa de cortes e feridas. "Minha prancha grande de Pe'ahi bateu bem no meu rosto no inverno passado", ele havia me contado, descrevendo como a extremidade pontuda da prancha "explodiu" o interior de sua boca. "Foi como se um arpão de quatro metros e trinta quilos tivesse perfurado minha gengiva até atrás dos dentes", acrescentou. "Se tivesse atingido a têmpora eu estava ferrado." Depois havia a cicatriz em forma de cruz na sua coxa esquerda, um presente de Natal em Kauai quando a prancha desgarrada de alguém atingiu "como uma picareta o meu fêmur". Ou a vez em que uma prancha acertou-o em cheio na testa em Pipeline: "Foram 134 pontos no meu lobo frontal." Eu conheci um surfista cujo globo ocular se rompeu e outro que dilacerou sua vértebra C-2, um choque que o deixou temporariamente paralisado. Quando você pensava no dano que as pranchas menores, de dois metros, conseguiam infligir, um míssil de quatro metros abrindo caminho pelas ondas tornava-se uma ameaça justificadamente aterrorizante.

O outro motivo de ressentimento numa rebentação apinhada – provavelmente o mais importante – era simples: os surfistas stand-up pegavam todas as ondas. Enquanto os demais surfistas, sentados em suas pranchas, enxergavam as séries que chegavam com uma "visão de olho de minhoca", nas palavras de Hamilton, os surfistas stand-up podiam ver claramente até o horizonte. Eles identificavam cedo as melhores ondas e depois usavam seus remos para ultrapassar quaisquer outros pretendentes a surfá-las. Sentei-me a uma mesa de piquenique e observei Hamilton abrindo caminho até o point, uma arrebentação a quase trezentos metros da praia, para demonstrar a prática.

Um momento depois, Dave Kalama chegou em sua picape branca, parando junto ao veículo de Hamilton. Seu sobrinho Ekolu Kalama, um havaiano alto, de aspecto magnífico, com 31 anos, ocupava o banco do carona. Eles saltaram e retiraram suas pranchas de stand-up. Acenando rapidamente ao atravessarem a areia, ambos os Kalama desapareceram nas ondas.

Avistei Hamilton pelo binóculo, ultrapassando com suas remadas as dezenas de surfistas no alinhamento, indo ainda além e pegando as ondas antes que qualquer outro as tivesse notado. Estava fazendo exercícios de moto-contínuo – remar até longe, surfar, voltar a remar – como que tentando bater o recorde de ondas dentro de um período de tempo. Kalama logo se juntou a ele. Para a maioria dos surfistas, aquele era o dia que vinham aguardando. Para Hamilton e Kalama, um simples dia de treinamento, uma chance de ganhar mais experiência com a técnica e testar os limites de sua resistência.

À medida que a manhã avançava, as ondas ficavam mais fortes, lançando mais borrifo e quebrando com um som mais pesado e profundo. O ar vibrava com energia. Cheirava a água, sal e terra, com um ligeiro toque de peixe. Observei as pessoas tentando pegar ondas, quase sempre falhando, seus corpos engolidos pelas águas espumosas. Um salva-vidas disparou até a praia num jet ski e depositou um sujeito de aspecto irritado com uma prancha quebrada. O surfista saltou do jet ski e cambaleou até a areia, enquanto o salva-vidas fazia uma rápida curva em U para não ser pego pelo lado. Ele acelerou o motor, subindo a pleno vapor a face da onda seguinte, passando pela crista no momento em que a onda arrebentava O jet ski voou no ar, quase o derrubando antes de pousar precariamente de costas para a onda. De pé ao meu lado, observando a cena e dando uma forte tragada num cigarro, um surfista de cabelos crespos com uma testa franzida parecia rever seus planos. Na extremidade mais remota da rebentação, vi Hamilton e Kalama descendo uma onda em meio ao que parecia uma conversa. Estavam de frente um para o outro, porque Kalama estava de costas em sua prancha.

Mais adiante na praia, Brett Lickle saiu da água, e fui até lá falar com ele. Poucos surfistas haviam despendido tanto tempo naquele trecho do oceano. De Spreckelsville, uma área turbulenta e de ventania quase dez quilômetros costa abaixo, passando pelas ondas aqui em Hookipa, até Jaws, oito quilômetros estrada acima, Lickle conhecia toda a costa norte de Maui com o tipo de familiaridade que permite a uma pessoa caminhar no seu quarto no escuro sem tropeçar nos móveis. Eu queria perguntar por que tão poucos surfistas estavam pegando ondas. "Ah, isto é típico", disse ele. "Geralmente você vê umas seis pessoas fazendo todo o surfe. Os outros estão indo atrás dos quebra-cocos,* sem a menor ideia de onde a onda quebra ou como ela quebra. Isso para mim é imprudência."

A aparição inicial de uma onda era sutil, mais como uma pequena anotação na lista de tarefas da natureza do que uma coisa tangível. "A maior parte do tempo você está interpretando sombras", disse Lickle. "Você sabe que existe energia, mas não sabe exatamente onde. Mas aí você vê que certa sombra à direita é mais profunda. Você tem que estar na *pole position* se quiser pegar uma."

Como Hamilton, a paixão de Lickle pelas ondas o inspirava a continuamente inventar novas maneiras de surfar. A garagem de sua casa em Haiku era um denso labirinto de ferramentas, peças e pranchas velhas, uma louca mistura de possibilidades. Pranchas de surfe comum, de stand-up, de tow-in, de snowboard, skates, pranchas de wakeboard (modalidade de esqui aquático), de windsurfe, de kitesurfe, até uma criação desajeitada chamada *surf bike* – Lickle tinha todas aquelas pranchas em profusão. Era uma questão de qual brinquedo se adequava ao momento, e como o equipamento podia ser adaptado a fim de aumentar a diversão ou a dificuldade. "Você tem que entender", disse ele, apontando para Hookipa. "Para nós, isto é como obter fortes emoções numa montanha-russa infantil. Você tem que se levantar ou ficar de ponta-cabeça ou seja o que for." Sacudiu a cabeça para secá-la e apanhou a toalha. "Você tem que mudar as variáveis para não morrer de tédio."

A diversão, em outras palavras, requeria uma dose extra de adrenalina – caso contrário não era de verdade. Lickle descreveu uma brincadeira que eles costumavam praticar chamada Piloto de Avião, uma variação do surfe tow-in na qual o condutor do jet ski lançava o surfista *para cima* da face de uma onda, fazendo desta uma rampa móvel de lançamento. "Você saltava a onda", explicou, "subia o máximo possível, dava tantos giros quantos conseguisse e depois aterrissava de volta na superfície." Ele

---

* "Quebra-coco" no jargão do surfe é a onda que quebra abruptamente, não se prestando ao surfe. (N.T.)

riu. "A gente subia uns dez metros no ar." O que acabou acontecendo com Lickle enquanto brincava de Piloto de Avião ajuda a explicar por que esta modalidade não consta mais do menu: "Certa vez ao aterrissar tudo simplesmente desmoronou. Eu literalmente dei com meus calcanhares na minha bunda. Aquilo estourou todos os ligamentos nos dois joelhos. Outra vez a crista da onda atingiu um joelho e dobrou-o para trás, e depois eu hipertensionei o outro na direção oposta."

No decorrer de sua carreira, Lickle suportara a dose padrão de traumatismos, assustadora para uma pessoa comum, mas normal para um surfista de ondas grandes. Ele havia sido sugado para cima da onda em Jaws e depois arremessado, mantido em baixo d'água além do tempo razoável na época pré-coletes salva-vidas, abalroado na virilha por um jet ski. Teve seu quinhão de fraturas, contusões, quase desastres e, aos 47 anos, com uma esposa – Shannon – e duas filhas – McKenna e Skylar –, continuava no centro da ação mesmo nos dias mais loucos. O segredo de sua longevidade, ele acreditava, era saber quando *não* devia sair ao mar. "Há dias quando penso: 'Não. Poupe-me hoje.' Se você não sente vontade, não deve forçar a barra."

A intrepidez pode parecer um requisito básico para o surfe de ondas grandes, mas na verdade ocorre o inverso. "Ficar sentado no canal e ouvir Jaws descarregar sua energia é suficiente para mandá-lo assustado para fora da água", disse Lickle. "Se você consegue ver algo assim e não se assusta, algo está errado em você. Ou está com alguma doença terminal. Você não se importa com as coisas." Eu sabia que Hamilton sentia o mesmo, e ia ainda mais longe. "Destemor é ignorância, e é falta de respeito", disse Hamilton quando o tema foi abordado. "O medo é poderoso. Você obtém um monte de energia do medo. Sem medo, os seres humanos não teriam sobrevivido. Talvez eu seja o *mais* assustado."

Mas, se o medo era saudável, o pânico era perigoso. Uma frase famosa no surfe de ondas grandes dizia: "Tudo está OK até não estar mais." Quando as coisas saem errado numa onda de vinte metros, disse Lickle, "você tem problemas pela frente". Deu um riso astuto, acenando com a cabeça para a linha do horizonte como se esperasse problemas vindos daquela direção. "O segredo é não se desesperar. Se você perde o controle, consome seus recursos." Pessoalmente, achei difícil me imaginar relaxando em meio à explosão de uma bomba submersa, mas aparentemente era esse o segredo da sobrevivência. Se você mantivesse a calma, tudo ficava mais fácil. Quase sempre, quando se toma vaca de uma onda grande, segundo me contaram Hamilton e outros, a experiência se desenrolava de uma maneira assustadora, mas razoavelmente previsível. Uma vez que o surfista tivesse suportado o impacto da onda, sendo sacudido como um rato na boca de um cão por quinze ou vinte segundos, a energia acabava soltando-o e ele podia voltar à superfície. O detalhe importante, porém, era o "quase sempre". Enquanto algumas ondas eram indulgentes, outras pareciam dotadas de certa maldade. "É com aquela onda em cem que você precisa tomar cuidado", disse Lickle. "Aquela que prende você no fundo, empurra para uma gruta e diz: 'Filho, eis uma pequena lição.'" Todo swell grande oferecia uma chance de se aprender humildade, de entender que o que permitia a um surfista voltar para casa com sua coluna ilesa era um coquetel imprevisível de destino, habilidade e atitude, com um toque de sorte. Kalama havia sintetizado aquilo da forma mais direta: "Não há nenhuma garantia de que você se dará bem. Você está completamente à mercê da onda."

Lickle pediu meu binóculo, e entreguei-lhe. "Ali está Larry", disse ele, usando afetuosamente o apelido de Hamilton. Olhei para o mar e vi Hamilton surfando no bico de sua prancha stand-up, fazendo rodopios de 360 e 720 graus. Dave e Ekolu haviam remado para tão longe da praia que pareciam formigas. Todos os demais estavam sentados nas pranchas lá no alinhamento, mais ou menos no mesmo lugar onde estavam da última vez em que olhei. "Você já tentou o surfe stand-up?", perguntou Lickle. "Quando o mar fica realmente mexido, só Laird consegue." Devolveu o binóculo. "Ele não está reduzindo o ritmo", disse. "Está sempre em busca de algo maior e melhor."

"Maior que Jaws?", perguntei. "O que você acha que será?"

Lickle ficou em silêncio por um momento e, ao falar, sua voz estava mais baixa. "Pegamos uma onda certo ano mais abaixo na costa", disse ele.

"Devia ter 25 metros. Você sempre diz: 'A onda de trinta metros um dia chegará?' Bem, aquilo chegou bem perto. E quanto maior ficava, melhor se tornava. Durante anos, não sabíamos que existia."

"Onde fica?"

Antes que pudesse responder, uma menina linda de sete anos veio andando em nossa direção. Era Sky, a filha mais nova de Lickle, uma criança de temperamento doce com longos cabelos castanhos, olhos enormes e sardas no nariz. "Pai, você vai demorar mais?", ela perguntou, numa voz tristonha. Lickle revolveu o cabelo dela. "Só um minutinho, Sky-Pie. Vejo você na picape."

Sky afastou-se, e Lickle hesitou, como se preferisse não revelar o local. Mas depois me contou. "Quando Spreckelsville está cheio de quebra-cocos, tem esse *negócio* lá fora", disse ele. "Existe uma onda por lá que irá literalmente formar o maior swell de todos. Chamamos de Egypt porque parece com as grandes pirâmides. Depois de certo tamanho, Jaws simplesmente fica mais larga, como Teahupoo. Portanto nunca formará a onda mais alta do mundo." Ele pausou e fitou o oceano. "Egypt vai formar."

Hamilton veio até a areia remando em sua prancha, apanhou-a e se dirigiu ao chuveiro enferrujado ao ar livre para se lavar. Uma garotada o seguiu. Na terminologia do surfe, os jovens surfistas magrelos e com franjinhas eram conhecidos como *grommets*. Hamilton dedicava muito tempo a eles. Qualquer cara mais velho que destratasse um *grommet* nas ondas logo se arrependeria se Laird estivesse por perto.

Ele removeu o sal de seu equipamento. A distância, pessoas circulavam com câmeras de celular. "Quem sabe agora o resto de nós consegue pegar algumas", berrou um surfista ao passar por ele, rindo. "Ei", disse Hamilton, sorrindo, "tem que haver uma recompensa por fazer isso há quarenta anos." Dois rapazes que pareciam irmãos circulavam por perto, tentando arranjar coragem para falar. "Aquela onda que você pegou em Teahupoo foi a coisa mais sinistra que eu já vi", um deles enfim conseguiu soltar. "Sim, a coisa mais sinistra de todas", repetiu o outro. Hamilton, que estava enxaguando a prancha, ergueu a vista, seus olhos vermelhos por causa do sol. "Vocês deveriam ir lá", disse. "É bonito." Perto dele, um homem na casa dos trinta saiu de baixo de uma árvore grande. "Laird", disse ele, "você provavelmente não se lembra do meu primo, mas ele o conheceu, ele é um surfista, e vocês estavam surfando..." Voz alta e firme, falava rápido, tentando entrar em contato.

Hamilton ouviu educadamente por uns momentos mas, como o homem não parou de falar, começou a andar até sua picape. O homem o seguiu, levando sua história ao clímax: "Ele bateu em você! Meu sobrinho! Deu um tremendo susto em você!"

"Bem, então provavelmente eu me lembro dele", disse Hamilton, num tom zombeteiro. Subiu ao banco do motorista e abriu a janela. Kalama estava no chuveiro agora, cercado de *grommets*. "Café da manhã?", berrou Hamilton. Kalama olhou para ele e assentiu com a cabeça.

Fui seguindo Hamilton, descendo a estrada Hana até Paia. Quem vinha até a aldeia da outra direção passava por uma placa que dizia: "Bem-vindo a Paia, a Cidade Histórica dos Plantations de Maui." Embaixo alguém afixara outro aviso: "Favor Não Alimentar os Hippies." Pedido deliciosamente impossível de obedecer, pois todos em Paia tinham algo da alma hippie. Era apenas uma questão de intensidade. Ninguém lá dava a mínima ao seu *curriculum vitae*, ao fato de você não pentear os cabelos ou de sua picape estar caindo aos pedaços. No ponto de encontro da cidade, uma mercearia decrépita chamada Mana Foods, instrutores de ioga faziam compras ao lado de vagabundos cheios de piercings, plantadores de maconha se misturavam com top models, brasileiros praticantes de kitesurfe faziam fila no balcão da lanchonete atrás de monges budistas, pedreiros samoanos de 150 quilos esbarravam com astros do cinema nos corredores, e todo mundo se dava muito bem. Havia algo na aldeia que mantinha as pessoas de pés no chão, certo ar de decadência. Nada em Paia era novinho em folha. Cartazes velhos descascavam em paredes de madeira. Telhados de estanho pareciam ter sido repetidamente castigados pelo granizo. Erguidas durante o boom do açúcar no final do século XIX, as construções tinham um aspecto desbotado e desgastado, mesmo sendo pintadas com cores extremamente vivas. Havia casas cor-de-rosa, turquesa e verde-limão. Havia uma casa pintada de vermelhão com ornamentos em amarelo-vivo. Em contraste, o Anthony's Coffee, o local preferido de Hamilton para tomar café da manhã, parecia sem graça com sua fachada verde-menta e branca.

O Anthony's era dirigido por Ed e Kerri Stewart, um casal de amigos de Hamilton originário de Seattle que entendia tudo sobre café. Um estabelecimento animado, com paredes brancas, ventiladores de teto, chão de cimento estampado e o menu escrito num quadro-negro com as cores do arco-íris. O lugar costumava estar lotado, e aquela manhã não foi diferente.

Hamilton passou pela fila de fregueses esperando fazer seus pedidos e foi direto à cozinha, onde a cozinheira, uma mulher havaiana animada chamada Val Akana, recebeu-o com um abraço de urso. "Tenho atum fresco para você, mano", disse ela, enquanto ele prosseguia até o pátio traseiro, onde se sentou a uma mesa de metal bamba. Dentro de um minuto, Ed estava lá com a bebida habitual de Hamilton, um café expresso tamanho gigante. Ed tinha uma constituição delgada, cabelos grisalhos e um sorriso poderoso. Ele e Hamilton tinham uma velha tradição de se zoarem. Ele nos saudou e perguntou que tipo de café eu queria. "Deseja mais alguma coisa?", perguntou a Hamilton.

"Sim", respondeu Hamilton. "Quero ver você fazer um sapateado para mim."

"Trouxe uma pistola?", perguntou Ed.

"Posso arranjar uma", disse Hamilton.

"Acho bom." Ed sorriu e começou a se afastar.

"Foi bem original, Ed", disse Hamilton. "Pense em algo diferente e volte quando estiver pronto."

Kalama chegou, seguido de Lickle. Ed trouxe meu café americano.

"Pode me trazer uma tigela de açaí?", pediu Hamilton.

"Você sabe onde fica a fila", replicou Ed com um sorriso, antes de sair para pegar o açaí.

Uma garçonete trouxe nossos pratos de ovos, torradas e atum ligeiramente tostado com acompanhamento de molho, abacates e arroz integral.

Quando começamos a comer, perguntei a Hamilton sobre uma conversa que o vi tendo com um surfista no alinhamento. Não parecera amigável.

"Se as pessoas ficam nervosas na água?", disse ele. "Totalmente. Alguém tem sempre algo a dizer. Acho que elas ficam frustradas." As pranchas stand-up talvez sejam parte do motivo, ele admitiu, mas aquele não era um problema que o preocupasse. Podiam colar todos os adesivos de "vão embora" que quisessem, que as pranchas enormes e os remos tinham vindo para ficar. "É o melhor treinamento que já descobri para o surfe de ondas grandes", disse Hamilton. "Numa situação de surfe normal, se você pega uma boa onda, são só vinte segundos. No surfe stand-up você fica em atividade por duas ou três horas, exercitando as pernas, o coração e a base o tempo todo."

Kalama assentiu: "Aquilo força você a usar o corpo inteiro, mesmo os músculos pequenos dos pés."

Hamilton continuou, sua voz se elevando: "E é divertido! O que significa que você vai praticar muito mais. A não ser que você seja um cara robótico."

"Além disso, você vê coisas – como se estivesse num grande aquário", disse Lickle, passando manteiga na sua torrada. "Outro dia eu estava em Kanaha, entre Lowers e a praia. Olhei para baixo e achei que o fundo estava se mexendo. Olhei de novo e percebi: '*Isto é a merda de um tubarão-tigre monstruoso.*'"

"Eles adoram nadar no fundo", disse Hamilton. "Eles coletam todo tipo de porcaria."

"O tubarão estava em águas bem mais rasas do que eu teria imaginado", disse Lickle.

"Você quer dizer mais do que teria desejado", retrucou Kalama.

"Bem, sabemos que estão por lá", disse Hamilton.

"Pode crer." Kalama encarou Lickle com um olhar duro.

Lickle deu um riso culpado. "Ei, brou... Eu já pedi desculpas."

Eu sabia que estavam se referindo a um incidente ocorrido pouco tempo atrás, mas que não fora esquecido. "A vez em que ele me fez de isca", disse Kalama secamente. Lickle e Kalama estavam praticando tow-in em Spreckelsville, Lickle dirigindo o jet ski e Kalama flutuando na água no final da corda, esperando pela série. "Estou sentado no jet ski olhando para trás", recordou Lickle, "e vejo aquele tubarão enorme indo em direção a Kalama. Estava longe o suficiente... Eu só queria sacanear com ele um pouquinho. Então eu disse calmamente: 'Ei, Dave, olha o tamanho daquele tubarão que está vindo visitar você.'"

Kalama fez um sinal negativo com a cabeça. "Eu vejo aquela barbatana dorsal – no início, achei que fosse um golfinho. Mas continuou subindo na água e percebi: 'Isso não é nenhum golfinho. Está vindo direto para mim.' E aquele troço não tinha dois, três metros de comprimento. Devia ter pelo menos uns cinco."

"Um tubarão assustador", concordou Lickle.

"Então eu berrei: 'Me tira desta merda desta água!'", disse Kalama. "E ele olha pra mim e ri! Simplesmente começa a rir!"

"Eu continuo: 'Não, dê uma olhada melhor nele!'", emendou Lickle, rindo. Hamilton também se contorcia de tanto rir.

"Aí eu penso: *'Você está de brincadeira.'*" A voz de Kalama soava incrédula. "Então resolvo ser mais enfático. Grito mais alto. E ele olha para mim e ri de novo. Penso: *'Que* diabo *está acontecendo com ele?'*"

"Naquele lugar você ia acabar sendo estripado", interveio Hamilton.

"Então finalmente dei aquele grito de pavor: *'Juro por Deus que se eu me safar desta vou matar você!'*"

"Aí eu o ergui devagarinho", disse Lickle, enxugando lágrimas dos olhos. "O suficiente para trazê-lo à superfície."

"Meus tornozelos ainda estavam embaixo d'água", disse Kalama. "Mas estou me movendo. E agora o tubarão está perto – menos de cinco metros de distância! E eu penso: *'O que há de errado com esse sujeito?'*"

"Bem, pelo que me lembro", explicou Lickle, "eu estava querendo brincar um pouco, e aí ele começou a amarelar e aquilo me deixou..."

"Sim, *amarelar*", repetiu Kalama em tom de sarcasmo.

"Ele estava que nem um bebê chorão no fim da corda", continuou Lickle. "Lembro que o puxei até ele ficar só com os tornozelos na água e disse: 'Cara, olha aquele meninão!'"

"Então você conseguiu vê-lo bem?", perguntei a Kalama.

"Mais do que eu gostaria! E simplesmente *não pude* acreditar que ele fez aquilo. Ele é meu parceiro, e eu pensando: 'Ele me dá cobertura em todas as situações.' E ele estava me fazendo de isca para um tubarão monstruoso! E ainda por cima achando graça!"

"E continua achando", disse Hamilton, rindo.

"Realmente sinto muito, Dave", disse Lickle, tentando não rir.

Olhando ao redor da mesa, percebi que seria difícil encontrar um trio que tivesse passado por mais aventuras juntos. Eles haviam conquistado seu território num domínio inexplorado, um lugar no oceano onde as pessoas não eram necessariamente bem-vindas. Pondo de lado o incidente do tubarão-tigre, eles haviam salvado a vida uns dos outros com uma regularidade impressionante. O motivo de Hamilton, Kalama e Lickle continuarem ali, ainda em plena forma, com esposas, filhos e carreiras de sucesso num esporte que não facilitava para ninguém, era porque tinham a cobertura uns dos outros. Por mais talentoso que fosse cada um daqueles homens, o todo era mais do que a soma das partes.

Longe de alimentar a petulância, seus anos de sobrevivência validaram a atitude que já existia desde o princípio: respeito profundo. Embora nenhum dos três tivesse nascido no Havaí, eram nativos pela mentalidade, a ponto de serem supersticiosos. Sempre que Jaws quebrava, carregavam uma folha de *ti* – uma tradição polinésia para quando se parte em uma jornada arriscada – como proteção. "Você leva a folha para fora", explicou Hamilton, "e a folha traz você para casa." Apesar de toda a badalação e a tecnologia que acompanhavam o tow-in, eles acreditavam em princípios atemporais como carma, que uma pessoa recebe de volta o que ela dá, e compreendiam que tentar impor sua vontade ao oceano era arrogância.

A discrição era seu estilo. Um surfista de ondas grandes não exagerava. Ele não apregoava suas realizações, nem perdia a humildade. Quanto mais incríveis suas façanhas, menos as mencionava. Podiam ser confiantes, é claro, mas apenas os perdedores andavam por aí com o que Hamilton chamava "peito estufado". Por uma questão de princípios, os havaianos propositadamente diminuíam o tamanho de uma onda, medindo sua altura por trás, e não na face. Desse modo, uma onda de seis metros media "três metros havaianos". "Geralmente os sujeitos que ficam de blá-blá-blá não são os sujeitos que pegam as ondas", disse Hamilton. "Porque, se você já esteve diante de uma dessas ondas [em Jaws], não faz um escarcéu. E, se você faz, merece se esborrachar."

Nesse sistema de crenças, perseguir feito louco um prêmio em dinheiro pelo título de "Primeiro a Surfar uma Onda de Trinta Metros" era desafiar o destino. "Assim que a Billabong acenou com a cenoura de ouro, começou a carnificina", observou Hamilton. "Aquele foi o início dos jet skis indo de encontro às rochas, de sujeitos sendo removidos do mar. Todo mundo saiu da obscuridade para tentar ganhar o prêmio."

"Esses caras não precisavam superar ninguém no surfe", disse Kalama. "Bastava que permanecessem no lugar certo o tempo suficiente para alguém tirar uma foto."

"'Qual foi o tamanho da minha onda?'", disse Hamilton, fingindo um lamento. "'Será que minha onda foi maior que a dele? A dele tinha vinte metros. A minha tinha 21.' Maior, mais longa, mais larga, mais alta – o que é isso, uma exposição canina?"

"Antes de mais nada", acrescentou Lickle, "se você está ganhando o prêmio por surfar a maior onda, precisa *entender* a onda." Estava se referindo ao campeão do Billabong XXL de alguns anos atrás, cuja surfada vitoriosa culminara num tombo espetacular.

Hamilton reclinou-se em sua cadeira e cruzou os braços. A conversa era um lembrete de que outra temporada estava começando, o quarto inverno desde que as pessoas passaram a se preocupar em medir as ondas gigantes por lá – e elas haviam desaparecido.

Seu rosto se anuviou. "Querem saber?", disse. "Toda essa história de concurso, essa agitação, essa caça à cenoura de ouro... tudo isso fez com que Pe'ahi parasse de arrebentar."

"Eu acredito nisso", disse Lickle.

"Isso causou *algo*", disse Hamilton. "Porque ela tem estado bem arisca desde então."

"Acho que a culpa foi de Brett ao andar de *surf bike* por lá", brincou Kalama. "Isso é que é desrespeito."

"Aquilo contribuiu", disse Hamilton, assentindo com a cabeça. "Com certeza."

"Aquilo não teve nada a ver", defendeu-se Lickle.

Eu mencionei que Dave Levinson havia me contado que as zonas de tempestade estavam mudando, subvertendo os padrões meteorológicos tradicionais. O oceano continuava tendo seus momentos de fúria, mas não necessariamente nos locais ou nas épocas habituais.

"Isto parece verdade", Hamilton concordou, observando que as ondas recentes no Taiti haviam chegado em meses fora da temporada. "E os swells estão tomando muitas direções estranhas", acrescentou. "Estamos tendo ventos norte. Ou mesmo ventos oeste, quase sudoeste. Ou ventos nordeste superesquisitos. Não ventos noroeste, que são a janela normal para os grandes swells de inverno."

A garçonete chegou e limpou a mesa. O vento havia aumentado, fazendo voar pelo pátio um pedaço de folha de palmeira. No alto, as nuvens passavam apressadas, como que atrasadas para um compromisso importante. Numa inquietação súbita, Hamilton levantou-se para sair. "É a calmaria antes da tormenta", disse ele. "Minha impressão é que, depois desse clima flat, só pode acontecer uma coisa. Vai pintar uma *muito* grande."

Diga adeus

LONDRES, INGLATERRA

> "A Terra começou com o mar; e quem sabe não vai terminar da mesma maneira?"
> Júlio Verne, *Vinte mil léguas submarinas*

Ninguém entende melhor os riscos de um mar turbulento do que a Lloyd's de Londres, a seguradora britânica de grande parte da frota naval global, de uma boa porção dos imóveis mais valiosos do planeta e de quase todo o resto que você consiga imaginar. Quando um cargueiro some no mar do Norte, a Lloyd's paga. Quando ondas de tempestade invadem uma cidade litorânea, a Lloyd's paga. Quando um terremoto racha o fundo do mar, enviando um tsunami devastador para uma costa densamente povoada, a Lloyd's paga. Não há melhor lugar para se obter um cômputo exato de quão perigosas e destrutivas as ondas gigantes conseguem ser do que o número 1 da Lime Street, a sede da Lloyd's no distrito financeiro de Londres.

Entrei no prédio junto com a multidão matutina. O edifício na Lime Street é um monólito de vidro e metal apelidado de "Às Avessas", porque toda a sua estrutura – seus cabos, dutos, armações, polias e abóbadas, todas as suas entranhas de aço – está visível. O saguão abre para um átrio de vidro de doze andares entrecortado por escadas rolantes de aço que parecem suspensas no espaço. Uma grande mudança em relação à sede original da Lloyd's, de 1688, um café londrino onde marinheiros e proprietários de navios se reuniam para fechar seguros improvisados. Quando o mar se mostrou tão rebelde quanto os marinheiros temiam, as situações que eram objeto de seguro passaram a ser legalmente definidas como

"Perigos Marítimos: os perigos resultantes de ou incidentais à navegação marítima, a saber: riscos do mar, incêndio, riscos da guerra, piratas, salteadores, ladrões, capturas, confiscos, coerções e detenções de príncipes e pessoas, alijamento de cargas, fraude e outros riscos, sejam dessa espécie ou designados pela apólice."

O seguro de navios ainda constituía a essência da operação, embora através dos séculos a Lloyd's tivesse diversificado para além de suas raízes náuticas, aventurando-se tão longe que ficou conhecida por segurar bens como as mãos de Keith Richards e as pernas de Tina Turner. Suas apólices cobriam a ponte Golden Gate e, antigamente, o World Trade Center em Nova York. Diferente das concorrentes, a Lloyd's havia se mostrado disposta a atender pedidos incomuns. Certa vez, por exemplo, segurou um voo de 36 horas de dez elefantes contra "todos os riscos de mortalidade". Em outra ocasião, concordara em segurar as calças de um famoso bailarino de flamenco contra rasgões no meio do espetáculo. O que não significa que todo cliente obtivesse a apólice desejada. Recentemente, a Lloyd's não quis segurar uma cascavel albina de duas cabeças porque a última vez que o fizera o animal tinha morrido. O subscritor de seguros de animais diagnosticou, de forma bem clara: "Uma aparente discórdia entre as respectivas cabeças teve consequências fatais."

Eu fui me encontrar com Neil Roberts, um executivo sênior especializado em atividades marítimas. Roberts, eu esperava, poderia me dar alguma ideia sobre o desaparecimento de navios e o que um clima oceânico mais tempestuoso poderia significar para a atividade da Lloyd's. Quanto eles estavam preocupados? Em uma edição do jornal *The Economist* com previsões para o ano de 2007, uma matéria intitulada "As ondas aumentaram: uma maré crescente de desastres naturais" informava que "o número de catástrofes ligadas ao clima triplicou entre a década de 1970 e a de 1990, e tem continuado a subir na década atual". Para as seguradoras, tratava-se de uma notícia cara. As consequências do furacão Katrina, para citar apenas um exemplo, custaram-lhes mais de 60 bilhões de dólares. "É a segurança climática que representa o maior risco às seguradoras, e aliás a todos nós", teria dito Lord Peter Levene, o presidente da Lloyd's. Enquanto eu aguardava no saguão, folheei um livreto que descrevia como a volatilidade do clima levara a Lloyd's a mobilizar um supercomputador "do tamanho de quatro quadras de tênis, da altura de um prédio de três andares, abrigado numa casamata à prova de terremotos" a fim de criar "cenários realistas de desastres" e avaliar as liquidações de sinistros resultantes.

Em pouco tempo Roberts apareceu, um homem elegante com um rosto amplo e amigável e uns poucos fios grisalhos nas têmporas. Como todos os demais no prédio, vestia-se de forma impecável. Olhando ao redor os ternos escuros, as gravatas elegantes, as saias abaixo dos joelhos, ficava claro que os adeptos do "Casual Friday" deveriam procurar emprego em outro lugar. Roberts e eu nos cumprimentamos e seguimos para um café no meio do saguão. Acima de nós, andares de análise de risco, contratação e negociação de seguros fervilhavam de atividade. Pedimos café, e Roberts começou a explicar os tipos de situações angustiantes que passavam por sua mesa rotineiramente. Seus dias estavam repletos de problemas que se sucediam como os créditos de um filme, boletins chegando com títulos como: "Mudança climática põe em risco a costa norte-americana", "Nível do mar em rápida elevação" e "Ação de piratas no golfo de Áden". Perguntei a Roberts se a Lloyd's considerava as ondas gigantes uma ameaça. "Elas têm recebido atenção de nosso comitê já há algum tempo", disse Roberts, sentando-se a uma mesa e abrindo um dossiê de estatísticas de navegação para me mostrar. "Elas existem. Nisso, todos concordam." Mas no esquema geral dos riscos marítimos, enfatizou, as ondas gigantes – monstruosas ou não – eram uma preocupação dentre muitas.

Desde os seus primórdios, a Lloyd's mantém registros detalhados de perdas de navios em publicações conhecidas como *Lloyd's List* e *Lloyd's Casualty Reports*. Os livros de registros originais eram arquivados em uma biblioteca próxima dali. Eu passara os dias anteriores examinando suas páginas. Do início ao fim, eram testemunhos da sabedoria de se permanecer em terra firme. Numa ventania que durou um mês em 1984, por exemplo, eles registraram a perda do *Marques*, "um navio britânico que deixou as ilhas Bermudas com destino a Halifax, foi derrubado pelas ondas, inundado rapidamente, e afundou 110 quilômetros ao norte das Bermudas. Tripulação desaparecida." *Perito Moreno,* um navio-tanque argentino, se rompeu em dois; *Tesubu,* um navio-tanque panamenho levando uma carga de melado, começou a "fazer água no tanque nº 1 em mar violento. ... Desde então não foi mais visto nem se teve mais notícias dele". *Abu Al Khair*, um cargueiro kuwaitiano, soçobrou num temporal e afundou com toda a tripulação a bordo. O navio grego *Athena*, de 9 mil toneladas, "se supõe que tenha afundado ... depois de fazer água em mar violento". *Marine Electric*, um navio panamenho, foi "abandonado à deriva com o porão nº 1 alagado". E o *Venus*, um ferryboat filipino, "afundou em mar violento 180 quilômetros a sudeste de Manila".

Os livros de registros eram grossos e poeirentos, gigantescos como livros de arte, mas com sombrias capas foscas. Suas anotações foram cuidadosamente feitas numa caligrafia refinada em papel com pautas precisas, mas seu conteúdo era violento e bruto. Li volumes inteiros de anotações como "Pancadas constantes do mar revolto o romperam" e "Não havia sinal dos demais treze homens, e devido às ondas de quinze metros foi impossível continuar as buscas. Presume-se que todos tenham se afogado". Havia um sem-número de descrições de navios-tanque que haviam se despedaçado: "A seção da proa se separou no mar assolado pela tempestade até afundar ... a uns 65 quilômetros da posição da popa".

Os navios que sofriam desastres mais frequentes eram graneleiros, um tipo de cargueiro desenvolvido na década de 1950 para transportar mercadorias como cereais, carvão, minério de ferro, cimento e madeira. Os graneleiros eram os Clydesdales* dos mares, enormes bestas de aço. Com o comprimento de três ou quatro campos de futebol, ficavam muito baixo na água e eram achatados nos conveses. Não havia nada de flexível ou ágil nesses navios, nada que lhes permitisse fazer algo nas ondas grandes além de avançar obstinadamente, levar uma pancada e balançar, dar guinadas e gemer. Nos portos, sofriam abusos idênticos: a carga era lançada em seus porões por máquinas ultravelozes, milhares de toneladas de pedras de minério de ferro golpeando a estrutura da embarcação. Durante a

---

* Raça de cavalo criada para transportar carga pesada na Escócia no século XVIII. (N.T.)

descarga, garras enormes de metal penetravam no navio e arranhavam o casco até não sobrar um grão. Mesmo o aço mais forte se desgastaria sob tais condições – e enferrujaria na água salgada –, e os graneleiros, especialmente aqueles produzidos depois de 1980, costumavam ser feitos de algo bem mais fraco, um aço mais leve que rachava e enferrujava a um ritmo ainda maior.

Para agravar ainda mais esses problemas, aquelas cargas gigantescas tinham uma tendência inconveniente de se deslocar quando os graneleiros atravessavam mares agitados, causando desequilíbrios de peso fatais. Embora isso geralmente significasse que o minério de ferro ou uma carga de trigo capaz de encher um silo ficassem sacolejando sob o convés, um livro publicado pela Lloyd's intitulado *Desastres da navegação moderna* [*Modern Shipping Disasters*] conta o drama do *Alexis*, um cargueiro grego carregando 2.500 ovelhas que "começou a adernar para bombordo devido à inquietação da carga de gado". As ovelhas irrequietas acabaram levando o navio a pique. "Uma semana depois, funcionários do Departamento de Agricultura deram início à tarefa de queimar ou enterrar as carcaças em putrefação das 2 mil ovelhas naufragadas que haviam sido levadas às praias do oeste de Chipre."

Os graneleiros tinham outro calcanhar de aquiles: suas escotilhas, aberturas de tamanho considerável no convés que permitiam o abastecimento e descarregamento dos porões com máxima velocidade. (Tempo é dinheiro nos altos-mares comerciais.) Quando as ondas esmurravam o convés, aquelas escotilhas podiam ser rompidas. Se isso acontecesse, o porão sob a escotilha alagava, fazendo com que os tabiques entre os diferentes compartimentos de carga se soltassem. A partir daquele ponto, em uma questão de minutos a nau costumava se despedaçar.

O problema da escotilha foi brutalmente ilustrado em 22 de março de 1973, quando dois graneleiros noruegueses, o *Norse Variant* e o *Anita*, desapareceram praticamente na mesma hora e no mesmo local. Ambos os navios estavam carregando carvão da Virgínia à Europa quando toparam com uma tormenta ao largo de Nova Jersey, com ondas de quinze metros e ventos de sessenta nós. O *Anita* e sua tripulação de 32 almas desapareceram tão subitamente que não restou tempo sequer para uma chamada de emergência, levando os investigadores a acreditar que o navio fora atingido por uma onda surgida de uma direção inesperada que destruiu as escotilhas. Nenhum traço da embarcação jamais foi encontrado. O *Norse Variant* foi a pique com a mesma eficiência, se bem que um de seus 31 tripulantes conseguiu sobreviver. Ele foi encontrado dois dias depois, semimorto e flutuando no Atlântico Norte, a duzentos quilômetros de onde seu navio afundou. Seu relato confirmou que a destruição do *Norse Variant* também havia sido causada por ondas que quebraram uma tampa de escotilha e permitiram que a água inundasse o navio.

Muitas vezes, perdas de navios eram atribuídas à fadiga do metal e a problemas de manutenção – a embarcação estando desgastada demais para suportar o ataque das ondas –, e de fato navios mais velhos tendem a estar mais enferrujados do que os mais novos, envelhecendo numa variante marítima dos anos caninos. Acrescente-se o fato de que os graneleiros foram projetados numa época em que as maiores ondas no oceano eram consideradas um mito. Não fazia sentido, portanto, alguém construir navios para enfrentar tais leviatãs. Esse erro foi revelado em 1980, quando ondas gigantes destruíram um navio que estava longe de ser velho e decrépito, um graneleiro e petroleiro ultramoderno de 186 mil toneladas, o *Derbyshire*. Foi o maior navio que a Lloyd's já registrara como desaparecido, e a maior embarcação britânica já perdida no mar.

De apenas quatro anos e com a manutenção em dia, o *Derbyshire* naufragou, junto com sua tripulação de 44 almas e uma carga de minério de ferro, no noroeste do Pacífico durante o tufão Orquídea. Nenhum sinal de rádio foi emitido, nenhum pedido de socorro foi enviado. Talvez essa não fosse uma história nova, mas, diferentemente dos outros navios desaparecidos, aquele não ostentava uma bandeira liberiana nem era tripulado por marujos do Laos. Qualquer navio de 186 mil toneladas desaparecendo abruptamente deveria desencadear uma investigação rigorosa, mas geralmente não era isso que acontecia. "O mundo tem observado tais catástrofes com um desapego impassível", escreveu o jornalista britânico Tom Mangold. "Não há uma indignação generalizada, nem sequer muita demanda por explicações. Um punhado de marinheiros anônimos de países subdesenvolvidos afogando-se em algum oceano distante não consegue competir com fotografias comoventes de aves marinhas cobertas de petróleo ao largo das ilhas Shetland ou das costas poluídas do Alasca."

No caso do *Derbyshire*, as coisas foram diferentes. As famílias dos tripulantes formaram um grupo de pressão e forçaram o governo britânico a conduzir não um, mas três inquéritos. Os resultados, de início, não forneceram grande consolo. A culpa foi lançada nas "forças da natureza" e em "falha humana": o navio havia sido "dominado por ondas de 25 metros". A história poderia ter acabado aqui, se as famílias tivessem aceitado essa explicação. Não aceitaram. O *Derbyshire* era um dentre seis navios irmãos construídos na mesma época, todos com o mesmo projeto, e em 1982 algumas das embarcações haviam exibido problemas estruturais alarmantes, tais como rachaduras no metal tão fortes que emitiam sons de tiros. Um dos navios chegou a rachar ao meio. Determinados a descobrir mais detalhes do que dera tão errado com tamanha rapidez – e, se possível, impedir que aquilo voltasse a ocorrer –, as famílias e o Sindicato Internacional dos Trabalhadores em Transportes arrecadaram dinheiro para buscar os destroços do *Derbyshire*. Por incrível que pareça, conseguiram encontrá-los.

Os destroços foram localizados mais de mil quilômetros a sudeste do Japão, espalhados pelo leito oceânico a quatro quilômetros de profundidade. A popa havia sido arrancada e jazia a quase dois quilômetros dos demais fragmentos. Submarinos de grande profundidade documentaram o cenário com vídeo e fotos, esquadrinhando um cemitério de metais que haviam sido cortados, amassados e lacerados. Quando as imagens foram examinadas, os investigadores descobriram que, de novo, uma tampa de escotilha havia implodido perto da parte anterior, fazendo com que a água inundasse a proa. Mas havia algo mais. O tipo de fraturas do metal nas escotilhas indicou que o navio havia sido atingido pelo que os engenheiros denominaram "impulsos de pressão pronunciados", um tipo de impacto de alta velocidade provocado por ondas descendentes. Em outras palavras, parecia que uma onda havia quebrado *sobre* o *Derbyshire*. E, embora um exército de ondas de 25 metros pudesse atacar qualquer navio, seria necessário um monstro ainda maior para nocautear uma embarcação com um golpe como aquele. Alguns investigadores acreditam que somente uma onda monstruosa poderia ter feito aquilo, com uma crista anormalmente íngreme e um vale profundo onde o navio pudesse cair. Claro que não havia como provar essa teoria. "Continuamos diante de uma baixa sem testemunha ocular", declarou o procurador-geral britânico Lord Williams, sintetizando o óbvio: "Aqueles que estavam a bordo do *Derbyshire* eram as únicas pessoas em posição de saber o que aconteceu, e todas elas pereceram."

Depois de uma década de esforços, as famílias da tripulação desaparecida conseguiram chamar a atenção para os defeitos dos graneleiros, como tampas de escotilhas frágeis demais para aguentar ondas enormes, além de outros problemas que vinham precisando de reparos já há algum tempo. As normas ficaram mais rigorosas, e foram propostos procedimentos de segurança mais rígidos. Houve um consenso entre os engenheiros navais de que, dada a enorme disparidade entre o que os modelos haviam previsto sobre o tamanho máximo das ondas e o que a natureza tinha a dizer sobre o assunto, o projeto dos navios precisava de mais do que uma pequena reformulação: precisava ser totalmente repensado. "É verdade que a perda do *Derbyshire* desencadeou grandes mudanças", disse Roberts.

Não grandes o bastante, infelizmente. De acordo com a Organização Marítima Internacional (IMO, em inglês) da ONU, de 1990 a meados de 1997, um total de 99 graneleiros se perdeu. E, como um complemento assustador, outras 27 embarcações, levando um total de 654 pessoas, desapareceram entre dezembro de 1997 e março de 1998. Navios-tanque sumiram do radar, deixando apenas manchas de óleo como sinal de sua existência. Equipes de resgate, atendendo a chamados de emergência, chegaram nas coordenadas para encontrar, em vez dos navios, apenas destroços. "Em alguns casos, os navios simplesmente racharam ao meio como um lápis quebrado", disse um relatório da IMO.

Mesmo no século XXI, navios continuam se submetendo às ondas num ritmo espantoso. Folheando relatórios de perdas da União Internacional de Seguros Marítimos (IUMI, em inglês), Roberts observou que as estatísticas podem não contar a história completa, dada a tendência do setor de fabricar navios tão gigantescos que portos especiais precisam ser construídos para acomodá-los. (Um navio desaparecido agora corresponde a dois no passado.) Mares mais tempestuosos parecem estar cobrando seu preço: nos últimos anos, as perdas causadas pelo clima aumentaram mais de dez por cento.

Os cargueiros não foram os únicos que tiveram problemas nos swells. Roberts também estava preocupado com tendências novas no setor de navios de cruzeiro, particularmente o tamanho crescente das embarcações e itinerários com intervalos cada vez maiores entre as escalas. Os motores poderiam enguiçar em áreas remotas onde o resgate fosse difícil ou mesmo impossível. "Alguns desses navios de cruzeiro levam até cinco mil pessoas", disse ele. "É uma alta concentração de risco." Nos últimos anos ocorreram numerosos incidentes – de ataques de piratas, passando por incêndios a bordo, até tempestades infernais – nos quais os cruzeiros estiveram longe de representar férias despreocupadas.

Em 1995, o transatlântico da Cunard *Queen Elizabeth II*, com trezentos metros de tapetes luxuosos, pianos de cauda e iluminação suave, foi abalroado por um par de ondas de 29 metros que surgiram de ondas atlânticas de vinte metros revolvidas pelo furacão Luís. O capitão do navio, Ronald Warwick, conseguiu medir a altura das ondas quando elas "irromperam da escuridão a 220°" porque suas cristas estavam niveladas com a ponte. (Boias oceânicas instaladas naquela região registraram ondas ainda mais altas na ocasião.) "Parecia que o navio estava rumando direto de encontro aos penhascos brancos de Dover", disse Warwick. As ondas quebraram sobre a proa com força explosiva, e o navio caiu no vale entre elas, tendo muitas de suas janelas, parte de sua coberta de proa e, como seria de imaginar, todas as taças de cristal estilhaçadas. Surpreendentemente, o *Queen Elizabeth II* sobreviveu ao encontro.

Outro caso foi o do *Endeavour*, da Lindblad Expeditions, que teve seus equipamentos de navegação e de comunicações e suas janelas estraçalhados por uma onda de trinta metros perto da Antártida, mas que conseguiu sair, claudicante, para uma área segura. E da nau capitânia *Rotterdam,* da Holland America, cujos quatro motores pararam de funcionar no meio do furacão Karl, deixando a embarcação de 60 mil toneladas à deriva em meio a ondas de quinze metros, até que os geradores de reserva entrassem em ação. Em 2007, o navio de 2.500 passageiros *Norwegian Dawn*, que partiu das Bahamas para Nova York em mar revolto, foi atingido por uma onda de mais de vinte metros que estilhaçou janelas, inundou cabines, arrancou Jacuzzis dos conveses e atirou passageiros para fora de suas camas. "O mar na verdade havia se acalmado quando a onda pareceu surgir do nada ao romper do dia", informou um porta-voz. "Nosso capitão, com vinte anos de experiência, contou que nunca vira algo igual." Apesar da oferta de bebidas grátis e de descontos para novos cruzeiros, nem todo passageiro ficou satisfeito. Um grupo moveu um processo contra a empresa de cruzeiros, alegando que o vagalhão deveria ter sido "razoavelmente previsto".

Terminamos nossos cafés, e Roberts ofereceu-se para me conduzir pela seção de contratação de seguros da Lloyd's, conhecida como "A Sala". Ficava um andar acima pela estranha escada rolante, e não era uma sala propriamente dita. Era um longo espaço aberto, uma colmeia de corretores, seguradores e clientes, comprando, vendendo e calculando riscos. Como Nasdaq ou a Bolsa de Valores de Nova York, a Lloyd's é um mercado. Aquele era o pregão. No centro do burburinho estava o Sino Lutine. Aquele sino, majestoso em seu pavilhão circular de seis metros de altura feito de madeira escura e extremamente polida, pertencera a uma fragata francesa que afundara em 1799 com uma carga de moedas de ouro e prata. Ao longo dos anos, ele tem servido ao mesmo tempo como peça de centro e mascote em todas as sedes da Lloyd's. Tradicionalmente, soava quando um navio desaparecia. Agora só cumpria uma função cerimonial, dobrando uma vez para más notícias, duas vezes para boas. Em 11 de setembro de 2001, Roberts me contou, o prédio ouviu seu repique único e pesaroso.

Roberts, um aficionado da história náutica, conduziu-me até uma vitrine perto do sino que continha, entre outros artefatos, o diário de bordo original da batalha de Trafalgar. Era impressionante ver, em meio a centenas de telas de computador cintilando no pregão, relíquias dos oceanos transportadas por séculos do passado ao futuro, como lembretes de que, embora os seres humanos e seus navios pudessem aparecer e desaparecer, os mares sempre perdurariam.

Ao lado da vitrine, havia dois grandes livros de registro abertos sobre uma mesa. Eram idênticos aos que eu tinha visto na biblioteca, exceto que o que estava à minha frente trazia a data daquele dia. O outro estava marcado com o mesmo dia e mês – mas de cem anos antes. Eu continuava fitando aqueles livros preenchidos, como todos os outros, com desastres oceânicos, quando um homem surpreendentemente pequeno se aproximou, inclinou-se sobre o livro de registro atual e começou a escrever cuidadosamente com a familiar caligrafia:

Mar do Norte
Navio cambojano
Afundou após um incêndio a bordo na latitude 04 44 N
N longitude 02 34 O
22 tripulantes resgatados
4 mortos, 3 desaparecidos

Enquanto registrava a perda, seu rosto tornara-se sério e, ao terminar, assentiu com a cabeça diante do que havia escrito e se retirou.

A navegação continuará sendo traiçoeira, Roberts disse ao retornarmos ao saguão. Havia sempre preocupações novas, as mais recentes incluindo uma escassez global de tripulantes. A falta de mão de obra especializada era particularmente preocupante, levando em consideração que a próxima geração de navios era constituída de colossos flutuantes com sistemas complexos de navegação por computador, e o treinamento não é tão simples quando o manual está escrito em alemão e você só fala filipino. "O número de marinheiros adequadamente experientes será ainda mais insuficiente", observou Roberts.

Além dos perigos marítimos clássicos de outrora, agora a Lloyd's também precisava levar em conta os riscos de terrorismo, pandemias, ataques cibernéticos e volatilidade climática. Nesse ínterim, esperavam não apenas mares mais revoltos e níveis oceânicos mais elevados, mas também mais furacões, vendavais, marés de tempestade, inundações, terremotos, incêndios florestais, secas – e um número maior de pessoas e propriedades suscetíveis a tudo isso. Pude perceber o que Roberts estava tentando explicar. Sim, os navios enfrentavam perigos, e com certeza os prejuízos eram extraordinários, mas tudo aquilo era ofuscado pelo cenário de pesadelo da Lloyd's: um desastre impactando o litoral leste dos Estados Unidos, onde 111 milhões de pessoas, metade do produto interno bruto daquele país e propriedades com valor acumulado de 8 trilhões de dólares estariam vulneráveis. Uma repetição em escala maior do Katrina, um aumento drástico do nível do mar ou até – por estranho que pareça – um tsunami faria com que coisas como vagalhões e navios cargueiros desaparecidos parecessem irrelevantes.

Agradeci a Roberts e deixei o edifício "Às Avessas", saindo para uma tarde brilhante e de fortes ventos. Atrás de mim, a empresa de riscos continuava seu trabalho e suas apostas – a favor ou contra a integridade de partes do corpo de celebridades, navios valiosos e cidades vulneráveis. Caminhei de volta ao hotel, percebendo que havia outra pessoa que eu precisava ver em Londres. Quando eu estava deixando a Lloyd's, Roberts perguntara: "Você esteve no Centro de Pesquisas de Risco Benfield?" Quando respondi que não, ele se mostrou espantado. "Bill McGuire", disse ele. "É uma pessoa com quem se deve falar sobre ondas. Ouvi-o numa conferência. Esse é o homem que sabe como deixar todos nós preocupados."

O campus do University College London espalha-se pelo centro da cidade, em quarteirões e complexos de edifícios georgianos clássicos, embora ligeiramente sombrios. "Faculdade disso, faculdade daquilo", meu motorista de táxi falou com desdém, parando o carro diante do Lewis Building, na Gower Street. Um local de aspecto acadêmico, enganadoramente pacífico dado o caos que vinha sendo estudado atrás de sua fachada sisuda de calcário. Após percorrer um labirinto de corredores, encontrei a entrada do Centro de Pesquisas de Risco Benfield. O centro (que agora se chama Pesquisas de Risco Aon Benfield UCL) é especializado em estudar e prever sublevações geológicas como tsunamis e terremotos, e riscos meteorológicos como furacões e enchentes. Um cartaz vermelho na parede dizia: "Área de Recepção: Favor Não Entrar."

Seguindo a sugestão de Roberts, eu fora me encontrar com Bill McGuire, o diretor do centro, um importante vulcanólogo, especialista em riscos geofísicos e celebridade cujas previsões de desastres naturais em escala bíblica lhe valeram os apelidos de "Profeta da Destruição" e "Homem dos Desastres". Em suas palestras, artigos científicos e aparições no rádio e televisão, McGuire rotineiramente apresentava um bufê de cenários futuros indigestos, todos enquadráveis no mesmo tema: *cuidado*. "Até aqui nós prosperamos", ele havia escrito em seu livro *Apocalypse*, "mas as maiores batalhas com a natureza ainda estão por ser travadas, e o resultado final ainda é incerto." Autor de diversos livros populares, ele tinha um jeito de descrever os desastres mais horríveis num estilo animado e acessível. "O grande problema de se prever o fim do mundo", ele brincara, "é que, caso a previsão se mostre verdadeira, ninguém poderá se vangloriar disso."

A especialidade de McGuire era o que ele denominava "GGs", abreviatura de eventos geofísicos globais. Para fazer jus a essa designação, um desastre natural tinha que exercer um impacto generalizado e assustador: chacoalhar sociedades, derrubar economias e produzir números enormes de vítimas. Em seu repertório de catástrofes devastadoras, McGuire tinha muito a dizer sobre ondas inconcebivelmente grandes.

A recepcionista ligou para a extensão de McGuire, que desceu para o térreo. Fiquei desapontada, porque eu esperava ver seu escritório, imaginando-o como uma espécie de centro de controle de missões pré-apocalípticas, com dados de satélites, estatísticas de ciclones e leituras sismográficas em tempo real cintilando em mapas digitais do tamanho de paredes. Quanto ao próprio McGuire, acho que o imaginei como um sujeito sombrio e agourento. Na realidade, o homem que surgiu na recepção parecia alegre, com olhos castanho-claros e uma expressão confusa no rosto redondo. Vestia jeans desbotados, uma camisa de botões listrada e usava óculos pequenos com armação clara. Ao nos dirigirmos a uma das cantinas da faculdade para almoçar, achei difícil conciliar a presença suave de McGuire com os temas de sua pesquisa, coisas que poderiam ter vindo diretamente do Livro do Apocalipse: explosões vulcânicas, colisões de asteroides, terremotos com milhões de vítimas e megatsunamis de trezentos metros de altura atroando por bacias oceânicas inteiras. Seria reconfortante desconsiderá-lo, mas as credenciais de McGuire tornavam isso impossível. Malucos não costumavam ser convidados para dar conferências na Lloyd's de Londres, dirigir grupos de pesquisa respeitados ou publicar artigos científicos na *Nature*.

Entramos numa construção gótica que poderia ter sido uma biblioteca ou sala de conferências, mas que na verdade era um pub. "Acho que vou tomar uma cerveja", disse McGuire, acomodando-se num assento. Pedi uma também e, quando a garçonete trouxe as bebidas, ergui um brinde. "Ao fato de estarmos aqui", eu disse, "e não embaixo d'água ou algo semelhante."

"Ainda não, pelo menos", complementou McGuire, tomando um gole.

No início da carreira, McGuire, um pós-graduado em geologia, esperava trabalhar no Programa Viking de Pousos em Marte, mas um cargo na Sicília para estudar o monte Etna desviou-o para a vulcanologia: "Foram três anos comendo massa e bebendo muito vinho tinto." Depois daquilo, ele foi enviado a Montserrat, um território britânico no Caribe, onde em 1995 um vulcão chamado Soufrière voltara violentamente à vida após ficar inativo por três séculos. Havia falta de vulcanólogos britânicos, e McGuire tornou-se o cientista sênior em Soufrière durante suas erupções mais dramáticas, uma das quais ocorreu no seu segundo dia lá. "Se fosse um pouco maior, teríamos todos morrido", disse ele. "Não sabíamos o que estava acontecendo. Tivemos uma sorte incrível."

O Soufrière expeliu jorros de lava e nuvens de enxofre amarelo-acinzentadas que abafaram o ar. Lançou turbilhões piroclásticos de cinzas, gás e rocha ardente que rolaram vulcão abaixo a 150 quilômetros por hora.

As erupções soterraram a capital, Plymouth, sob dez metros de lama, e deixou o dia tão negro como a noite. Em vez de água, choveram cinzas. A vegetação da ilha morreu, assim como dezenove pessoas que não se afastaram do vulcão rápido o bastante. Quando o Soufrière acionou seus motores, foi o fim da vida que os habitantes de Montserrat conheciam. A trama da pequena sociedade, sua indústria do turismo, sua economia, seu modo de vida, tudo isso se extinguiu sob uma cobertura vermelha quente. Para McGuire foi uma lição clara de como a natureza consegue ser destrutiva.

A menos que você tenha passado por isso, tal nível de destruição é uma abstração, um pesadelo que se aloja num canto escuro da mente, mas que nunca é levado a sério. Apesar dos relatos detalhados de catástrofes assombrosas dos últimos séculos, vigora uma amnésia coletiva a esse respeito. À medida que a população global se aglomera ao longo das costas, as histórias admonitórias do passado – os oceanos que eram noventa metros mais altos, as civilizações perdidas, as ilhas afundadas, os mapas redesenhados – há muito foram esquecidas. "Ainda precisamos experimentar o terror cego de nos defrontarmos com uma onda marinha mais alta do que uma catedral", escreveu McGuire. "Consequentemente, essas ameaças não fazem sentido para o nosso dia a dia." No entanto, há pouco mais de 120 anos, Krakatoa, uma ilha vulcânica situada entre Java e Sumatra, explodiu em seu cume e desmoronou parcialmente, criando um tsunami de mais de quarenta metros que atingiu terra firme a mais de cem quilômetros por hora, extirpou 165 aldeias e matou 36 mil pessoas, quase sem perder velocidade. (O primeiro relato do desastre foi uma mensagem em código Morse enviada por um agente da Lloyd's baseado em Java.)

São tão poucas as pessoas que já viram ou documentaram o epicentro de um tsunami gigante – ou que sobreviveram para falar a respeito – que fica difícil imaginar como ele acontece ou o que é. Ao contrário das descrições costumeiras, um tsunami não consiste em uma única onda terrível, mas sim em uma série delas. Gerado por terremotos e deslizamentos de terra submarinos que fazem o mar se deslocar para cima e para baixo, é um imenso espasmo de energia que vai até o fundo do oceano e, ao atingir o litoral, libera toda a sua fúria. "A superfície do mar tinha um aspecto terrível, convulsivo, num torvelinho que dava medo", descreveu uma testemunha de Krakatoa, acrescentando: "Estou convencido de que o dia do Juízo Final chegou."

Não é preciso retroceder muito para encontrar incidentes ainda mais calamitosos. McGuire cita um evento, ocorrido por volta de 365 d.C. e conhecido pelo nome inquietante de "O Paroxismo Tectônico Bizantino Antigo", durante o qual terremotos empurraram porções de terra do tamanho de países a uma altura de nove metros, gerando um tsunami que agiu como um rolo compressor sobre grande parte da costa leste do Mediterrâneo. Em *Apocalypse*, McGuire escreveu: "Não existe absolutamente razão alguma pela qual tal reajustamento da complexa geologia mediterrânea não possa voltar a ocorrer."

Em 2000, McGuire observou, em artigo de jornal, que as coisas tinham estado misteriosamente tranquilas no campo dos tsunamis, prevendo que isso mudaria, particularmente na Indonésia. Quatro anos depois, suas previsões se mostraram terrivelmente certas: um terremoto de magnitude 9,1 rasgou 1.200 quilômetros do oceano Índico perto de Sumatra, lançando um pedaço do leito oceânico vinte metros para cima e abrindo uma fenda de dez metros. O terremoto – cuja energia estima-se equivaler a 23 mil bombas atômicas como a que foi lançada sobre Hiroshima – estendeu-se por dez minutos inteiros, pondo em movimento um tsunami de trinta metros que destruiu a cidade de Banda Aceh, na ponta noroeste de Sumatra (a cidade mais próxima do epicentro do terremoto) e depois prosseguiu com uma altura menor, mas ainda devastadora, de doze metros até outras partes da Indonésia, da Índia e da África. As três ondas principais mataram 240 mil pessoas, deixaram dois milhões de desabrigados em mais de uma dúzia de países e destruíram tudo em seu caminho. "Estive na guerra, e estive em outras operações humanitárias", disse o então secretário de Estado americano Colin Powell, visivelmente chocado. "Mas nunca vi nada como isso." Ele não estava sozinho. O poder das ondas pegou o mundo de surpresa.

"Os tsunamis não são ondas comuns", disse McGuire, num eufemismo. "São paredes de água que não param de chegar. Se atingem trinta metros de altura, serão trinta metros por cinco minutos." Por mais raros e improváveis que pareçam, os tsunamis – uma palavra japonesa que podemos traduzir aproximadamente por "ondas de porto", porque só se tornam visíveis quando se aproximam do litoral – são tão inevitáveis quanto os furacões ou as enchentes. Só o oceano Pacífico produziu cerca de mil no último século. Dependendo do evento geológico causador, um tsunami pode medir de alguns centímetros a mais de um quilômetro e meio de altura quando chega à praia como uma manada de ondas. O Japão foi atingido 25 vezes nos últimos quatrocentos anos, com centenas de milhares de mortes. Tsunamis tão poderosos quanto o de 2004 inundaram a costa oeste da América dezesseis vezes nos últimos dez mil anos, mais recentemente em 1700. Ondas menores – ainda letais e destrutivas – aparecem no noroeste do Pacífico, no Alasca e no Havaí com muito mais frequência. O que não surpreende quando se leva em conta que a bacia do Pacífico, uma colcha de retalhos de placas tectônicas atritando umas nas outras, é uma fábrica de terremotos.

Quando um terremoto ou erupção vulcânica faz mais do que sacolejar o leito oceânico, quando seu movimento provoca um deslizamento de terra submarino ou solta um pedaço de costa ou geleira, as ondas resultantes podem medir não dezenas, mas centenas e até milhares de metros. Embora não costumemos imaginá-los assim, os oceanos estão repletos de cadeias de montanhas, trilhões de toneladas de rochas e lava submarinas que se deslocam com o passar do tempo. Ilhas vulcânicas – pilhas de materiais precariamente agregados formadas por erupções sucessivas – são especialmente instáveis. Quanto mais íngremes se elevam acima d'água, mais rapidamente o oceano as erode por baixo, até um dia desmoronarem. "Foram detectados setenta colapsos enormes no Havaí", disse McGuire. "Existem depósitos de tsunamis nas ilhas que mostram que as ondas atingiram pelo menos 170 metros de altura."

Felizmente esses ciclos ocorrem em milhões de anos, e somente os mais paranoicos dentre nós temeriam um desastre assim. Mas, se você quiser apostar na próxima ilha vulcânica a desmoronar no mar, McGuire tem um palpite: La Palma, nas ilhas Canárias. É a ilha mais íngreme do mundo, uma das mais ativas vulcanicamente – uma combinação nada animadora –, e ultimamente seu vulcão Cumbre Vieja tem demonstrado um comportamento um tanto alarmante. Entrou em erupção sete vezes, a mais recente em 1971, e está pronto para uma oitava. Além disso, as erupções anteriores já causaram o afundamento de uma seção de terra voltada para o oeste, tornando-a cinco metros mais baixa do que o restante da ilha. As duas seções estão divididas por uma fissura, um ponto fraco onde a rocha se rompeu. Quando um colega de McGuire, o geólogo britânico Simon Day, foi dar uma olhada mais de perto, deparou com outras más notícias: o próprio vulcão de 6 mil metros foi secionado ao meio por uma linha de falha, e o interior da cratera foi enchido de água. "Os vulcões agem como esponjas gigantes", explicou Day, "e esse peso cria uma situação instável." Quando o magma está presente, seu calor transforma a água em vapor, que pode então romper seções de rocha. Se a próxima erupção do Cumbre Vieja provocar um desmoronamento, essa ilha, um verdadeiro castelo de cartas, poderia perder todo o seu flanco ocidental – com cerca de vinte quilômetros de comprimento, dezesseis de largura, um quilômetro e meio de espessura e pesando aproximadamente 500 bilhões de toneladas.

Quando Day analisou sua pesquisa, ficou estarrecido: seu modelo mostrou que, se essa terra desabasse no oceano, a onda resultante atingiria mais de novecentos metros de altura e geraria um tsunami que chegaria às Canárias, à costa noroeste da África, ao sul da Europa, ao Reino Unido, ao Caribe e às Américas do Norte e do Sul. Quando atingisse a costa leste dos EUA nove horas depois, a onda ainda mediria trinta metros.

Enquanto McGuire e eu conversamos, a cantina encheu de gente, embora fosse evidente que ninguém viera pela comida. Olhei para uma bandeja de tortas de carne pesadas como tijolos e salsichas rodando sob uma lâmpada de aquecimento e pedi outra Guiness. McGuire fez o mesmo. "A terra contra-ataca, é o que tendo a dizer", continuou ele. "A mudança climática é *o* maior GG de todos os tempos. Se não enfrentarmos isso, não estaremos em condições de enfrentar o resto." Embora reconhecesse o impacto crescente das tempestades – "a altura das ondas em torno do Reino Unido aumentou cerca de um terço nas últimas décadas" –, Mc-

Guire enfatizou que a mudança climática possui outros efeitos geradores de ondas dos quais poucas pessoas têm conhecimento. "Se você começa a medir em metros os aumentos do nível do mar, essa carga começa a curvar a crosta [da Terra], e isso favoreceria a chegada do magma à superfície. O resultado será um aumento considerável da atividade vulcânica. Isso vai ativar falhas para criar terremotos, deslizamentos de terra submarinos, tsunamis, todas essas coisas." Por mais estranho que tudo isso pareça, a história – e outros cientistas – o confirmam. "Muitos sistemas geológicos potencialmente perigosos são sensíveis a mudanças nas correntes, ao nível do mar e à pressão atmosférica", disse a dra. Jeanne Sauber, geofísica da Nasa, em artigo na *New Scientist*. "É inevitável que o recuo glacial induzirá a atividade tectônica."

Sentado calmamente em sua cadeira, bebericando sua cerveja, McGuire falou sobre a Flórida submersa sob o mar, um asteroide caindo no oceano (e criando *aquela* onda) e um terremoto varrendo Tóquio do mapa. O Caribe (particularmente Porto Rico) e o Pacífico no noroeste dos Estados Unidos eram fortes candidatos a terremotos provocadores de tsunamis. "É complicado", disse ele, "mas, em termos gerais, se você aquece a Terra muito, muito rapidamente, e estiver bombeando mais energia na máquina climática, verá eventos mais dinâmicos de todos os tipos. É empolgante, realmente." Deu um riso nervoso e depois se corrigiu. "Provavelmente não é a palavra certa, *empolgante*."

Mais cedo, McGuire havia mencionado seu filho de quatro anos, Fraser. Fiquei imaginando como ele compatibilizava seus temores de uma mudança climática descontrolada e de desastres naturais de dimensões bíblicas com suas esperanças pelo futuro de Fraser. "Bem, acho que a vida dele será bem mais complicada do que tem sido a minha", disse McGuire sem rodeios. Um olhar introspectivo dominou seu semblante. "O mundo será sem dúvida um lugar bem mais difícil quando ele crescer." Fez uma pausa. "As pessoas me perguntam como consigo dormir de noite", completou. "E eu respondo: 'Como qualquer outra pessoa.' Não posso ficar parado pensando: 'Ah, meu Deus, pode ocorrer uma supererupção hoje à noite.' Não é da natureza humana. Mas durante o dia cogitarei em coisas assim."

Apesar de seus prognósticos sombrios, McGuire considerava-se um "pessimista otimista". A ideia de ser um "Profeta da Destruição" francamente o chateava. Em sua opinião, o que ele estava fazendo era simplesmente apontar para os fatos: pode não acontecer amanhã nem mesmo daqui a dez mil anos, mas esse tipo de negócio *acontece*. Um asteroide levantando ondas de mais de um quilômetro e meio de altura no Pacífico não era algo que ele inventara. Sabe aquelas crateras vulcânicas submersas que pontilhavam os oceanos? Houve uma época em que pareceram muito com o Havaí.

Eu já tinha dificuldades suficientes em visualizar uma onda de trinta metros, contei a McGuire. Como é possível evocar uma onda dez ou vinte vezes maior em sua mente? Ondas gigantes induzidas por deslizamentos de terra, ele explicou, tentando me apresentar um panorama, não começaram parecendo ondas. Eram mais como cogumelos atômicos aquáticos. "É como se a água borbulhasse para cima formando uma onda", disse, com uma risada. "Não é algo que você vá esquecer." Uma onda com um quilômetro e meio de altura parecia totalmente de outro mundo, só que não é. Na verdade, havia um lugar na América do Norte especializado em gerá-las. E havia três pessoas vivas que, em certo sentido, tinham surfado em uma delas.

Mavericks

HALF MOON BAY, CALIFÓRNIA

"Aqui você está lidando com o limite." Jeff Clark, surfista de ondas grandes

As previsões de tempestade de Hamilton se mostraram corretas. Quando dezembro começou, as telas dos radares meteorológicos pulsaram com a mais poderosa bolha magenta jamais vista em muitos anos, um distúrbio colossal que começou a serpentear através do Pacífico Norte. Um sistema frio de baixa pressão havia juntado forças com um sistema quente de baixa pressão, e o acúmulo de calor e umidade transformaram as duas tempestades num só monstro uivante. "O hemisfério norte está completamente pirado neste exato momento", informou o site Surfline. (Fúrias semelhantes também estavam ocorrendo no Atlântico Norte, com ondas de quinze metros fustigando as costas da Irlanda, da Inglaterra, da França e da Espanha.) Às vezes, as bolhas magenta começavam como se fossem grande coisa e acabavam se desvanecendo, mas aquela tempestade parecia forte candidata para uma possível geradora de ondas gigantes. Havia apenas um problema: talvez fosse um pouco forte *demais*. As condições poderiam ser instáveis demais para que as ondas fossem surfáveis. Tratava-se de um ciclone perfeito proveniente de uma direção incomum: oeste-sudoeste. Tipicamente, as tempestades do Pacífico Norte desciam do mar de Bering num ângulo noroeste. Aquela mergulhou mais para o sul e parecia que iria passar longe do Havaí, disparando diretamente rumo ao norte da Califórnia e ao Oregon. Certamente um swell enorme estava chegando, mas as condições dos ventos determinariam se as ondas seriam pilhas d'água loucas e sem forma ou os arranha-céus lisos e espelhados que são o sonho dos surfistas de ondas grandes.

Sean Collins monitorou leituras de satélites e boias, velocidades dos ventos, espectros das ondas e modelos, estudou os números e consultou LOLA – o modelo computadorizado personalizado do Surfline que filtrava dados do estado do mar de acordo com os interesses do surfe. Ele chegou a um veredito na noite de 2 de dezembro: as ondas mais desejáveis do swell se encontrariam na rebentação do norte da Califórnia chamada Ghost Tree (Árvore Fantasma) na manhã de 4 de dezembro. E-mails foram enviados, passagens aéreas foram reservadas, jet skis foram providenciados, e do Havaí ao Brasil e à África do Sul os surfistas entraram em ação.

Eu estava viajando, indo da costa leste para Los Angeles, quando ouvi falar daquele swell. De L.A. peguei o último voo para São Francisco em 3 de dezembro, planejando percorrer de carro os duzentos quilômetros para o sul até Ghost Tree no dia seguinte antes do amanhecer. A rebentação, curiosamente localizada a pouca distância do 18º buraco de Pebble Beach, o famoso campo de golfe perto de Carmel, tinha aquele nome devido a um cipreste morto no Pescadero Point. Entre os especialistas em ondas grandes, Ghost Tree não era lá muito popular. Não quebrava com tanta frequência, e quando o fazia era com um desdém maníaco, cuspindo espuma e um monte de algas entrelaçadas. Um campo minado de rochas circundava sua base, não dando aos surfistas qualquer margem de erro. Bolhas na água, indicando um obstáculo oculto a pouca profundidade, subiam por toda parte. Ghost Tree era uma onda monstruosa, imensa, ostentosa e rosnadora, mas não especialmente confortável para surfar. Entretanto, para aquela tempestade tinha uma vantagem: o profundo cânion submarino que criava a onda possuía o ângulo ideal para capturar um swell do oeste.

Liguei para Hamilton para saber o que ele estava planejando, mas seu celular caiu direto na caixa postal: "Devido à submersão do meu telefone, não tenho mais o seu número", era a mensagem eletrônica. Telefones celulares não duravam muito nas mãos de Hamilton. Eram esmagados sob as rodas de picapes, esquecidos em lojas de ferragens, perdidos na plantação de abacaxis ou, pelo que a mensagem dava a entender, mergulhados no oceano. Deixei um recado sem saber quando ele retornaria. Gabby Reece, agora grávida de nove meses, daria à luz a qualquer momento. Parecia improvável que ele pensasse em deixar o Havaí justamente agora.

Ainda que não estivesse aguardando a vinda do terceiro filho, Hamilton não era um típico participante da caça global desenfreada às ondas grandes que degenerava numa espécie de *Corrida Milionária* sempre que aparecia uma bolha magenta promissora. O Taiti era uma exceção: ele tinha uma ligação especial com a onda, um sistema de apoio e alguns jet skis guardados na ilha. "Caçar o coelho é um jogo traiçoeiro", ele me contou certa vez, explicando sua filosofia. "Chega um ponto em que você não quer mais fazer isso. Você procura daqui quando ele está ali, e acaba sendo pego de surpresa quando enfim a coisa acontece." Sua estratégia habitual era permanecer no local que tivesse mais chance de render frutos com o tempo. "Existe uma razão por que o surfe começou no Havaí, sabe."

Mesmo assim, certas ondas na costa oeste o intrigavam, notadamente Cortes Bank, uma rebentação em alto-mar localizada 190 quilômetros Pacífico adentro, a oeste de San Diego. As ondas em Cortes eram criadas por uma cadeia submarina de montanhas que se erguia 1.500 metros sobre o leito oceânico até chegar, em certos pontos, a menos de dois metros da superfície. Muitas pessoas acreditavam que Cortes fosse a aposta mais provável para produzir uma face surfável de trinta metros (ou mesmo de 45 metros). Contudo, devido à distância do local, as condições meteorológicas ideais requeriam que vento, oceano, Sol, Lua e estrelas se alinhassem. Mesmo então, você não iria simplesmente surfar em Cortes, iria partir numa expedição. Hamilton também expressara interesse em Mavericks, uma onda assustadora menos de cinquenta quilômetros ao sul de San Francisco. De qualquer modo, eu duvidava que Ghost Tree fosse interessá-lo. Certa vez perguntei o que ele achava do local. "As ondas grandes são todas bonitas à sua própria maneira", respondeu ele. "Mas vou dizer uma coisa: aquilo não é Pe'ahi."

Depois que aterrissei em São Francisco, liguei para Sean Collins. Ele já estava lá em Carmel. "Ghost Tree vai ser imensa", disse ele. "É um swell muito, muito grande. Acho que Mavericks será grande também, mas pode ter problemas com o vento sul. Considerando o clima, Ghost Tree será mais lisa." Ele me orientou sobre o melhor ponto de observação, por acaso situado numa propriedade privada e, portanto, um segredo bem-guardado. Enquanto falávamos, meu telefone recebia outra chamada. Terminei de falar com Collins e depois ouvi minha caixa postal. O recado era de Mike Prickett, um diretor de fotografia que estava vindo de avião de Oahu para o swell, trazendo um contingente de surfistas de tow-in e fotógrafos. Estavam rumando para Mavericks, Prickett disse, e haviam providenciado um barco. Se eu quisesse assistir ao espetáculo de camarote ao lado das ondas, havia espaço sobrando. Uma decisão fácil: a promessa de poder sair ao mar falou mais alto que a previsão de ventos melhores em Ghost Tree. Liguei de volta para Prickett e aceitei seu convite.

"Nove vírgula oito metros em vinte segundos!"

Garrett McNamara, berrando feito um corretor da bolsa, virou para trás no banco do carona da minha picape alugada e passou seu iPhone para Kealii Mamala, seu parceiro de tow-in, sentado no banco traseiro. Mamala, um havaiano impressionante com uma auréola de cabelos castanhos encaracolados, olhou para as leituras de boias na tela e sorriu. *"Maneiro"*, ele disse. Um swell de quase dez metros, com um período do mesmo comprimento, significava ondas de vinte metros ou mais. Uma explosão de poder de grande alcance, um emissário enviado para transmitir a mensagem mais humilhante do oceano: hoje os surfistas estariam interpretando um papel que Hamilton gostava de descrever como de "Homem Formiga".

Estávamos quinze quilômetros ao norte de Half Moon Bay, uma tranquila aldeia de pescadores que era o ponto de partida para Mavericks. Os céus nos encobriram sob um manto de garoa cinza, escurecendo tudo, apesar do fato de que já eram sete e meia da manhã. O nevoeiro se esgueirava ao longo das margens da estrada. Embora não pudesse ver, eu sabia que o oceano estava próximo e que em algum lugar além da cortina sombria o swell marchava em nossa direção. Liguei os limpadores de para-brisa e desejei que a palavra *sinistro* não ficasse pipocando na minha cabeça. "Acho que o tempo está abrindo", disse McNamara, esperançoso, apontando para uma nesga do céu um pouco menos escurecida.

Às cinco horas daquela madrugada, eu me dirigira ao aeroporto de São Francisco para aguardar a chegada do voo noturno vindo do Havaí. Encontrei-me com Prickett na área de recebimento de bagagem, onde, como todos os fotógrafos, ele estava arrebanhando caixas pesadas de equipamentos, ainda meio adormecido. Seus cabelos castanho-claros estavam eriçados atrás, onde tinham ficado prensados contra o assento do avião. Quem não soubesse que se tratava de um dos maiores cinegrafistas aquáticos do mundo tomaria Prickett por um dos surfistas. A mesma pose desgrenhada, um olhar um tanto diabólico e um sorriso de ator de cinema. Junto com ele estava Tony Harrington, fotógrafo australiano que eu conhecera no Taiti. Harro, como era conhecido, era outro nome célebre por trás das lentes. Especializara-se em entrar em ação sob os climas mais inóspitos – tanto nas montanhas quanto no oceano – e suas façanhas mais radicais haviam sido transformadas numa série de TV chamada *Storm Hunter*. Um sujeito alto, com estrutura de jogador de rúgbi, cabelos louros e bochechas redondas, era amigável como um labrador, mas quando a situação ficava intensa, Harro também ficava. Vi Garrett McNamara apanhando suas pranchas e fui lá dizer oi. Ele vestia um moletom verde com capuz e mostrava a mesma expressão intensa que eu lembrava de Teahupoo. Devido a alguma confusão, ele e seu parceiro de tow-in, Mamala, precisavam de uma carona até a onda, então eu me ofereci. Uma pequena gentileza. Afinal eles haviam passado o dia anterior praticando surfe stand-up em faces de quase oito metros em Waimea Bay, viajaram durante a noite para chegar ali, e agora, depois de umas duas horas de sono, estavam prestes a se lançar no coração da bolha magenta.

Durante o percurso de carro, perguntei por que eles haviam escolhido Mavericks, já que Collins recomendara Ghost Tree. No Taiti, Collins havia previsto a hora exata da chegada do swell, de modo que eu estava um tanto nervosa por não seguir seu conselho. Por outro lado, eu sabia que McNamara e Mamala também estavam com as antenas ligadas. Eles não tinham voado a noite inteira até Mavericks achando que as ondas poderiam ser melhores em outro lugar.

"Ghost Tree é uma onda horrível", disse McNamara. "É essa grande coisa rolante, e você vai parar nas rochas se fizer besteira. E não são como as rochas de Mavericks, das quais você pode escapar por um buraco. Você bate direto no penhasco."

"É bom nem se meter com essa onda, cara", concordou Mamala. "Basicamente você vai sendo derrubado face abaixo: *ta-ta-ta-ta-ta*." Fez um barulho de metralhadora. Mavericks, ele acrescentou, era sua onda favorita "por causa dos perigos. Quando você vai até Mavericks, é tipo: 'Meu Deus: tubarões, frio, isto, aquilo.' Na minha primeira vez lá, eu *me quebrei*. Mas agora eu a adoro."

Se, como os surfistas alegavam, cada onda grande tinha uma personalidade própria, Mavericks era uma assassina. Enquanto outras ondas brilham ao sol tropical, Mavericks fervilha sobre um abismo negro. Encarapitada ao norte dos cânions abissais da baía de Monterey, sua superfície é tão impenetrável como um vidro espelhado. Os swells das ilhas Aleutas ribombam por quase 5 mil quilômetros através do Pacífico Norte, abrindo caminho pela plataforma continental até seu avanço ser bruscamente detido por uma larga saliência de rocha que se projeta do fundo do oceano a menos de dois quilômetros de Pillar Point, perto do porto de Half Moon Bay. Quando atinge essa área menos profunda, a energia da onda se eleva, vociferante, formando a mão com garras que é Mavericks. Por aqui a temperatura da água não vai muito além dos dez graus, deixando a vida dos surfistas muito mais dura – literalmente. A água fria tem uma viscosidade maior. Ela é mais espessa, como asfalto líquido, aumentando a brutalidade da queda. Em temperaturas muito baixas, também fica mais difícil para os surfistas relaxar, remar, prender a respiração embaixo d'água e, de maneira geral, impedir o entorpecimento de seus sentidos. O uniforme em Mavericks de janeiro a dezembro é neoprene da cabeça aos pés, incluindo toucas, botas e luvas, o que acaba por restringir os movimentos dos surfistas e diminuir a sensibilidade para as contorções das ondas. "Os pés são para mim o que são as mãos para as outras pessoas", Hamilton me contou, explicando como isso era importante para o controle. Mas esse tipo de sensibilidade não era possível com cinco milímetros de borracha entre o surfista e sua prancha.

Como se tudo isso não fosse suficientemente intimidante, Mavericks estava localizada na extremidade sul de uma região conhecida como Triângulo Vermelho, porque ali haviam ocorrido mais ataques de grandes tubarões-brancos do que em qualquer outro ponto da Terra. Surfistas haviam sido derrubados, mordidos e mortos nas águas próximas. Sentados ou remando em suas pranchas, em seus trajes de borracha pretos, eles eram confundidos com focas, a presa principal do tubarão-branco. Em Mavericks, houve pelo menos duas ocasiões em que surfistas foram catapultados no ar quando tubarões arremeteram por baixo de suas pranchas. Em Ghost Tree um surfista havia desaparecido e nunca mais foi visto. Mais tarde, sua prancha veio parar na praia, perfurada por marcas que correspondiam à mandíbula de um tubarão de seis metros. Embora os enormes tubarões nunca tivessem roubado a vida de surfista algum em Mavericks, a própria onda havia.

Em 23 de dezembro de 1994, um dos surfistas de ondas grandes mais conhecidos do Havaí, Mark Foo, fora de avião até Mavericks atrás de um swell, levou um tombo aparentemente normal de sua face de dez metros e não voltou à superfície – por uma hora. Outros surfistas viram a queda, durante a qual a prancha de Foo se rompeu em três pedaços, mas na agitação do dia ninguém percebeu sua ausência, até ser tarde demais. Os surfistas estavam remando até as ondas, em vez de serem rebocados, de modo que Foo não tinha nenhum parceiro concentrado em sua segurança. Quando ele não apareceu no alinhamento, todos acharam que tivesse retornado à praia a fim de apanhar outra prancha. A verdade só ficou clara quando seu corpo foi achado flutuando perto do porto. Depois as pessoas especularam que Foo havia batido com a cabeça no fundo e perdido os sentidos, ou que sua cordinha ficara agarrada às rochas, prendendo-o embaixo da água. Mas também era possível que ele tivesse se afogado ao ser mantido submerso por um longo tempo, a onda implacável se recusando a deixá-lo subir à superfície.

Sua morte foi uma confirmação trágica da teoria de Brett Lickle de que ocasionalmente aparecia uma onda mais malvada do que as outras, e que o destino fazia parte da equação: Foo era um craque que tinha pegado muitas ondas bem maiores do que aquela que o matou. Mas ele era de outro quadrante do Pacífico, talvez pouco acostumado a usar Long John,* sentindo *jet lag* depois de voar para encontrar a onda e enfrentando o turbilhão selvagem de Mavericks pela primeira – e última – vez. Os outros surfistas ficavam inquietos com uma frase que Foo recitava com tamanha frequência que se tornou uma de suas marcas registradas: "Se você pretende pegar a onda suprema, precisa estar disposto a pagar o preço supremo." Ele pagou aquele preço terrível.

Além da própria onda, as águas em torno de Mavericks eram traiçoeiras e volúveis, dadas a comportamentos malévolos. Durante as tempestades nessa área, a energia do oceano podia explodir. McNamara e Mamala contaram a história de seu amigo Shawn Alladio, um especialista em segurança aquática que deparara com uma série de ondas surreais perto de Mavericks em 21 de novembro de 2001, dia que se tornou conhecido como a "quarta-feira dos trinta metros".

O dia começara de forma imponente o bastante, mas se intensificara dramaticamente com a chegada de várias tempestades. Patrulhando em jet skis, Alladio e seu colega Jonathan Cahill passaram a manhã correndo atrás de pranchas desgarradas, ajudando surfistas em apuros e realizando resgates. No início da tarde, as condições haviam se tornado tão loucas que até mesmo os surfistas de tow-in voltaram à praia. Pouco menos de quatrocentos metros além de onde Mavericks costumava quebrar, Alladio e Cahill observaram uma estranha parede cinza no horizonte, como um

---

* "Long John" é uma roupa de corpo inteiro, de neoprene ou borracha, que protege o surfista do frio. (N.T.)

grupo de nuvens baixas ou uma frente de tempestade. Somente quando o horizonte começou a se emplumar no alto, borrifos brancos espumando no ar, eles perceberam: *isso é uma onda*. Qualquer que fosse seu tamanho, ofuscava as ondas de vinte metros que eles vinham driblando o dia todo. Após uma fração de segundo de terror e confusão, Alladio acenou desesperadamente para Cahill: não dava para correr mais rápido do que a onda, de modo que a única esperança era correr direto ao seu encontro e transpor a crista antes de quebrar. Conseguiram fazê-lo, por muito pouco, e foram recompensados com uma queda livre de quinze metros de costas para a onda, caindo no vale íngreme. Mergulhar daquela altura numa máquina de meia tonelada era tão violento como saltar do terceiro andar de um prédio. O pior foi que, diante deles, como um trem de carga infernal, outra onda colossal se aproximava. Aquela era ainda maior.

De novo, correram para chegar à crista, transpondo-a antes que começasse sua avalanche, e outra vez caíram em queda livre no vale. Mas eles tiveram que continuar. Alladio pôde ver ao menos três outras ondas na série. Depois que enfrentaram a última, estavam a quilômetros da costa, a terra firme atrás deles obscurecida por uma tela branca de espuma.

Após aquelas ondas, Cahill contou posteriormente ao *San Francisco Chronicle*, uma calma estranha pairou sobre as águas. Vítimas oceânicas – peixes mortos, filamentos rasgados de algas e pedaços quebrados de recife – rodopiavam em volta deles. "Cada vez que subíamos [as faces das ondas] eu podia ver todas aquelas fissuras ou ravinas na superfície, e havia algum tipo de energia luminosa maluca vibrando dentro da onda", lembrou Alladio ao jornal. A experiência inteira pareceu chocante, como um pesadelo ou uma cena de um filme de catástrofe, algo que não poderia ter acontecido na vida real. Mas havia testemunhas, entre elas o surfista veterano de Mavericks e documentarista Grant Washburn, que estava filmando de um penhasco próximo quando a série irrompeu. Washburn conhecia aquelas águas como a palma de sua mão e nunca vira algo como aquelas ondas. Ele acreditava que passavam facilmente dos trinta metros.

"Todo esse negócio das ondas de trinta metros", disse eu para McNamara. "O que você acha disso?"

"Ah", respondeu ele, fazendo um sinal negativo com a cabeça. "Não temos interesse numa onda de trinta metros." McNamara tinha um sotaque incomum, uma mescla do surfista californiano e do machão havaiano. Ao falar, esticava certas palavras e encurtava outras. "Ele tem filhos, eu tenho filhos…" Fez uma pausa para que eu admirasse aquela opinião madura e cautelosa, e depois deu o arremate: *"Tem que ter no mínimo quarenta!"* Ele e Mamala morreram de rir.

Lá fora as coisas ainda pareciam ruins. Ao nos aproximarmos de Half Moon Bay, abandonei a estrada e dirigi-me ao Harbor View Inn, um hotel de beira de estrada de dois andares pintado num verde-claro enjoativo. Seu aviso de "quartos vagos" em neon vermelho brilhava fracamente na névoa. Entrei no que pareceu ser uma loja de jet skis, mas que na verdade era o estacionamento do hotel. Na mesma hora McNamara e Mamala saltaram da picape, circulando entre o bando de homens reunidos ali, compartilhando leituras de boias e planos de ataque. A julgar pela multidão, Mavericks estava a pleno vapor. Jamie Sterling estava ali, bem como os prodígios das ondas grandes Greg Long, Mark Healey e Nathan Fletcher. Vi Dan e Keith Malloy, dois membros de um trio famoso de irmãos do sul da Califórnia, e uma dupla talentosa de australianos, Jamie Mitchell e James "Billy" Watson. Outro astro australiano, Ross Clarke-Jones, viera de avião da Europa, depois de perseguir os swells daquele continente alguns dias antes. John John Florence, um menino-prodígio de quinze anos de Oahu, tinha vindo, junto com sua mãe, Alexandra, e seus irmãos mais novos, Nathan e Ivan. (Dica para diretores de elenco: a busca pela família perfeita de surfistas não precisa ir mais além.)

"Quem reboca John John", ouvi alguém perguntar.

"Sua mãe."

Mas John John não estava ali para surfar. Ele ainda não se achava preparado para Mavericks e fora apenas para observar e aprender. Ao ouvir isso, fiquei impressionada. Afinal, ele era um menino que Kelly Slater, nove vezes campeão mundial de surfe, havia apontado como o futuro da costa norte, que enfrentou Pipeline aos oito anos e que, aos quatorze, havia competido na Tríplice Coroa, um dos grandes campeonatos de elite do esporte. No surfe tow-in eram tantas as histórias de trapalhões levando caldos de ondas gigantes que, quando alguém se conduzia com mais competência, se destacava do grupo.

Prickett e Harro chegaram e começaram a descarregar seus apetrechos num quarto do hotel. Eu circulei pelo estacionamento, ouvindo o clangor tenebroso da buzina de neblina do porto e as conversas que sempre voltavam ao mesmo ponto, todos tentando prever o tempo, a onda, o melhor lance, o lance seguinte. Ninguém tinha certeza de nada, todos tentando divisar à luz fraca o oceano imperceptível. As Ondas dos Deuses podiam estar ali, mas o mistério duraria até que o nevoeiro se dissipasse. Descer uma face de vinte metros era perigoso o suficiente quando você conseguia vê-la. Quando não conseguia, seria mais seguro dirigir de olhos vendados por uma estrada à margem de um penhasco. E Mavericks, todo mundo sabia, seria ainda mais perigosa num swell de oeste. Suas correntes poderiam mudar de direção, indo para o norte em vez do sul, conspirando contra o surfista que tentasse ser mais rápido que a crista e arrastando-o mais para o fundo da zona de impacto se ele caísse. Swells de oeste também tornavam as ondas mais densas. Desse modo, quando atingiam o recife, saltavam feito uma emboscada, ficando três ou quatro vezes maior.

"A neblina vai sumir. Na próxima hora."

"Quanto tempo leva a viagem até Ghost Tree? Três horas?"

"Se a neblina não for embora, vamos até lá. Daqui a uma hora decidimos."

"Bem, espero que a neblina vá…"

"O que precisamos aqui é de um pouquinho de vento noroeste. Acabaria rapidinho com essa merda."

"Alguma hora a neblina vai ter que sumir. Não é?"

Com a neblina ainda presente ao meio-dia, a agitação dos surfistas atingiu o paroxismo. Informações de tempo ensolarado e ondas de quase vinte metros em Ghost Tree fizeram com que dois carros lotados pegassem a estrada rumo ao sul, na esperança de que algumas daquelas ondas e um pouco da luz do dia ainda estivessem por lá quando eles chegassem. Garrett McNamara passou correndo pela multidão, com seu traje de borracha. Cansado de ficar parado adivinhando, atravessou a rua até a rampa de jet skis de Mavericks. "Vou sair e dar uma olhada", disse ele. John John, também em traje de mergulho, foi atrás dele.

Prickett emergiu do hotel. "Todo mundo está entrando em pânico", disse ele. "Estão com medo de perder o dia. Mas nós vamos sair." As caixas das câmeras estavam prontas para ser carregadas no barco. Aguardaríamos as informações da sondagem de McNamara e depois partiríamos. Reparei que Prickett tinha o hábito admirável de rir para espantar a tensão, mas sem deixar de enfrentar a situação. Apesar de sua determinação para sair em condições adversas, tinha plena consciência de quão traiçoeira Mavericks podia ser. "Eu estava aqui alguns anos atrás num dia forte", ele me contou. "Quase morri porque fui atirado nas rochas. Eu estava nadando [saindo rapidamente da água] e de repente as ondas vieram para cima de mim. Fui *moído*." Ele suspirou, lembrando. "Portanto nós vamos enfrentá-la, mas vamos esperar um momento para… checar. Vamos ouvir o que Garrett tem a dizer."

"Ei, Prickett, seu telefone está tocando", berrou alguém do quarto.

Ele deu meia-volta para entrar de novo, dando uma rápida olhada no céu. "É impressão, ou o tempo está clareando?"

Vinte minutos depois, McNamara retornou, disparando pelo estacionamento, seus olhos com o dobro do tamanho normal. "Gigantesca!", gritou para as pessoas em volta. "Vocês têm que ir lá. Porque daqui a pouco alguns caras vão amarelar." O local ficou em polvorosa, todo mundo de repente se preparando para ir. Mas o tempo ainda estava brumoso.

Prickett saiu pela porta e acenou me chamando. "O capitão do nosso barco está apavorado", disse ele. "Não está querendo sair." Fez um sinal negativo com a cabeça. "Desconfiei daquele sujeito desde o início. Ele é paranoico: *au, au, au, au, au.*" Ele imitou um chihuahua desvairado.

Encarei Prickett. "Será que conseguimos outro barco?"

"Sim." Outro se oferecera, ele explicou, mas os fotógrafos não poderiam saltar para dentro da água quando estivessem lá no mar. Para Prickett, aquilo não servia. Ele precisava se deslocar na água. Por isso, ele sairia num jet ski. Eu carregaria o equipamento de filmagem extra a bordo do barco e lhe entregaria pelo costado quando necessário. Um plano longe do ideal, mas melhor do que nada. Fomos até o cais.

"Ninguém vai saltar do barco quando estivermos lá no mar. Está claro? Meu seguro não dá cobertura para pessoas entrando e saindo do barco. Um só incidente, e eu perco meu ganha-pão. Esta é a mais, hum, provavelmente uma das mais... esta é uma aventura de alto risco. Por isso vamos ter uma longa conversa sobre segurança. Preciso que todos ouçam."

O capitão era um sujeito corpulento com cabelo louro-claro e olhos azuis pálidos, vestindo uma roupa de imersão. Aparentemente preferia nunca ter ouvido falar de Mavericks, surfistas de tow-in, fotógrafos, patrocinadores ou qualquer outra pessoa disposta a sair da doca num swell de oeste de dez metros sob um denso nevoeiro. O suor escorria de sua testa enquanto ele falava, apesar do ar gelado. Nós doze – seus passageiros – e seus dois tripulantes estávamos protegidos por casacos de esqui e outras peças para tempo fechado. Eu não sabia ao certo quanto havíamos combinado de pagar para que ele nos levasse até a onda, mas claramente não era suficiente.

"Quando chegarmos naquele swell, vamos ficar pela popa do barco. Vocês precisam evitar a proa do barco. Senão vocês serão arremessados. E isso não pode acontecer hoje. Não mesmo. Sério, é perigoso lá. Meu coração não aguenta mais esse tipo de coisa..."

O sujeito do meu lado, um fotógrafo, aproximou-se de mim e sussurrou: "Quando atingirmos aquele quebra-mar, quero apostar quem vai vomitar."

O porto tinha um tom cinzento. Barcos de pesca balançavam em suas rampas, seus donos sem a menor intenção de se aventurar naquela intempérie. Nas docas a água estava lisa e calma, mas aquilo mudaria em cinco minutos quando chegássemos à entrada do porto. Para além do longo quebra-mar em forma de L, o Pacífico estava conturbado. Abriguei-me atrás de uma mesa de madeira completamente pregada no chão. Os motores roncaram, e lentamente saímos. Todos se sentaram dentro da cabine, procurando não parecer tão apavorados como o capitão. O passageiro mais controlado era, de longe, John John Florence, sentado tranquilo num canto, um boné de marinheiro empertigado sobre seu punhado de cabelos louro-claros. Ele não participou da conversa nervosa.

"Isso é bizarro."

"Sim, a coisa está preta."

"Ouvi dizer que está um quebra-coco no canal. Mike foi derrubado do jet ski, que *desapareceu*. Não dá para enxergar um palmo à frente por lá."

"Se acabarmos caindo na água de dez graus, quanto tempo resistiremos? Uns cinquenta minutos? Quarenta e cinco?"

"Cara, se você cair na água, já era."

"Pense bem: o capitão já fez isso antes. Ele sabe o que está fazendo."

"Só que não foi nestas condições. Foi com maré baixa, através do recife, com ondas de quinze metros."

Olhei pela janela a tenebrosa paisagem marinha, o barco de 55 pés agora começando a corcovear. Um bramido pôde ser ouvido ao fundo. Aquilo era uma combinação desagradável de efeitos, piorada um segundo depois quando atingimos a borda do swell. O barco empinou direto sobre uma onda e depois adernou com força. As caixas de câmeras e outros objetos na cabine que não estavam presos voaram pelo ar. Meu cotovelo bateu com força na beira da mesa. Todo mundo se assustou. Ainda nem tínhamos chegado ao quebra-mar.

O barco deteve-se por um momento, como que para se recuperar antes de continuar avançando. Ondas arremetiam de todas as direções. "Estas ainda não são as ondas de rebentação", disse o fotógrafo. "Esperem até ver as ondas de rebentação. Vamos ter que enfrentá-las. Mas sem visibilidade…"

Um dos tripulantes enfiou a cabeça para dentro da cabine. "Olha, o capitão está cabreiro."

"Nem pensar!" Um sujeito magricela que estava doido para prosseguir agitou-se no seu assento. "Merda de passeio pelo porto!", disse ele. "Isso é *brincadeira*!"

"Ouça", disse o tripulante em tom grave. Seu ar era de quem queria amassar o sujeito magricela como se fosse uma lata de cerveja vazia. "As pessoas estão retornando porque estão sendo arremessadas. Será que vale a pena? Se alguém se afogar... valerá a pena? Para ver uma *onda*?"

"Você perguntou para a pessoa errada", respondeu o sujeito magricela, cruzando os braços desafiadoramente. "Sou um waterman."

Corcoveando no mar turbulento feito cavalo selvagem, o barco deu meia-volta e retornou ao cais. "Quando você não consegue enxergar, fica sem saber quando a onda grande está vindo", explicou o capitão, conduzindo-nos ao píer obviamente aliviado. "A responsabilidade envolvida e o risco das condições atuais... é perigo demais para o meu gosto."

Fiquei na doca, pensando se voltaria à rampa de jet skis ou se subiria no penhasco, um ponto de observação de onde, se o céu clareasse, daria para ver a onda. Levando o estojo da câmera de Prickett, pesado como chumbo, comecei a percorrer a doca, parando muitas vezes para mudar o estojo de mão. De pé na popa de seu barco, um pescador pançudo que se parecia um pouco com Jerry Garcia fechou a cara para mim. Havia observado a nossa retirada. "Visibilidade zero", disse ele, balançando a cabeça. "Péssimas condições. O oceano está *fechado*. Entende? Quer se matar? É isto que você quer? Não. Dá. Para. Sair. Você não acha que nós sairíamos se pudéssemos?" Apontou para um barco que estava deixando o porto: "Ali vai a guarda costeira." Falou num tom convencido. Alguém estava em apuros e ele, o Oráculo Irado das Docas, havia previsto aquilo.

Ao lado do estacionamento, o escritório da capitania do porto brilhava em meio à neblina. Entrei para ver se conseguia um mapa do píer e interrompi uma reunião de emergência. Três homens uniformizados, com um aspecto sério, estavam inclinados sobre uma carta náutica. Um deles ergueu o olhar e franziu o cenho. "Não podemos ajudá-la neste momento", disse ele bruscamente. "Perdemos um barco. Agora estamos tentando localizar as pessoas."

"Nunca fui atropelado por ondas desse tamanho", disse Jeff Clark, prendendo seu jet ski na rampa de lançamento. "É a direção do swell. Por mais rápido que você seja, ele será ainda mais rápido. Radical." Clark trajava uma camiseta rash guard laranja fluorescente sobre seu colete salva-vidas e calção de banho, um farol colorido num oceano sombrio. Havia retornado à praia para tomar fôlego e foi cercado por uma equipe de repórteres locais que estavam espreitando no estacionamento enevoado na esperança de conseguir ver algo. A espera valeu a pena: Clark era a lenda local de Mavericks.

Tendo crescido com a onda ao alcance de sua vista, ele começou a surfar no início dos anos 1970, apesar do rol de perigos. Quando não conseguia convencer ninguém a ir junto, saía remando sozinho. Em swells de norte, swells de oeste e swells estranhos e confusos, de frente ou de costas para a onda, indo para a direita ou escancaradamente para a esquerda, sob céus claros e sob coberturas de nuvens negras, nas águas insondáveis e assustadoras de Half Moon Bay, durante quinze anos Jeff Clark foi o único homem a surfar Mavericks. No início da década de 1990, as pessoas enfim começaram a dar ouvidos aos apelos de Clark de que examinassem aquela onda, e em 1994, quando Mark Foo veio de avião para aquele swell fatídico, Mavericks havia deixado de ser um segredo local. Quanto mais as pessoas descobriam as perfídias da onda, mais espantosos os anos de investidas solitárias de Clark pareciam em retrospecto. Mesmo agora, não era fácil encontrar alguém disposto a passar uma única sessão ali sozinho. Num esporte onde o respeito valia ouro, Clark era biliardário.

Assim, quando eu o ouvi contando à equipe de repórteres que havia acabado de sofrer uma de suas piores quedas de todos os tempos, fiquei curiosa para saber mais. *De todos os tempos*, para Jeff Clark, era uma distinção num repertório considerável, 35 anos de familiaridade com o mau humor de Mavericks. Ele estava encostado numa estaca de concreto, lembrando o que aconteceu. Clark falava com um jeito arrastado tipicamente californiano, suas palavras contando uma história cheia de tensão, enquanto sua aparência sinalizava que, por mais ameaçadora que tivesse sido a situação, ele conseguira enfrentá-la.

Aos 51 anos, seus cabelos pretos já exibiam fios grisalhos, mas Clark possuía o físico poderoso de um homem mais jovem. Seus olhos, observei, tinham a mesma cor azul-clara de um husky siberiano, um cão famoso pela obstinação. "É a natureza deste swell", explicou ele. "É muito perigoso. Você pode fazer tudo certo e mesmo assim se ferrar." As ondas, ele disse, estavam em um quebra-coco estranho, contornando o final do recife e se fechando subitamente. "Aquilo o comprime, você se sente tolhido. Quase todo mundo foi pego hoje." Clark havia sido derrubado, teve que se safar de uma onda de quinze metros bem desagradável, mas quando seu parceiro, o brasileiro Rodrigo Resende, se aproximou para resgatá-lo, a luva de Clark escorregou na prancha de resgate, e eles não conseguiram escapar. A onda seguinte da série, uma verdadeira morra,* além de lançar Clark nas profundezas, também derrubou Resende e o jet ski.

"É como um trem atingindo você, essa explosão", disse Clark, com um sorriso sombrio. "E eu lá no fundo. É tão preta e violenta. Dá pra saber mesmo de olhos fechados: preta *como breu*. É tão escura. E ela não me deixa subir. E eu pensando: 'Segura as pontas, segura as pontas', mas meus membros estão querendo se despedaçar. Enfim consegui assomar à superfície – *chuá* –, tomei fôlego, e tudo que pude ver foram outros dez metros de água e espuma chegando. Derrubado de novo." Fez um gesto de resignação com a cabeça. "É incrível, sabe, às vezes você consegue abstrair esse tipo de agressão ao seu corpo. É como desligar seu computador, fazer log off. Mas, se você tem duas ondas tentando afogá-lo, está desafiando o limite." Deu um riso agudo. "E se desligar é o oposto de desafiar o limite."

Além de seus próprios apuros, Clark descreveu como viu Darryl Virostko, surfista conhecido como Pulga, ser sugado sobre a crista de uma onda tão imensa e tão demente que o alinhamento inteiro congelou ao vê-lo, com medo pelo pior. A onda derrubou Virostko no ápice do turbi-

---

* "Morra" é uma onda enorme, assustadora. (N.T.)

lhão, onde a água estava mais revolta. Parecia impossível sobreviver àquela queda. Mas, surpreendentemente, Virostko, que pertence a um grupo bem restrito de surfistas de elite da região de Santa Cruz, conseguiu escapulir mais ou menos incólume. Foi um ato de clemência de uma onda que não costumava conceder tais benesses. A escuridão de que Clark falou era bem mais representativa daquele universo.

Clark se virou e começou a vestir as luvas. "Bem, vou à luta", disse ele, dando um sorriso elétrico. "Vou voltar e pegar outra."

Pouco antes de Clark vir até a praia, eu havia explorado o penhasco em Pillar Point, onde consegui um breve e abstrato vislumbre do que estava se desenrolando no oceano. Por um momento, a neblina havia baixado parcialmente a guarda. Vi trechos enormes de água espumosa que eram difíceis de pôr em escala, até que um ponto mais escuro apareceu: um jet ski. Senti como se estivesse assistindo a um filme mudo através de um cristalino obscurecido pela catarata. Mavericks parecia imponente e brutal, mas a distância e a visão abafada atenuavam a ferocidade. Para sentir o poder do swell você tinha que estar bem ali. Mas, embora eu não soubesse enquanto estava no penhasco, querendo estar lá no mar, o Oráculo Irado teve razão: o preço do ingresso hoje estava elevado demais. No meio da tarde, três pessoas que haviam se aventurado naquelas ondas já estavam mortas.

Às quatro e meia da tarde, a pouca luz existente no céu começara a enfraquecer rapidamente, o crepúsculo caindo ao norte como um grosso manto. Quase em massa, os surfistas e fotógrafos retornaram à rampa de lançamento. Reboques vieram até a beira do mar, prontos para recolher os jet skis e protegê-los na longa jornada à frente: muitos dos homens planejavam viajar a noite toda, perseguindo o swell em seu trajeto para o sul até Todos Santos, uma ilha a dezenove quilômetros da costa de Ensenada, no México, a fim de encontrarem as ondas ao raiar do dia.

Um grupo pequeno havia se reunido em torno da rampa, ansiosos por ouvir as histórias em primeira mão. Havia uma sensação de alívio e triunfo, e mais alívio, e enquanto algumas pessoas pareciam exaustas e derrotadas outras voavam alto com a adrenalina restante. McNamara em particular parecia iluminado por dentro, cheio de energia, quase gritando ao falar. "A mais sinistra DE TODOS OS TEMPOS", berrou. "Eu surfei uma a um quilômetro e meio da praia, não sei como, e não consegui ver mais ninguém por pelo menos uns quinhentos metros. E finalmente UOOOOMP!" Deu uma risada louca. "Há há há! Adoro ser esmurrado!"

Ao meu lado, um sujeito baixote estava em silêncio em meio ao burburinho e aos gestos de aprovação. Subitamente virou e disse: "Eu quase morri lá hoje." Seu rosto parecia tenso. Fosse lá o que tivesse acontecido nas ondas, ele precisava conversar a respeito.

"O que aconteceu?", perguntei.

"Cheguei bem perto", disse ele numa voz baixa, soturna.

"Você estava surfando?"

"Eu estava levando um cinegrafista para o mar." Fez um sinal de impaciência com a cabeça como se eu já devesse saber daquilo. "Perdi um jet ski e fui pego num lugar estranho e levei umas dez ondas seguidas na cabeça. Fiquei preso lá onde encontraram Mark Foo. Fiquei preso ali, levando porrada de *uma onda após a outra após a outra*." Ele resumiu sua história com um toque estridente de pânico. "Tinha neblina, e eu não conseguia enxergar. Pensei que me perderia no mar! E focas estavam pipocando perto de mim! Sim, cheguei perto, bem perto."

Um homem robusto sentado ao meu lado ouviu a história e interveio:

"Alguém morreu em Ghost Tree", disse ele.

"O quê?", exclamei. "Quem? Quando? *Hoje*?"

"Um surfista", disse ele. "Não sei direito quem é. Afogou."

"Ele bateu nas rochas?"

"Acho que sim. Triste."

Olhando a rampa de lançamento, ficava claro que nenhum dos surfistas havia recebido aquela notícia. Quem morrera? E como? No fundo, ouvi a voz de McNamara elevar-se acima das outras: "Sim, coloquei-o numa onda gigante! Foi tão perfeita e tão grande, e eu o vi surfando, e ele botou pra quebrar. Mandou duas rasgadas fortes. Uma cavada fenomenal!"

"Foi assustador lá fora", disse Mamala. "Os maiores tubos que vi nos últimos tempos. Altos e bizarros." Ele prolongou a última palavra para enfatizar.

"Nunca pegmos ondas tão grandes assim", disse McNamara. "Muito raro."

Vi Prickett de pé do lado, checando algo em sua câmera. Parecia cansado. "Muita água preta, cinza, turva", disse ele, descrevendo o que havia visto pelas lentes. "Escuro, escuro, escuro. Mas houve grandes momentos." Quando estava indo para lá, ele me contou, seu jet ski havia penetrado uma onda, virado de cabeça para baixo, lançando-o na espuma com toda a aparelhagem. "Não foi fácil", disse ele. "Tivemos que enfrentar aquilo."

"OK, rapazes, está na hora, vamos embora!", alguém berrou. "Vamos partir agora. Temos que pegar a estrada!"

"Você viu a onda?", me perguntou Prickett.

"Mais ou menos", respondi. Contei sobre a saída abortada de barco e minha visita ao penhasco. "Ei", acrescentei, "você soube o que aconteceu..."

"Bem, você vai ter que vir conosco para Todos Santos então", disse Prickett antes que eu pudesse terminar. "Vai ser grande também. Vamos pegar um avião para San Diego às dez."

Naquele momento meu telefone vibrou. Sean Collins havia deixado um recado na caixa postal. "Sim, tivemos um dia bem legal", disse ele à sua maneira tranquila e sóbria. "Não uma cerração, só uma névoa. E ficou grande. Mais de quinze metros, provavelmente. A única coisa ruim foi um sujeito que morreu aqui hoje. Seu nome é Peter Davi."

Peter Davi era um surfista de Monterey. Era muito bom nas ondas grandes, uma presença conhecida e popular na costa norte da Califórnia. Davi, terceira geração de uma família de pescadores cujo avô siciliano havia trabalhado na Cannery Row da época de Steinbeck,* também costumava frequentar a costa norte de Oahu, indo para Pipeline fora da temporada de pesca. Naquela arena barra-pesada, conquistou o respeito dos locais e um lugar naquele grupo fechado. Como os havaianos, Davi curtia coisas elementares: a beleza das rochas, por exemplo, ou o brilho da luz matinal no oceano.

Mas, afora sua sensibilidade, Davi, com um metro e noventa de altura e pesando 120 quilos – assim como os havaianos e, aliás, seus ancestrais sicilianos –, sabia ser bem intimidante se necessário. No entanto, ninguém era forte o suficiente para realizar a tarefa que ele se impôs ao aparecer em Ghost Tree naquela manhã: em vez de ser rebocado, pretendia remar até as ondas. Num swell tão poderoso assim, aquela decisão, além de infrutífera, também foi fatal.

Os surfistas que encontraram Davi na água reconstituíram um quadro confuso de seus últimos momentos. Após tentar sem sucesso remar até as ondas em sua prancha gun** de dois metros e meio, Davi sentou-se na traseira do jet ski de seu amigo Anthony Ruffo e viu o edifício de cinco andares se aproximando. Algumas das últimas palavras que alguém o ouviu falar foram: "Estou com 45 anos e quero uma onda dessas, porra." Percebendo que a única maneira de pegá-la era sendo rebocado, Davi aceitou ser levado e surfou o que foi sua última grande onda, partindo com um sorriso de lado a lado. Entrou de cara na onda, declinando a oferta de uma carona de volta à praia. Ele chegaria lá por seus próprios meios, como já fizera inúmeras vezes.

Mas Davi nunca chegou lá. Em algum ponto no meio do caminho, perdeu sua prancha, arrebatada pelo mar violento, por uma onda traiçoeira ou por um espasmo de água espumosa. Um espectador percebeu-o

---

* Rua na zona portuária de Monterey, Califórnia, outrora local de várias fábricas de sardinhas em lata. John Steinbeck se inspirou na região para escrever o livro *Cannery Row*, de 1945. (N.T.)
** Gun é um tipo de prancha cuja boa manobrabilidade a torna adequada para o surfe em ondas grandes. (N.T.)

nadando perto das rochas, mas depois o perdeu de vista. Mais ou menos àquela altura, Ruffo e seu parceiro, Randy Reyes, também estavam voltando de jet ski para a praia. Em vez de encontrarem Davi aguardando, descobriram seu corpo flutuando perto do cais, de bruços num trecho cheio de algas. Os paramédicos chegaram logo e tentaram revivê-lo, mas era tarde demais. Quando Davi foi encontrado, eles estimaram que já estava morto fazia vinte minutos.

Logo fiquei sabendo que Davi não foi a única baixa do dia. Um barco de pesca de caranguejos chamado *Good Guys* havia emborcado perto da entrada do porto – a apenas noventa metros de onde nosso barco havia dado meia-volta. Os dois pescadores locais, Benjamin Hannaberg e James Davis, haviam avisado pelo rádio sua intenção de entrar no porto, mas nunca chegaram. Em vez disso, acionaram o transmissor de localização de emergência. A guarda costeira realizou uma ampla operação de busca pelos homens, ambos com quase sessenta anos, mas no local do pedido de socorro do *Good Guys* acharam apenas dois fragmentos do casco. "Um barco de fibra de vidro com 25 pés – isto é como uma casca de ovo naquelas condições", disse o capitão do porto mais tarde. (Uma semana depois, o corpo de Hannaberg apareceria na praia; o de Davis jamais foi achado.)

Rememorando aquele dia, Peter Mel, um surfista de ondas grandes com enorme experiência, disse que os surfistas sempre lembrariam do 4 de dezembro, "não pelas surfadas épicas, mas pela carnificina". As nuvens baixas e escuras, a visão de seu amigo Pulga de cabeça para baixo na crista de um monstro, a perda de Peter Davi e dos dois pescadores: todas essas eram imagens que ninguém queria guardar. "Era surfar ou morrer", disse Mel. "Não se tratava de surfar por diversão. E dava para ver isso no rosto de todo mundo. As expressões eram de 'Leve-me até o canal, preciso me livrar dessa onda o mais rápido possível'."

À semelhança de Clark e Washburn, Mel morava por perto e conhecia bem o elenco de truques de Mavericks. Muitas vezes a onda o havia punido nas áreas conhecidas como o Caldeirão, o Fosso e o Ossário, perigosas e repletas de rochas. Mas naquele dia até Mel tinha sido derrubado pela vibração malévola na água. "Parecia que o oceano estava se dobrando sobre si mesmo", disse ele, descrevendo como as ondas se ergueram com tanta força que basicamente não tinham "costas", enquanto suas faces eram "como a catarata do Niágara ou algo semelhante". Sua voz era sombria. "Foi um desses swells", disse ele, "que parecem não querer ser surfados."

Deixando a rampa de lançamento, caminhei devagar até minha picape. Ouvi gaivotas ainda gritando no escuro, o vento constante e insistente como ruído de fundo e o gemido dos guinchos erguendo jet skis para a terra. Não havia estrelas a serem vistas, apenas o brilho oleoso das lâmpadas da doca. Difícil imaginar que uma viagem noturna até o México me aguardava, mas eu sabia que iria. "Essa tempestade vai continuar com força total", dissera Collins na caixa postal. "Todos Santos será absolutamente gigantesca amanhã de manhã." Senti meu telefone vibrar e vi um recado de Prickett: "United 787 para San Diego. 10h15", ele escrevera. "Vejo você lá."

"Nunca vi nada igual"

PARQUE NACIONAL GLACIER BAY, ALASCA

> "As ondas gigantes *vão* ocorrer na baía de Lituya no futuro; quem entra na baía precisa saber desse perigo." Don Miller, Serviço de Análises Geológicas dos Estados Unidos

Se uma pessoa quisesse visitar a baía de Lituya, um fiorde remoto recortado na costa oeste do Alasca ao norte de Sitka, voaria primeiro até Juneau. Dali pegaria um voo curto até a aldeia de Gustavus, o ponto de partida para o Parque Nacional Glacier Bay. Em seguida, alugaria um hidroavião. Se tivesse sorte com as condições meteorológicas e se o tempo brumoso e chuvoso não estivesse estacionado sobre a baía, e os ventos estivessem repousando de sua dança frenética, e se o piloto não fosse tão medroso a ponto de se recusar a fazer a viagem, ela acabaria passando pela majestosa cadeia Fairweather, recoberta de neve, com suas geleiras postadas como sentinelas, descendo sobre florestas úmidas densas de abetos, amieiros, cedro e pinheiros – as encostas íngremes, um emaranhado de árvores vivas, arbustos e madeira caída e em decomposição – e depois ela veria uma enseada de onze quilômetros de comprimento e três de largura em forma de T com uma pequena ilha em forma de lágrima no centro. À primeira vista, a baía de Lituya poderia parecer enganadoramente pacífica. Mas em um exame mais próximo, quando o avião descesse sob as copas das árvores, o visitante observaria algo surpreendente. Uns oitocentos metros acima da água, a floresta cessa abruptamente, como se alguém tivesse vindo com uma navalha e cortado seus cabelos.

Durante a primeira metade do século XX, os geólogos se intrigaram com as estranhas áreas expostas, buscando uma explicação para as cicatrizes e feridas visíveis que marcavam a região em torno da baía de Lituya. Durante anos não conseguiram chegar a uma conclusão. Todos concordavam que eventos cataclísmicos haviam acontecido ali, mas exatamente de qual tipo? E quando? Um lago glacial teria irrompido por uma barragem de gelo, transbordando na baía e removendo a vegetação? Ou talvez uma avalanche tivesse varrido a região. Teria porventura ocorrido um dilúvio épico? No Alasca havia muitas fontes potenciais para o trauma. A região estava cheia de vulcões ativos, era dilacerada por terremotos, sofria deslizamentos de terra e de rochas, bem como todos os tipos de distúrbios radicais. Durante anos, a baía de Lituya constituiu um mistério desconcertante. Mas, à medida que seu passado veio à baila e que a natureza deu algumas demonstrações diretas de seu poder, foi revelado o culpado: ondas gigantes, as maiores já testemunhadas sobre a Terra.

A história da baía era uma colcha de retalhos de relatos que os índios Tlingit (pronuncia-se KLIN-kit) que viveram em suas margens transmitiam sobre ondas e o medo e as mortes gerados por elas. De acordo com suas tradições, aldeias inteiras haviam sido varridas do mapa quando ondas imensas vieram rugindo das enseadas de Gilbert e Crillon, no fundo da baía (os braços superiores do T). Ondas monstruosas também haviam ocorrido na entrada da baía, uma passagem estreita de 270 metros onde uma corrente de quinze nós colide com o turbulento golfo do Alasca sobre uma barra rasa. Os índios contavam a história de como oitenta homens haviam saído em dez canoas de guerra e jamais retornaram e de como outros sessenta homens em quatro canoas também se perderam. Eles narravam a história sinistra de uma mulher nativa que saiu para colher frutas silvestres e, ao voltar para casa, encontrou-a arrasada, seu clã inteiro morto, seus corpos pendendo das árvores.

Uma expedição russa liderada por Vitus Bering e Alexei Chirikov investigou a baía em 1741. Seu barco de reconhecimento com onze marinheiros deixou o golfo para entrar na baía de Lituya e nunca mais foi visto. Bering enviou outro grupo de quatro para descobrir o que acontecera, e estes também desapareceram. De início, os russos acharam que os Tlingit tinham matado seus companheiros, mas depois passaram a acreditar que os quinze homens haviam se afogado nas ondas. Logo depois, em 1786, chegou o explorador francês Jean-François de Galaup, conde de La Pérouse, chamando a baía de Lituya de "talvez o lugar mais extraordinário do mundo". Três semanas depois, bateu em retirada, depois de perder 21 homens e dois barcos nas águas. Antes de partir, La Pérouse ergueu uma placa na ilha solitária ao centro da baía de Lituya, chamando-a de ilha do Cenotáfio em memória aos marinheiros que pereceram. "A fúria das ondas naquele local não dava nenhuma esperança de seu retorno", escreveu o explorador. "Não nos restou nada senão sairmos às pressas de uma região que se mostrou tão fatal."

Ao longo do século XIX, um fluxo de embarcações acossadas pelo mar selvagem foi perdido naquela entrada, com um sem-número de vítimas entregues às águas gélidas – e ondas continuaram aparando as encostas da baía com regularidade. Em 1854, uma onda de 120 metros atroou por Lituya com tamanha ferocidade que, além de remover as árvores, também as descascou. Não há registros históricos do número de vítimas humanas que a onda já fez, mas naquela época pescadores de baleias e caçadores de focas oriundos dos Estados Unidos e da Rússia muitas vezes procuravam abrigo na baía de Lituya (ironicamente), e a população Tlingit que vivia nas suas costas deve ter chegado a milhares de almas. Vinte anos depois, em 1874, uma onda de 25 metros irrompeu pela baía trazendo mais destruição, e depois em 1899 uma série de terremotos enormes criou um conjunto de ondas de sessenta metros que custaram as vidas de muitos garimpeiros na região. "Saímos correndo de nossas barracas deixando tudo para trás", relatou um homem, descrevendo o pânico quando as ondas vieram em sua direção. Através das décadas e dos séculos, houve muitos eventos de ondas, todos com o mesmo enredo. "A baía de Lituya é um paraíso sempre situado bem à beira da violência", escreveu um historiador. "E quando essa violência surge, é esmagadora."

O que causava tais ondas? Os Tlingits acreditavam que a origem fosse um monstro marinho chamado Kah Lituya (Homem de Lituya), que espreitava naquelas águas, de seu antro localizado bem fundo sob a entrada apertada da baía. Sempre que Kah Lituya era perturbado por intrusos ou se aborrecia por algum motivo, mostrava sua insatisfação surgindo das profundezas, agarrando os dois lados da baía e sacudindo-os – com força. Aqueles que morriam nas ondas gigantes por ele criadas tornavam-se então seus escravos, condenados a vagar pelas encostas circundantes como ursos-cinzentos, em busca de outros seres humanos que Kah Lituya pudesse capturar em sua armadilha.

Como seria de se esperar, os geólogos que chegaram em meados do século XX tiveram um enfoque diferente.

Eles concluíram que a baía de Lituya era única no mundo, tão perfeitamente equipada para produzir ondas gigantescas que a natureza poderia tê-la desenhado especificamente para esse propósito. Nos três lados que a fecham, encostas íngremes e instáveis, bem como vastas geleiras, erguiam-se direto do nível do mar até mais de 2.100 metros de altura, cheias de rochas e gelo que, ao menor estímulo, desmoronariam na água, criando extraordinários tsunamis localizados. (Imagine paralelepípedos sendo arremessados dentro de uma banheira por alguém em cima de uma escada.)

Contudo, nada na baía de Lituya era pequeno ou moderado. Em vez de avalanches caindo suavemente, suas encostas circundantes entravam em grandes convulsões destrutivas, ocasionadas por terremotos ao longo da falha de Fairweather, uma fissura agitada que acompanhava a borda leste da baía (o alto do T). Quando se tratava de produzir megaondas, não faltava matéria-prima ali: a falha estava localizada de forma ideal para desalojar grandes massas de geleiras e rochas, as montanhas possuíam encostas quase verticais e a própria baía tinha mais de duzentos metros de profundidade. Terremotos devastadores ocorriam com regularidade espantosa: entre 1899 e 1965, o Alasca experimentou nove terremotos medindo mais de oito pontos na escala Richter e ao menos sessenta acima de sete pontos. Em 1899, um grande terremoto forçou uma seção da cadeia de Fairweather quatorze metros para cima.

Durante o século XX, ninguém esteve mais exposto aos perigos da baía de Lituya do que Jim Huscroft, um expatriado saído de Ohio que foi a

Juneau em 1913 para trabalhar numa mina de ouro. Quando a mina fechou em 1917, Huscroft ergueu uma cabana no lado oeste da ilha do Cenotáfio e ali fixou residência. Uma vida selvagem, mas nunca solitária. Huscroft, um homem amigável e cozinheiro espetacular, era visitado por um fluxo constante de montanhistas tentando escalar o monte Fairweather, por barcos pesqueiros que haviam ancorado na baía e pelo estranho e aventureiro urso-cinzento que nadava até a ilha em busca de comida. Huscroft criava raposas e fermentava cerveja, pescava, plantava verduras, colhia frutas silvestres e assava pães. Ele construiu um pequeno ancoradouro. Enfrentava os temporais frequentes, a névoa constante e a chuva torrencial de Lituya. Olhava a inscrição melancólica no monumento de La Pérouse – "Leitor, quem quer que sejas, mistura tuas lágrimas às nossas" – e ouvia o som de gelo e rochas mergulhando no fundo da baía e explodindo as águas, sabendo, como qualquer alasquiano experiente, que aqueles ruídos poderiam um dia degenerar num tipo mais pessoal de perigo, que a baía de Lituya, seu senhorio, poderia um dia cobrar o aluguel mais alto imaginável por sua residência lá. O pagamento venceu em 27 de outubro de 1936.

Pouco antes do amanhecer daquele dia, Huscroft, então com 64 anos, estava diante do fogão com suas ceroulas preparando panquecas. A luz de sua cozinha era visível para Fritz Frederickson e Nick Larsen, dois pescadores amigos de Huscroft que estavam ancorados ao largo em sua traineira de quarenta pés, a *Mine*. Às seis e vinte da manhã, enquanto Huscroft manuseava sua frigideira e os pescadores preparavam o café, um barulho terrível teve início, um rumor esmagador mas monótono que Huscroft mais tarde descreveu como o som de "cem aviões voando a baixa altitude". O barulho durou vinte minutos. Algo vinha acontecendo no fundo da baía, mas Huscroft não conseguia discernir o que seria. Nenhum terremoto ocorrera para soltar coisa alguma. Conhecedor do histórico da baía, ele correu para fora. A bordo do *Mine*, os dois pescadores estavam postados no convés olhando, ansiosos, a distância. Um súbito silêncio se sucedeu ao barulho, um silêncio sinistro, sugestivo. Depois a onda surgiu.

Huscroft fitou por um momento a linha branca dançante vindo em sua direção, como um martelo de cem metros de altura – estava a uns seis quilômetros de distância, abarcando toda a largura da baía –, e então ele disparou rumo a um terreno mais alto. Larsen e Frederickson correram para içar a âncora às pressas. Percebendo que não conseguiriam escapar da onda, avançaram em sua direção, tentando transpor a crista. Era mais um paredão do que uma onda, Larsen observou, segurando firme o timão enquanto o barco escalava a face. Então percebeu, horrorizado, que as costas da onda não passavam de um abismo vertical. A água havia sido drenada da baía tão tremendamente que sua superfície havia despencado para baixo do nível do mar.

Mergulhando no vale da onda, os dois homens viram outra onda gigante se aproximando, ainda maior do que a primeira. Depois, uma terceira, maior que a segunda. O *Mine* adernava como se estivesse numa montanha-russa maluca, mas sobreviveu, assim como Larsen e Frederickson. Depois as ondas continuaram, menores mas ainda fortes, batendo de todas as direções, enquanto a embarcação tentava readquirir o equilíbrio. Huscroft também sobreviveu às ondas, embora quase mais nada na ilha do Cenotáfio sobrevivesse. As árvores e o restante da vegetação desapareceram, assim como as raposas, o solo arável, o jardim, o galpão, o celeiro cheio de comida, a doca, grande parte dos suprimentos e o memorial de La Pérouse. Parte da cabana de Huscroft também foi arrastada, e o que restou ficou completamente alagado.

Mais tarde, geólogos examinaram os danos à costa e fizeram a datação por carbono de anéis de árvores, chegando a uma estimativa da altura das ondas no fundo da baía: 150 metros. (No momento em que atingiram a ilha do Cenotáfio erguiam-se acima dos trinta metros.) Não tendo havido terremoto, conjeturou-se que o mecanismo causador das ondas ocorrera embaixo d'água, um enorme deslizamento submarino provocado por... algo. (Essa teoria nunca foi conclusivamente provada.) Por sua vez, Huscroft nunca se recuperou totalmente do golpe. Foi como se a onda tivesse levado embora também seu espírito, e, embora ele continuasse vivendo ali, nunca replantou seu jardim nem reconstruiu totalmente sua colônia. Morreu menos de três anos depois.

A vida na baía de Lituya prosseguiu, com o ciclo infinito de ventos, chuvas e tempestades, o jogo vertiginoso das auroras boreais sobre os picos, os arcos delicados de gaivotas, cormorões e tordos, as geleiras montando guarda silenciosamente. Quando o mar estava agitado no golfo do Alasca, os pescadores ainda ousavam procurar refúgio na baía, nervosamente transpondo a barra com maré parada, lançando-se entrada adentro quando as ondas estavam tranquilas. E durante algum tempo as ondas *ficaram* tranquilas.

Até que em 1958 Kah Lituya desembestou.

"Você conhece esse lugar de Mavericks ao norte de Half Moon Bay? Já topou com Grant Washburn? Um cara realmente estudioso. Conhece muita coisa sobre as ondas. E Jeff Clark – uau! Fez tudo sozinho ali, com tubarões e... ha, ha, ha." George Plafker, familiarizado com as histórias locais sobre ondas grandes, ria admirado pelas façanhas de Clark. Inclinou-se sobre a escrivaninha e cruzou os braços. Ainda robusto aos 78 anos, Plafker, geólogo emérito do Serviço de Análises Geológicas dos Estados Unidos (USGS, em inglês), era um veterano dos lugares mais escarpados do mundo e um dos maiores especialistas nos piores acessos de raiva da natureza. Terremotos de zonas de subducção, deformações na crosta terrestre, avalanches de alta velocidade, deslizamentos submarinos – e as ondas gigantes que resultavam de todos os ítens nesta lista – faziam parte do seu dia de trabalho. Plafker conhecia bem o Alasca e em particular a área em torno da baía de Lituya. Vestia uma camisa xadrez de flanela e desbotada, um colete de lã, jeans e botas resistentes. Óculos sem aro empoleiravam-se sobre seu nariz.

Eu fora ao seu escritório em Menlo Park, Califórnia, para conversar sobre o maior espetáculo da baía de Lituya até agora, uma onda de 530 metros que arremeteu por lá em 9 de julho de 1958. Embora o próprio Plafker estivesse na Guatemala naquela época ("Um lugar bem mais agradável"), seu colega Don Miller, outro geólogo do USGS, estava trabalhando por perto e conseguiu examinar a baía menos de 24 horas após o evento. Juntos, Plafker e Miller haviam estudado a baía de Lituya extensamente na década de 1950, procurando pistas na paisagem que permitissem mapear seu passado volátil. "Nós especulamos à beça sobre o que havia causado aquelas ondas", recordou Plafker. "Sabíamos que tinha sido algo grande, e tínhamos todos os tipos de mecanismos, mas todos se mostraram errados." Ele riu e esticou o braço até uma pilha grossa e empoeirada de pastas numa estante. "É um local único", disse ele. "Sabendo o que sei agora, fico nervoso só de pensar em estar lá. Sua história é simplesmente: Bang! Bang! Bang!" Entregou-me uma pilha de pastas.

Em meio à montanha de arquivos, livros e mapas em seu escritório, Plafker havia guardado os papéis e as fotografias originais de Miller. Miller, que se afogou em 1961 enquanto explorava o rio Kiagna, ao norte das montanhas Chugach, havia sido enviado ao Alasca para descobrir reservas de petróleo. No decorrer de seu trabalho, fascinou-se pelas ondas gigantes na baía de Lituya, gerando um tesouro de pesquisas que não puderam ser devidamente aproveitadas devido à falta de recursos. Na pilha de materiais que eu segurava estava o relato em primeira mão a respeito de uma onda do tamanho de dez cataratas do Niágara. "Deve estar razoavelmente claro, eu acho", disse Plafker. "Elucidamos muitas dessas coisas." Inclinou-se sobre a escrivaninha e olhou para uma grande fotografia em preto e branco, com as bordas curvadas, que estava presa por um elástico à capa de uma pasta. "Os barcos se abrigam logo atrás da barra", disse ele, apontando para uma área ao sul da ilha do Cenotáfio. "Quando a onda chegou, era aqui que Howard Ulrich estava."

No princípio, 9 de julho de 1958 parecia um dia maravilhoso, notável pelo céu claro e pela beleza cristalina. Logo além da entrada da baía de Lituya, vários barcos pesqueiros haviam sido sacudidos por um pequeno tremor de terra, mas aquilo não era incomum e ninguém deu bola. As coisas andavam tranquilas quando o dia chegou ao fim na baía, embora pela previsão do tempo o cenário devesse mudar em breve. Às sete da noite, ainda claro nessas latitudes, um avião anfíbio circulou e depois pousou na água lisa. Em seu acampamento praiano na costa norte da baía, dez montanhistas do Clube Alpino do Canadá observaram sua descida. Aquele era o piloto deles. Pela programação, só deveria chegar na manhã seguinte, mas temendo um tempo mais agressivo fora mais cedo a fim de apanhá-los, após a bem-sucedida escalada do monte Fairweather. Os montanhistas começaram a embalar seu equipamento, guardando uma parte no que restava da cabana de Huscroft. Enquanto estavam ocupados nisso, três barcos pesqueiros – também preocupados com a mudança do tempo – chegaram à baía para passar a noite ancorados.

Os barcos eram do mesmo tamanho e tipo, traineiras na faixa dos quarenta pés, robustas como buldogues e construídas para suportar os mares do Alasca. O *Badger* era capitaneado por Bill Swanson e sua esposa, Vivian. O *Sunmore* era tripulado por outro casal, Orville e Mickey Wagner. A terceira embarcação era o *Edrie* de Howard Ulrich. Ulrich, que vivia um pouco adiante na costa, conhecia aquelas águas como ninguém. Com ele estava seu filho de sete anos, Howard Jr. Todos os três barcos faziam parte de um grupo unido de pescadores de salmão que atuavam num trecho do oceano conhecido como Fairweather Grounds. No golfo do Alasca os perigos surgiam com frequência, e os botes mantinham comunicação constante via rádio.

Às nove da noite, os três barcos estavam em seus ancoradouros, e os alpinistas estavam prontos para partir. Quando o avião decolou no belo crepúsculo no norte, algo curioso aconteceu. Nuvens ruidosas de aves começaram a deixar a baía também, gaivotas e andorinhas-do-mar, rodopiando frenéticas como se estivessem sendo caçadas por uma esquadrilha de falcões. Em seu pânico por partir, algumas das aves colidiram com árvores e outros obstáculos, tombando mortas no chão. E naquele momento, se você ficasse quieto e observasse as flores e a relva ao longo das elevações menores da baía, teria visto que estavam tremendo.

De pé no convés após o jantar, Ulrich observou grupos de marsopas saindo da baía para o mar. Viu suas costas escuras e o brilho de suas barrigas brancas movendo-se pela água. As montanhas circundantes eram silhuetas volumosas com picos brancos. Ancorado no abrigo na parte sul da ilha do Cenotáfio, Ulrich não podia ver os outros barcos, embora ouvisse seus motores. Pouco antes das dez, ele e seu filho foram dormir.

Talvez Ulrich já estivesse sonhando com coisas mais agradáveis quando sentiu o primeiro puxão forte na corrente da âncora. Achando que tivesse sido arrastada, correu ao timão. Eram 22h17, ainda claro o suficiente, no verão do Alasca, para que Ulrich visse algo espantoso ao fundo da baía, uma visão com que nem sequer seus pesadelos conseguiam rivalizar: as montanhas estavam se *retorcendo*. "Pareciam estar sofrendo torturas internas insuportáveis", recordou ele mais tarde. "Você já viu uma montanha de 4.600 metros se retorcer, sacudir e dançar?"

Começaram as avalanches na baía, 300 milhões de metros cúbicos de rochas e gelo mergulhando centenas de metros até cair na água. Pelo que estimou como sendo dois minutos, Ulrich ficou paralisado no convés, congelado pela cena. "Não foi susto", disse ele, "mas uma espécie de mistura de espanto e choque." Subitamente um estrondo ensurdecedor irrompeu, e Ulrich viu "uma parede gigante de água com 550 metros de altura" engolfar a borda noroeste da baía, ricochetear para o lado leste e depois avançar diretamente rumo à ilha do Cenotáfio e ao *Edrie*. Como Larsen e Frederickson antes dele, tentou desesperadamente levantar âncora, mas ela parecia presa. Colocando um colete salva-vidas em seu filho, fez a única coisa que um marinheiro na sua situação poderia fazer. Soltou todos os 73 metros da corrente de sua âncora, acelerou o *Edrie* e avançou direto para a onda, berrando um pedido de socorro em seu rádio: "O inferno está à solta aqui! Acho que já era... Adeus."

Plafker levou-me até uma sala ao lado de seu escritório, onde pude espalhar os arquivos de Miller sobre uma mesa. Apanhei um com o título "Após o terremoto de 58" escrito a lápis na capa em uma bonita caligrafia. Continha pastas de slides de 35mm e algumas páginas datilografadas meio

1. "É um animal": Laird Hamilton surfa Jaws, com Don Shearer dando cobertura de helicóptero.

2. Laird Hamilton e Dave Kalama (direita) formam uma equipe desde a criação do surfe tow-in em meados da década de 1990.

3. "Este é o Esporte dos Reis": Hamilton no jet ski com Darrick Doerner.

4. Membros da galera: Brett Lickle (esquerda) e Sonny Miller.

5. Hamilton dropa em Jaws, antes que os coletes salva-vidas fizessem parte de seu equipamento. Sem esses coletes, as chances do surfista voltar à superfície após uma queda se reduzem drasticamente.

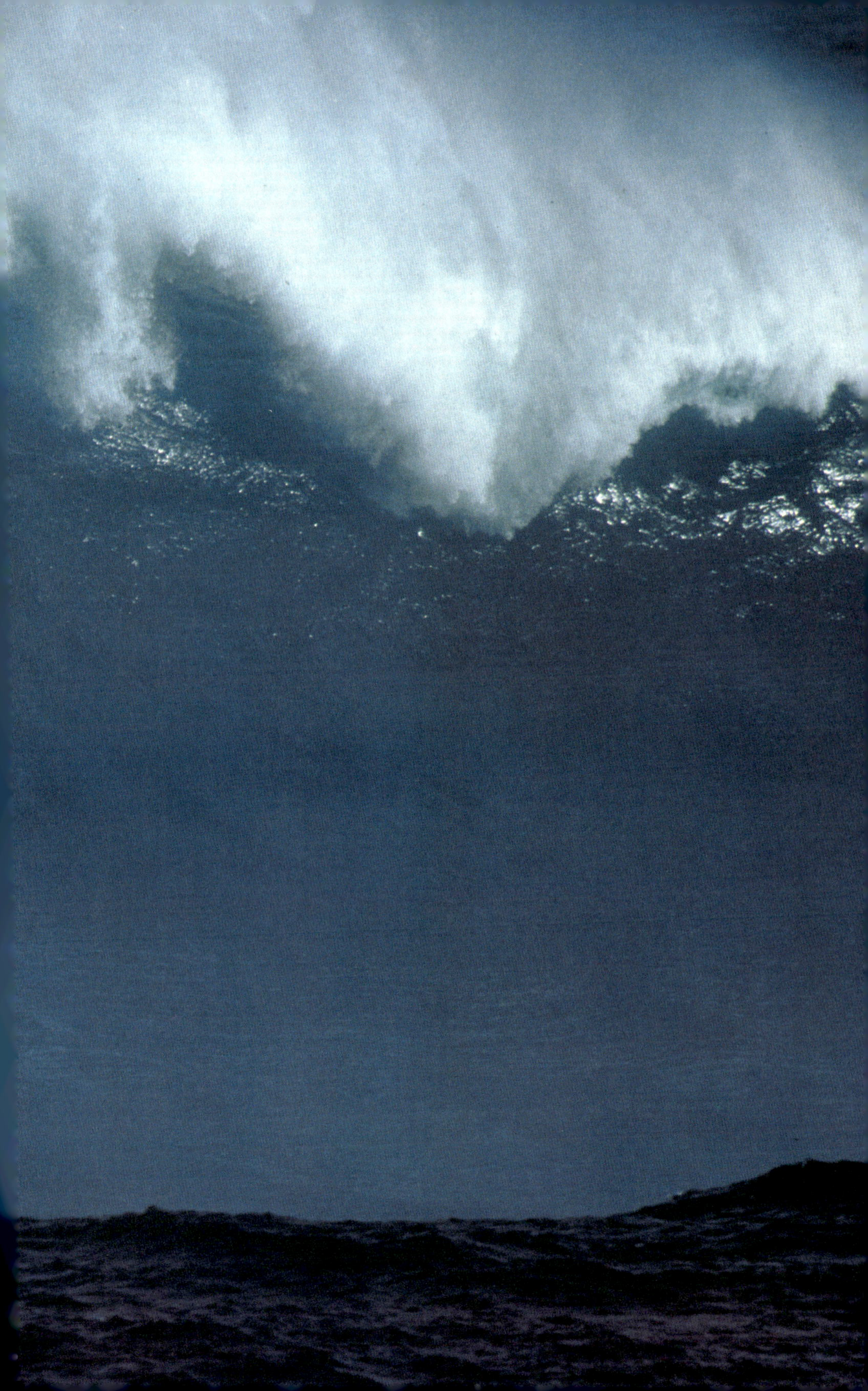

6. O RSS *Discovery* encontra o Mar do Norte – num dia tranquilo.

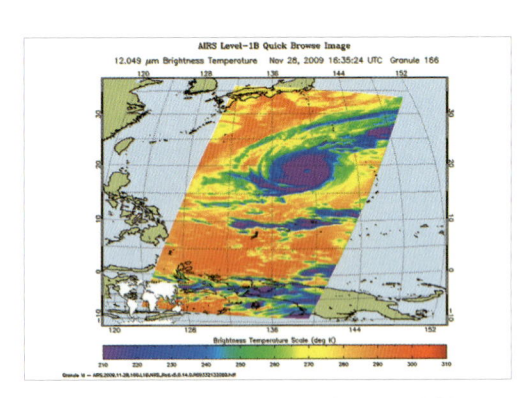

7. A bolha magenta: mapas meteorológicos da NASA captam o Supertufão Nida em suas espirais pelo Pacífico, formando ondas gigantescas.

8. O Centro de Oceanografia Nacional em Southampton, na Grã-Bretanha, é um dos institutos oceanográficos mais aclamados do mundo. Junto com seu navio irmão, o *James Cook*, o *Discovery* (mostrado em seu ancoradouro ao longo do prédio) percorre os mares do planeta em busca de respostas.

9. A dra. Penny Holliday a bordo do *Discovery* em seu cruzeiro de pesquisa fatídico, mas revelador, em 2000.

10. "As coisas vinham sendo abafadas": a plataforma de petróleo Gullfaks C fustigada pelas vagas do Mar do Norte.

11. "Muitos desses navios são destruídos": o petroleiro iraniano *Tochal* teve toda a sua proa arrancada por ondas gigantes na corrente de Agulhas, ao largo da costa sudeste da África do Sul.

12. O astro taitiano das ondas grandes Raimana Van Bastolaer.

13. Fascinado pelas ondas: Jeff Hornbaker.

14. Mudando as regras do jogo: o grande diretor de fotografia subaquática Don King em seu elemento.

15. Um raro momento em terra firme: o diretor de fotografia oceânica Mike Prickett.

16. O caçador de tempestades: Harro na praia.

17. "Se ele tivesse caído, a única coisa que sobraria dele seria uma mancha vermelha no recife": Laird Hamilton faz história no tubo sinistro de Teahupoo, estampado na capa da revista *Surfer* de 17 de agosto de 2000.

18. A surfada do dia: Ian Walsh dropa em Teahupoo em 1º de novembro de 2007.

19. "Nunca pegamos ondas tão grandes assim": Garrett McNamara mal consegue escapar da mandíbula escura de Mavericks em 4 de dezembro de 2007.

20. Uma onda que mais parece um caminhão desgovernado: o surfista australiano Justen Allport tenta ser mais rápido que Ghost Tree, na costa de Pebble Beach, Califórnia. Poucos segundos após a tomada desta foto, a crista pegou em cheio Allport, fraturando seu fêmur em cinco partes.

21. Killers: Brad Gerlach pega uma onda de mais de vinte metros na ilha de Todos Santos, costa de Ensenada, México, em 2005, vencendo a competição Billabong XXL.

22. Lançamento espacial: Mike Parsons surfa um monstro de mais de vinte metros em Cortes Bank em 5 de janeiro de 2008.

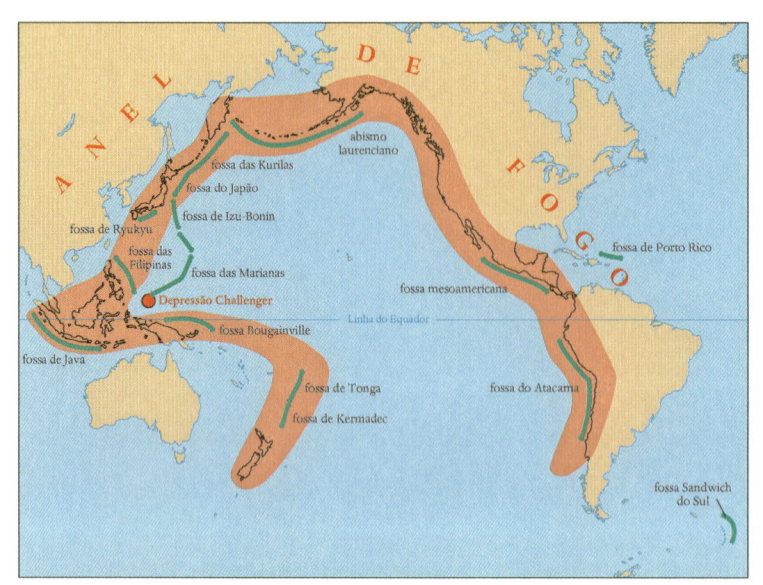

23. O "Anel de Fogo": o perímetro repleto de vulcões da bacia do Pacífico, uma região responsável por oitenta por cento de todos os tsunamis.

24. "Parecia que o navio estava rumando direto de encontro aos penhascos brancos de Dover": o suntuoso transatlântico *Queen Elizabeth II* foi atingido por uma onda monstruosa de trinta metros em 11 de setembro de 1995. O capitão Ronald Warwick afirmou que a crista da onda ficou nivelada com a ponte (a fileira de janelas entre as bandeiras).

25. O Sino Lutine em seu local de honra na Lloyd's de Londres.

26. Representação do tsunami que arrasou Lisboa em 1755, fazendo vítimas do Mediterrâneo ao Reino Unido.

27. "Os navios simplesmente racharam ao meio como um lápis quebrado": um cargueiro em mar agitado. Se ondas gigantes rompem as escotilhas do convés, um graneleiro pode afundar em minutos.

28. "E quando essa violência chega, é esmagadora": baía de Lituya, Alasca, um local sinistro onde ondas extremas varrem a paisagem.

29. O resultado: em 1958 uma onda de 530 metros escalpou a floresta ao redor da baía de Lituya, arrancando árvores e solo. Chegou a arrancar a casca das árvores – com uma força superior à de um moinho de celulose. Esta foi apenas uma de uma série de ondas épicas que causaram estragos na costa..

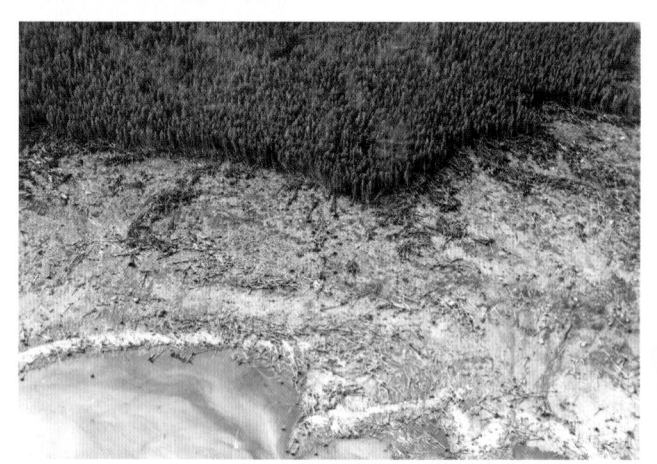

30. O geólogo Don Miller documentou os danos da onda de 1958, mostrados aqui de perto.

31 e 32. Sexta-feira azarada: em 27 de março de 1964 um terremoto de magnitude 9,2 sacudiu o noroeste do Pacífico, criando ondas de tsunami que destruíram parte do Alasca, do Havaí e da Califórnia. Em Anchorage (à direita), um subúrbio inteiro deslizou para dentro do mar. Em Kodiak, Alasca (acima), toda a frota pesqueira de cem barcos se perdeu. Barcos foram lançados em terra, casas foram atiradas no mar e incêndios se alastraram.

33. A Costa Selvagem: equipe de resgate marítimo desce de um helicóptero para embarcar no *Ikan Tanda*, um navio cingapurense que estava sendo esmurrado por ondas de doze metros e ventos fortes perto de Scarborough, África do Sul. (O navio acabou não resistindo.)

34. A onda de cem anos: em dezembro de 2009, uma bolha magenta descomunal desceu sobre o Havaí. Foram previstas as maiores ondas em um século; portos e praias foram fechados em todo o estado, mas Hamilton (surfando Jaws na foto em 7 de dezembro de 2009), Kalama e outros surfistas de tow-in rumaram direto para a água.

35. "Vamos pegar uma onda": Hamilton e Casey no alinhamento de Jaws.

36. "O objetivo é surfar os maiores swells que o oceano consegue criar": Hamilton na prancha de surfe hydrofoil, uma invenção que ele acredita ser o futuro do surfe de ondas grandes.

37. Um futuro mais tempestuoso e aquático: os oceanos do mundo estão cada vez mais voláteis, com a altura média das ondas aumentando drasticamente.

apagadas que pareciam algum tipo de entrevista. "De minhas anotações", dizia a primeira página. "Diane Olson, B.P. [barco de pesca] *White Light*. Localização: a cerca de 55 quilômetros da baía de Lituya."

Olson e seu marido Ole aparentemente estavam pescando fora da entrada da baía. A julgar pelas anotações, Diane lembrava tudo, relatando os acontecimentos de 9 de julho com minúcia. Sua primeira suspeita de desastre, ela supunha, ocorreu às 22h22. "De repente tivemos a sensação de que nosso barco estava sendo arrastado sobre uma rocha enrugada." O *White Light* estava ancorado sobre uns vinte metros de água naquele momento, de modo que aquilo era improvável. Quase imediatamente ouviram o troar cacofônico de um enorme terremoto. "Foi então", escreveu Olson, "que ligamos o rádio."

Em pânico, vozes se interrompiam mutuamente, embarcações por toda a área relatando o pandemônio oceânico. Gêiseres de mais de dez metros irromperam de fendas que apareceram do nada ao longo da costa. Uma onda de seis metros havia se lançado sobre um porto perto de Yakutat. Parte de uma ilha afundara trinta metros no mar, levando consigo um número desconhecido de pessoas. Cabos e oleodutos submarinos se romperam. As notícias se sucediam.

O pedido de socorro de Ulrich teve o efeito de uma sirene, silenciando o palavrório. Por vários momentos tensos, as ondas de rádio permaneceram desimpedidas, enquanto todos aguardavam ansiosos por saber se o *Edrie* havia sobrevivido à onda. Após o que se afigurou uma eternidade, Ulrich voltou ao rádio. Eles tinham conseguido, ele informou, mas a baía era uma mistura infernal de pedaços de gelo, animais mortos e outros destroços, tudo sendo agitado por ondas de seis a dez metros. "Tem árvores grandes, galhos, folhas, raízes, tudo, onde quer que eu olhe", disse ele, sua voz vencendo a estática. "Por toda a minha volta! Tenho que dar um jeito de sair daqui. Nunca vi nada igual." Fez uma pausa. "Não sei se consigo sair daqui, mas não posso ficar. ... As árvores estão se aproximando, em volta de mim! Estamos nos dirigindo para a entrada."

Todos temeram que a entrada da baía estivesse intransponível, atulhada de destroços e bloqueada por um baluarte de ondas, mas de algum modo os Ulrich conseguiram passar. Milagrosamente, Bill e Vi Swanson também sobreviveram. O *Badger* havia sido atingido pela onda, lançado para trás e arremessado ao oceano a uma altura que Bill estimou em 25 metros acima das copas das árvores. Pousando violentamente no golfo do Alasca, com árvores chovendo sobre ele, o *Badger* começou a afundar. O casal conseguiu entrar em seu escaler de dois metros e meio e foi encontrado duas horas depois à deriva no escuro, em choque e sofrendo hipotermia. Os Wagner não tiveram a mesma sorte. Quando a onda apareceu, haviam corrido para oeste em direção à entrada, em vez de enfrentá-la cara a cara. Apesar das amplas operações de busca, nenhum vestígio deles foi encontrado.

Folheando um lote de fotografias, deparei com uma imagem obtida no nível do solo mostrando o que a onda deixara na sua esteira: um campo de batalha de tocos de árvores, destroços da floresta espalhados por toda parte, como se um exército de lenhadores furiosos e bêbados tivesse se entregado a uma orgia de devastação, empunhando ferramentas muito enferrujadas. Talvez para dar uma ideia da proporção, ou porque a única reação possível ante tamanha destruição fosse o humor mórbido, Miller havia pendurado seu chapéu num enorme toco de abeto que teve seu tronco e galhos totalmente estraçalhados. Com isso, inserira um pequeno gesto humano num cenário que desafiava a ideia de que havia lugar para nós na natureza. A foto passava uma impressão tão apocalíptica que você esperava ver pilhas de cinzas ainda ardendo, a fumaça evolando do chão. Mas a imagem não oferecia esse tipo de explicação fácil. Tinha o silêncio tumular do desastre misterioso. No verso da foto, Miller havia escrito um lembrete a si mesmo: "Tirar uma cópia para Howard Ulrich."

Constitui o sonho de todo geólogo (ou todo especialista em tsunamis) testemunhar algo como uma onda de mais de um quilômetro e meio de altura. Isso quase nunca acontece, é claro. Os espetáculos mais barras-pesadas do planeta tendem a vir inesperadamente. Mas Miller chegou perto desse sonho. A cem quilômetros de distância, trabalhando na Glacier Bay a bordo do navio *Stephen R. Capps* do USGS, sentiu o tremor e percebeu que aquele não era um terremotinho qualquer. Não pôde fazer nada naquela noite, mas à primeira luz da manhã fretou um avião.

Apesar da chegada do mau tempo prometido, enquanto o piloto circulava Miller conseguiu ver a baía ainda nos espasmos de sua brutal transformação. Rochas caíam dos penhascos. Escorria água da terra atingida pela onda. Perto do alto do T, a superfície da baía estava encerrada numa confusão de gelo de quase cinco quilômetros. Uma língua enorme da geleira de Lituya havia se desprendido no terremoto, junto com grande parte do paredão nordeste da enseada de Gilbert (o braço esquerdo do T). O lado norte da baía estava tapado por uma montanha de quase sete quilômetros de árvores e outros destroços deixados pelas ondas, e ainda mais detritos transbordavam de sua entrada, avançando oito quilômetros Pacífico adentro.

Os registros de Miller sobre a onda são aridamente científicos, mas mesmo ele pareceu surpreso com as encostas abruptamente raspadas e com uma medição do altímetro que mostrou que a onda teria atingido 530 metros. Além disso, ele notou que o nível da água da baía havia caído trinta metros abaixo do normal. "A baía está um desastre, a destruição é inacreditável", anotou no seu caderno.

Plafker veio até a sala para ver o que eu estava achando daquilo e olhou sobre meu ombro uma foto de um homem de macacão, segurando uma câmera e postado em meio a uma confusão de árvores derrubadas. O homem usava óculos dos anos 1950 e apresentava um olhar solene. "Este é Don", disse Plafker, sorrindo com a lembrança. "Tudo à sua volta parecia um jogo de pega-varetas. E aquelas eram *senhoras* árvores. Simplesmente... desapareceram." Apontou para uma imagem que mostrava um longo trecho de rocha desnuda e percorreu-a com seu dedo indicador. "Este negócio que você vê aqui é... não há solo! Difícil imaginar a força que a onda precisou ter para remover *tudo*."

Miller acabou fazendo aqueles cálculos precisos. Em agosto e setembro de 1958, ele retornou para estudar mais cuidadosamente a baía. Escalou encostas de montanhas, mediu fissuras e examinou anéis de árvores. Calculou velocidades de partículas de água e descobriu que a força da onda havia excedido a de um moinho de celulose. Na ilha do Cenotáfio, observou que até lapas, cracas e mariscos – alguns dos seres que aderem mais tenazmente às rochas – haviam se desprendido. "Não se via um crustáceo vivo", relatou Miller.

No final, calculou que o terremoto de 9 de julho ao longo da falha de Fairweather – um sismo de oito graus na escala Richter que foi sentido até em Seattle (onde moveu a agulha de um sismógrafo na Universidade de Washington) – havia deslocado o Alasca: 4,5 metros para o lado e noventa centímetros verticalmente. Desencadeou uma série de avalanches, que por sua vez lançaram para cima 530 metros de água estridente. A onda resultante, de dimensões épicas, cruzara a baía a mais de 150 quilômetros por hora. Arrasou dez quilômetros quadrados de paisagem, esmagando todo ser vivo em seu caminho com quatro felizes exceções: os Ulrich e os Swanson.

O evento foi duro. E, como Miller percebeu com um calafrio, podia acontecer de novo.

E de novo.

Onde quer que a ação violenta de um terremoto encontre o oceano, surgirão ondas gigantes. O que significa que não apenas o Alasca, mas toda a costa oeste da América do Norte está propensa a produzi-los. Se você olhar um mapa de satélite e seguir o contorno da bacia do Pacífico, verá um percurso que os cientistas chamam de Anel de Fogo. A maioria dos vulcões ativos do mundo reside ao longo desse arco, tanto em cima quanto embaixo d'água. Local da maior atividade sísmica da Terra, ali se originam oitenta por cento de todos os tsunamis. À medida que as placas do Pacífico e da América do Norte – duas das peças de quebra-cabeças de dimensões continentais que recobrem o núcleo pastoso da Terra – atritam entre si na costa da Califórnia, do Oregon e de Washington, esses movimentos criam terremotos. Se, no tremor, a terra se ergue abruptamente e água suficiente é deslocada, surgirão tsunamis.

Ultimamente os geólogos têm refinado seus métodos de sondagem, recolhendo amostras de leitos marinhos e áreas costeiras e depois examinando as camadas em busca de depósitos estranhos – conchas marinhas esmagadas em areia aluvial a mais de um quilômetro do mar, por exemplo, ou corais que de algum modo chegaram ao topo de um penhasco de sessenta metros. Às vezes eles encontram "florestas fantasmas", lugares onde as árvores se extinguiram, porque foram soterradas, afogadas, arrancadas ou envenenadas pelo sal. Sempre que o oceano deixa esses tipos de cartões de visita, os cientistas podem inferir que ondas outrora castigaram a área com grande força.

Usando essas técnicas, eles descobriram que um tsunami, comparável ao de 26 de dezembro de 2004 na Indonésia, havia sido gerado em 26 de janeiro de 1700 ao largo da costa do Oregon por um terremoto com magnitude estimada em nove pontos. (A descoberta foi surpreendente: na época, acreditava-se que a área de quase mil quilômetros de comprimento que se rompeu, conhecida como zona de subducção de Cascadia, estivesse mais ou menos adormecida.) Nenhuma descrição visual do impacto do tsunami no noroeste do Pacífico sobreviveu, mas ele foi igualmente assombroso: as impressões digitais das ondas aparecem no registro geológico desde o norte da Califórnia até a ilha de Vancouver.

A prova de que aquele terremoto gerou um tsunami solucionou um antigo mistério: a origem das ondas de seis metros que haviam fustigado quase mil quilômetros da costa japonesa do Pacífico na mesma época, inundando aldeias e portos, abatendo embarcações, matando gente e causando incêndios que destruíram lares. Por necessidade, o Japão sempre se prevenira contra tsunamis – nenhum país é mais vulnerável às ondas gigantes –, mas naquela ocasião as pessoas foram pegas de surpresa porque não sentiram um terremoto. Os registros japoneses descrevem o dia como apresentando "mares incomuns" e "ondas altas". Eles nem imaginavam que as ondas vieram lá do outro lado do Pacífico.

Atualmente a falha de Cascadia está sob constante escrutínio. A combinação de sua localização perto de uma costa densamente habitada (um grande tsunami que se originasse ali certamente atingiria a Califórnia) e certos comportamentos estranhos recentes deixa os cientistas preocupados. São fortes os sinais de que a pressão sobre a falha está de novo aumentando e de que ela rosnará com força num futuro não tão distante.

Em 2005, um relatório da Comissão de Segurança Sísmica da Califórnia afirmou sem rodeios que "a zona de subducção de Cascadia irá produzir o maior tsunami do estado". O relatório previa "ondas com alturas de até vinte metros", alertando que a estrutura dos prédios era frágil demais, que faltavam planos de evacuação e que as pessoas não levavam a ameaça suficientemente a sério: "Os californianos não estão adequadamente informados sobre os tsunamis e os riscos que representam." Como que para ilustrar o argumento, em 14 de junho de 2005 um terremoto de 7,2 pontos sacudiu o leito oceânico perto da falha de Cascadia. O alarme de tsunami emitido foi em grande parte ignorado. Graças à pura sorte o terremoto não ocorreu na própria zona de subducção, e nenhuma onda chegou.

Se alguma cidade da costa oeste deveria se preocupar com tudo isso, trata-se de Crescent City, na Califórnia. Localizada apenas 24 quilômetros ao sul da fronteira com o Oregon, Crescent City – cujo nome, "Cidade do Crescente", se deve à comprida baía em uma de suas extremidades – está no lugar exato para receber completamente o impacto de um tsunami do Pacífico. De frente para a direção de onde as ondas provavelmente viriam, não há massas de terra além da costa para protegê-la. Pelo contrário, uma montanha submarina próxima, junto com um leito oceânico pouco profundo, cria os elementos perfeitos para concentrar o poder de uma onda – à semelhança do recife em forma de leque de Jaws e das plataformas submarinas de Mavericks. O centro da cidade de Crescent City situa-se bem na zona de impacto do tsunami, fato que se tornou tragicamente claro em 27 de março de 1964 – uma Sexta-Feira Santa, ironicamente –, quando um terremoto de magnitude 9,2 perto de Prince William Sound, Alasca, abalou o planeta, fazendo com que águas tão distantes como a dos Grandes Lagos se revolvessem como em uma banheira agitada.

O impacto do terremoto no Alasca lembra a lista de efeitos especiais de um filme de catástrofe com grande orçamento: fendas escancaradas no chão liberando nuvens de gases sulfurosos; áreas de terra subitamente liquefeitas. A cidade de Anchorage foi praticamente destruída naquela noite, um subúrbio inteiro deslizando para dentro do mar. A cidade portuária de Valdez foi assolada por ondas de quinze metros e acabou parcialmente submersa, e em Whittier, cuja população era de setenta pessoas, um par de ondas de mais de dez metros matou treze. Em Seward, um depósito de petróleo explodiu, virando uma bola de fogo, e ondas gigantes ergueram um navio-tanque e o depositaram em terra firme. As ondas, agora cheias de destroços em chamas, foram em frente e atingiram as instalações petrolíferas da Texaco, que também explodiram. Paredes de água ferozes de mais de dez metros obliteraram a zona portuária de Seward, a estação elétrica e a maioria das casas. Essas ondas de fogo atingiram depois o pátio de manobras dos trens, lançando uma locomotiva de 120 toneladas com oitenta vagões de carga quase cem metros para longe do mar. Os vagões, também repletos de petróleo, explodiram como pipoca. Enquanto isso, a cidade pesqueira de Kodiak perdeu todos os cem barcos de sua frota.

As ondas aceleraram rumo ao Canadá, atingindo a ilha de Vancouver, e prosseguiram até Washington e o Oregon. Em todos esses lugares, acarretaram destruição e morte, mas numa escala felizmente menor. Os californianos haviam recebido avisos de que o tsunami seguia em sua direção, mas ninguém se preocupou muito. As ondas pareciam estar perdendo força.

Até chegarem a Crescent City.

A maré estava alta e era quase meia-noite quando as Três Irmãs apareceram, um trio de ondas agitando-se para o sul sob um céu estrelado e de lua cheia. Essas três primeiras foram Valquírias oceânicas: destruíram a parte mais baixa de Crescent City, alcançando mais de três quilômetros terra adentro. Linhas de transmissão entraram em colapso, incêndios surgiram, pessoas ficaram presas sob tetos em prédios inundados. Um total de 29 quarteirões ficou embaixo d'água, 172 lojas e 91 casas foram destruídas. Dez pessoas morreram. Mas foi a quarta onda que deu o golpe de misericórdia, ganhando força ao drenar o porto, e depois atacando a terra como um paredão preto maligno salpicado de troncos, metal, plástico, vidro, picapes, eletrodomésticos, lixo, tesouros, corpos.

Foi uma noite horrível. Prédios inteiros foram arrancados das fundações e arrastados para longe. Mais coisas explodiram. Uma casa foi parar na rodovia 101. Por toda parte, água rodopiava como que num liquidificador demoníaco. O mundo que todos em Crescent City conheciam havia se tornado terrivelmente aquático.

⁓◎

"Sabe, não dá para realmente observar ondas gigantes, ondas de tsunami", disse Plafker ao recolhermos os arquivos. "Em primeiro lugar, você morre de medo após um grande terremoto. Depois você não consegue vê-las porque costumam quebrar bem longe no mar. Ou você está correndo feito um desesperado. Ha ha ha."

Pelas fotos que vi, anotações que li e histórias que ouvi sobre os tipos de ondas com que Plafker e Miller lidavam, a ideia de fugir pareceu inadequada. Quem, pelo amor de Deus, consegue visualizar uma onda de 530 metros mesmo com o máximo de imaginação (com exceção de Howard Ulrich)? Mesmo Hamilton deve ter dificuldade com essa, pensei.

Mais no início do ano, Garrett McNamara e Kealii Mamala haviam tentado surfar as ondas produzidas por um iceberg desprendido de uma geleira perto de Cordova, Alasca. Em teoria, a aventura parecera boa, e eles chegaram cheios de gás. "Gostamos de fazer coisas novas", me contara McNamara. Mas aí um bloco de gelo do tamanho do estádio dos Yankees se desprendeu e mergulhou a mais de cem metros de distância do iceberg, e a água ligeiramente acima de zero grau explodira em uma onda gigante, confusa e imprevisível. McNamara, que estava por perto num jet ski, percebeu: "Eu estava em pânico." Nem mesmo Mavericks, com vinte metros, Jaws, com 25 metros ou Teahupoo em seu auge conseguiam preparar um surfista para os pesos-pesados da natureza. "Não consegui... eu estava impressionado", recordou McNamara, atipicamente acanhado. Embora ele e Mamala tenham conseguido pegar várias ondas, McNamara permaneceu tenso. "Eu estava muito preocupado, para dizer o mínimo. Não estava mais ali por paixão, ou pela adrenalina. Eu queria cair fora logo."

Killers

ILHA DE TODOS SANTOS, MÉXICO

"Esta não é a Baja de seu pai." Revista Surfer

"Vou lhe dizer, estou mais cabreiro com esse negócio dos bandidos do que com com qualquer outra coisa", disse Tony Harrington. "É barra-pesada. Não deveríamos viajar de noite." Estávamos postados diante do aeroporto de San Diego, ao lado de uma montanha de equipamento fotográfico e pranchas de surfe, esperando para carregá-los em três picapes. Era meia-noite. Dali nosso destino era a fronteira, e depois Ensenada, ao sul. Os olhos de Harro estavam injetados. Ele não dormia havia mais de 48 horas, e passara o dia todo nas águas em Mavericks. No dia anterior, em Oahu, havia sido capturado no interior de uma onda de dez metros, sem conseguir escapar, e seu jet ski ficara rodopiando no torvelinho com ele em cima, a caixa da câmera de dezoito quilos amarrada no pescoço. O impacto da onda grudara Harro e o jet ski como um par de címbalos, e agora a extensão do dano estava clara: a virilha estava cheia de hematomas, "preta como o ás de espadas".

"Ei, que 'negócio dos bandidos'?", perguntei.

A polícia em Baja, Harro explicou, ou bandidos fingindo de polícia, ou mais provavelmente as duas coisas haviam barbarizado nos últimos meses, atacando veículos que carregavam pranchas de surfe. Aparentemente, pelo raciocínio dos bandidos qualquer pessoa exibindo brinquedos de mil dólares devia ser um rico filão para extorsão. Para os surfistas, vir do sul da Califórnia para surfar as rebentações pouco apinhadas em Baja, na costa do Pacífico, desde muito tempo constituía um passeio popular, considerado seguro a não ser que você fizesse algo idiota, como exibir um maço de notas num bar de Tijuana.

Alguns anos antes, eu passara um mês acampando e surfando por toda a península de Baja com dois amigos. Dormíamos nas dunas com vista para o oceano, e em todos os lugares que visitamos conseguimos ondas incríveis. Quando um estranho par de faróis avançou sobre nós num camping remoto, não se tratava de um ataque de bandidos, e sim do UC Davis Botany Club procurando um lugar para acender uma fogueira bem grande. O único problema que enfrentamos durante a viagem foi a dificuldade em encontrar um mecânico para consertar a transmissão do nosso carro na véspera de Natal (mas acabamos achando). Viajávamos com nossas pranchas de surfe bem visíveis no teto do carro e, para a eventualidade de funcionários exigirem pequenas propinas, carregávamos um pequeno refrigerador repleto de queijo americano monterey jack, que segundo surfistas experientes de Baja constituía um substituto aceitável para o dinheiro vivo.

Aquela era de inocência aparentemente chegara ao fim, e Baja se tornara um antro de drogas, armas, corrupção – uma terra sem lei. Duas semanas antes, um corpo havia sido dependurado de uma ponte na estrada, quase na fronteira dos EUA. A decapitação parecia a especialidade regional: cabeças eram achadas em latas de lixo, porta-malas de carros e, num caso ousado, no meio da pista de dança de uma casa noturna. Na semana passada na praia Rosarita, um balneário decadente ao sul de Tijuana, pistoleiros haviam atacado a delegacia na tentativa de assassinar o chefe de polícia, matando um de seus guarda-costas (você sabe que está no México quando o chefe de polícia precisa de um guarda-costas) e ferindo mais quatro. O Departamento de Estado norte-americano alertou para a "violência crescente", acrescentando que "criminosos com um conjunto impressionante de armas sabem que são poucas as chances de serem presos e punidos. O público deveria evitar qualquer viagem à região de Tijuana e Ensenada nos próximos trinta dias".

Especificamente, o *San Diego Tribune* advertiu: "Surfistas têm razões para estar especialmente temerosos em se aventurarem em Baja California após um surto de assaltos à mão armada por criminosos aparentemente paramilitares." Em pelo menos seis ocasiões desde o Dia do Trabalho, surfistas foram arrancados de seus carros, barracas ou trailers por homens com máscaras de esqui brandindo armas semiautomáticas, que roubaram os veículos e todos os pertences. Vítimas também foram algemadas, atiradas de escarpas íngremes, agredidas, estupradas, sequestradas e mortas ou feridas a tiros.

E, bem, ali estávamos nós, prestes a começar nosso trajeto noturno pela zona infestada de bandidos, em três picapes alugadas atulhadas com toda a aparelhagem de Harro e de outro fotógrafo, Larry Haynes, além de equipamento fotográfico de última geração para um longa-metragem que Prickett estava filmando sobre um surfista mexicano chamado Coco Nogales. Também estavam viajando conosco os surfistas australianos Jamie Mitchell e James "Billy" Watson, com seu conjunto de pranchas de surfe. Em suma, o alvo ideal para bandidos.

Ao nos prepararmos para partir, Prickett reuniu o grupo na calçada. "OK, vamos permanecer juntos", disse ele. "Se um de nós for parado, todos saltaremos. Podemos dar a eles todo o nosso dinheiro de uma vez e cair fora rapidinho." Combinado o plano, embarcamos nas nossas picapes. Nossa primeira parada, o cruzamento da fronteira, não inspirou confiança quando um funcionário mexicano inclinou-se na janela usando uma máscara de esqui. Mas ele acenou para prosseguirmos, e passamos pela periferia de Tijuana, terra de tequila barata, remédios controlados a preço de banana ou qualquer tipo de confusão que você estivesse procurando. Nossos faróis iluminaram homens carrancudos postados perto de cercas de arame farpado e fachadas empoeiradas de lojas, alguém deitado no chão, a silhueta sombria de um policial uniformizado montado a cavalo.

De início, a noite estava clara e estrelada, mas depois a mesma cerração sufocante que nos havia atrapalhado em Half Moon Bay começou a se esgueirar do mar, como que acompanhando o swell rumo ao sul. A visibilidade diminuiu, e tivemos de dirigir mais devagar, o que deixou todo mundo à beira de um ataque de nervos, porque, além de estarmos semialucinados de cansaço, naquela velocidade éramos isca fácil para os bandidos. "No Maltrate Los Señales" (Não Destrua as Placas), dizia uma placa perfurada de balas. Em certo ponto, deparamos com um carro atravessado na estrada, como que para bloqueá-la, mas sem ninguém dentro. Perto de Salsipuedes, local de uma onda que o *Surfer's Journal* denominou "o mais violento *point break** da costa oeste", paramos num posto de gasolina Pemex que parecia mal-assombrado na neblina e cujo frentista era caolho, e compramos um estoque de água mineral e barras de cereais para quando estivéssemos no barco. Quando chegamos ao hotel, eram três da madrugada.

Se *O iluminado* vier a ser refilmado numa versão mexicana, o hotel El Coral em Ensenada seria perfeito como cenário. Cavernoso e deserto, nossos passos ecoavam nos ladrilhos de terracota. Meu quarto no térreo, numa ala tão isolada que a eletricidade teve que ser ligada especificamente para mim, dava para um pátio rodeado de fita amarela de isolamento. Eu estava tão exausta que poderia nem ter percebido, mas alguém havia deixado as portas deslizantes de vidro abertas, e o vento invadiu o quarto, agitando as cortinas. Tentando fechar tudo, descobri que todas as trancas haviam sido arrancadas das portas, restando buracos no lugar. Depois de percorrer quase um quilômetro de volta à recepção para pedir outro quarto e de me mudar para lá, descobri que as trancas haviam sido arrancadas da porta no meu quarto novo também e concluí que estava cansada demais para me importar – dentro de noventa minutos teríamos que partir para o porto.

"A Guarda Costeira Mexicana fechou o porto", disse Prickett. "Os militares estão montando guarda. Não estão deixando ninguém sair." Estávamos

---

* *Point break*, no jargão do surfe, é uma praia com fundo de pedra. (N.T.)

de pé diante do hotel na escuridão da madrugada, o vento forte agitando as folhas das palmeiras. Obviamente o swell havia chegado.

"Então vamos ficar esperando", concluí.

"Não, nós vamos sair." Ele parecia despreocupado.

"Mas você disse que o porto estava fechado. Que os soldados..."

"Sim. Por isso vamos sair de outro lugar."

O ritual de carregar o equipamento começou, os fotógrafos movendo-se metodicamente, sem a ajuda de células nervosas revigoradas pelo repouso. Após 36 horas de caça às ondas, eu me sentia atordoada e nauseada e como se uma mão estivesse espremendo meus rins, mas não podia reclamar: Prickett e os outros estavam quase sessenta horas praticamente sem dormir, no máximo tendo tirado rápidos cochilos, e estavam se preparando para passar outro dia enfrentando ondas tão assustadoras que os barcos não deveriam se aproximar delas, menos ainda pranchas de surfe. Outros estavam em ainda piores condições. Qualquer um que precisasse guiar um jet ski aqui passara as últimas doze horas ao volante, descendo a costa desde Ghost Tree ou Mavericks.

Eu percebera no início deste projeto que ondas grandes e comportamentos extremos andavam de mãos juntas, e eu sabia, com base em relatos, que dropar algo como uma face de vinte metros era uma sensação tão potente que nada mais – dormir ou comer, por exemplo – conseguia disputar a atenção do surfista. Eu estava constantemente pedindo que traduzissem essa experiência em palavras, não apenas aos homens que eu testemunhara em ação, mas também aos feras de épocas anteriores.

Ricky Grigg, surfista campeão de ondas grandes nos anos 1960 que depois se tornou um eminente oceanógrafo, contou que os riscos de surfar ondas gigantes eram ofuscados pela recompensa: "Êxtase além das palavras. Mental, física ou espiritualmente, é o melhor lugar onde consigo me imaginar." Sentir-se conectado ao oceano no ápice do seu poder, enfatizou Grigg, era completamente viciante. "Você vai desafiando cada vez mais os limites, e a curiosidade e a emoção acabam se confundindo", disse ele. "Por isso esses sujeitos são tão motivados."

Grigg falava poeticamente sobre ondas, mas o lado analítico de seu cérebro sempre acompanhava de perto. Ele acreditava que uma pessoa atraída por essa força estava geneticamente predisposta, com um "vestígio de DNA selvagem ainda no coração e na mente". Esse tipo de surfista estava tão propenso a gastar o tempo dormindo em vez de pegar ondas gigantes quanto um caçador espreitando sua presa ou um soldado em meio a um cerco. Ninguém conseguia viver com essa intensidade o tempo todo, é claro, mas quando um swell grande surgia era como se um botão tivesse sido ligado. Enquanto uma pessoa comum que permanecesse três dias em claro caminhando numa corda bamba da resistência física entraria em colapso, para alguém como Garrett McNamara aquilo era uma injeção de puro oxigênio. "Esses camaradas têm duas personalidades", explicou Grigg. "Uma é gentil, a outra é insana."

Greg Noll, amigo e contemporâneo lendário de Grigg que reescreveu as regras do surfe de ondas grandes na era anterior ao tow-in, descreveu a sensação em termos mais físicos: "Aquele barato! Não dá para explicar", disse ele. "Quando você desliza numa onda e a coisa está rosnando para você e bufando e todo aquele poder e aquela fúria, e você não sabe se continuará vivo dali a dez segundos, é uma experiência tão poderosa quanto o sexo! Se você surfa, você sabe. E quanto aos demais bundões, sinto pena de vocês." Em vez de procurar um estilo de vida equilibrado na prática de seu esporte, Noll chegava a quaisquer extremos que fossem necessários para pegar uma onda: "Eu me deixaria ser arremessado pela bunda de um elefante se isso proporcionasse uma onda maior."

Hamilton, a quem as palavras não costumavam faltar, não dissera muita coisa sobre a sensação de surfar uma onda de vinte metros, embora eu tenha perguntado várias vezes. Não é que ele não quisesse me dizer, mas para ele a experiência desafiava qualquer analogia. Verbalizar a sensação de surfar Jaws, ele disse, era como "tentar descrever uma cor em palavras". Outra vez em que fiz a pergunta ele respondeu sem falar, apenas tocando o coração. Para Hamilton, aquelas ondas, menos do que uma experiência singular, constituíam uma necessidade básica, tanto quanto respirar.

A paixão que os surfistas de ondas grandes sentem por seu esporte pode ser atribuída a vários fatores. Consideremos, por exemplo, o coquetel possante de neuropeptídeos que o corpo produz quando enfrenta situações de alta intensidade como se apaixonar ou escapar por pouco de um desastre. Essas substâncias químicas, que incluem as endorfinas (responsáveis pela "euforia dos corredores") e oxitocina (conhecida como o "hormônio carinho" pelos efeitos agradáveis), são opiáceos naturais, parentes biológicos da heroína e da morfina. O que significa que é fácil se viciar. Digamos: uma pessoa que quer surfar uma onda de trinta metros não procura estímulos menores para começar.

Acrescentando a tudo isso a escassez de sua presa – as ondas gigantes surfáveis –, pude entender o nível de obsessão que estava testemunhando naquela viagem. Perder a onda monstruosa por estar dormindo? A verdadeira loucura para o surfista de ondas grandes não era desafiar os limites de sua resistência, e sim perder a chance de fazê-lo. Enquanto Jamie Mitchell e James "Billy" Watson, os dois surfistas que haviam vindo conosco, colocavam suas pranchas na picape outra vez, pude perceber a energia e a excitação em seus rostos e movimentos, sensação que os surfistas chamam de "estar amarradão". Eles não mostravam nenhum sinal de quererem estar em qualquer outro lugar além daquele , saindo do hotel mal-assombrado mexicano para encontrar a onda Killers (Assassinas). Deixando o hotel no espelho retrovisor, partimos.

A marina fedia a peixe, mas não o tipo de peixe fresco do sushi. Ao longo das docas, um pequeno e triste passadiço de tábuas, suas *tiendas* sórdidas e barracas de nacho fechadas até uma hora mais razoável. *"Prohibido alimentar a los lobos marinos"*, dizia uma placa, com a tradução para o inglês embaixo. Observando a equipe de produção do filme de Prickett organizando um bufê de café da manhã em nosso barco, dispondo travessas de pão doce e um grande bolo coberto de glacê, imaginei se alguém lhes havia contado sobre o swell de quase dez metros com que depararíamos. Pessoalmente a única coisa que eu planejava ingerir naquele dia era remédio contra náusea.

Com a guarda costeira mexicana supostamente ocupada em outra parte, embarcamos na lancha *cabin cruiser* de cinquenta pés que nos levaria dezenove quilômetros mar adentro até Todos Santos, uma ilha de dois quilômetros quadrados que servia de abrigo para um farol decrépito, duas espécies raras de cobras e pouca coisa mais. As águas ao redor da ilha, porém, não eram nada monótonas. Ao largo de sua ponta noroeste, um cânion submarino escarpado canalizava a energia do swell para um corredor polonês de rochas (toda onda grande precisa de seus obstáculos empaladores) ao pé de um penhasco, criando uma rebentação conhecida como Killers. Alta e bonita, brutal a despeito da aparência simpática, Killers havia proporcionado algumas das maiores ondas para surfe na América do Norte, com faces na faixa dos vinte metros.

Acima das docas, uma bandeira mexicana do tamanho de um out-door tremulava preguiçosa ao vento. Nosso barco avançou lentamente para fora da marina, penetrando no mar irregular e desorganizado, mas após uns cinco ou seis quilômetros pudemos sentir a energia ondulante e tensa que sinalizava um swell de período longo. Sean Collins havia avisado que as condições ideais ocorreriam cedo. Torcemos para não termos chegado tarde demais. (Para a frustração dos surfistas, não era incomum as melhores ondas chegarem no escuro. Durante o inverno, obviamente, as chances eram de cinquenta por cento.) Ao contrário do dia anterior, o tempo parecia promissor. O céu lançou um brilho prateado na água, e sobre nossas cabeças as nuvens pairavam suaves e baças, sobrepostas tênues o suficiente para deixar entrever o sol.

Sentei-me sobre um refrigerador no convés traseiro e ouvi Prickett e Mitchell debaterem suas ondas favoritas. Mitchell declarou que Nelscott Reef, do Oregon, era "supersurfável". Mas isso não era lá uma grande distinção, porque para Mitchell a maioria das ondas se enquadrava nessa categoria. Como muitos australianos, ele nunca conhecera um esporte aquático de que não gostasse: além de sua experiência disputando competições de natação, canoagem, surfe stand-up, surfe de ondas grandes e agora surfe tow-in, vencera oito vezes a prestigiosa corrida de remada Molokai Channel, uma maratona terrível de cinco horas e cinquenta quilômetros na qual os competidores, ajoelhados em pranchas de surfe de cinco metros especialmente projetadas, remavam entre Molokai e Oahu. Louro, robusto e tremendamente bem-sucedido aos trinta anos, acontecia tanta coisa na vida de Mitchell que você quase perdoaria uma pitada de arrogância, só que ele não tinha arrogância alguma.

Prickett, como outros na caravana das ondas grandes, havia perseguido swells pelo mundo inteiro. Ele filmara nas belíssimas lagoas do Taiti, de Fiji e da Indonésia e nas águas ao largo da África do Sul, escuras como um porão mal-assombrado. Ali topara com um enorme tubarão-branco cujo comprimento ele estimou em seis metros: "Parecia uma Kombi." Ao vê-lo, deu *graças a Deus* por usar um dispositivo repelente de tubarões no tornozelo. Mas o tubarão continuou se aproximando, não mostrando qualquer sinal de repulsão, de modo que Prickett, nervoso, deu uma olhada no tornozelo para se tranquilizar. A luz da bateria estava apagada.

Uma história que agora soava engraçada – o tubarão, afinal, não o atacara –, mas outros encontros com o perigo não terminaram com o mesmo final feliz nas ondas. Como a ocasião em Pipeline quando ele foi arremessado no recife e "enfiado numa gruta", sua perna presa entre duas rochas. Ao lutar para se soltar, seu joelho esquerdo soltou-se do seu encaixe, e todos os ligamentos se romperam. Um jet ski veio correndo resgatá-lo, mas antes que Prickett conseguisse se soltar, recebeu uma série de cinco ondas na cabeça, tudo isso com sua patela escondida em algum ponto na parte de trás da perna. Mesmo assim, seu local favorito para ondas, ele afirmou, ainda era a costa norte de Oahu.

Ao nos aproximarmos de Todos Santos, a água recuperou o vigor e o céu ficou sério. A bela luz pastel deu lugar a um horizonte cinza mal-humorado, parcialmente obscurecido por massas de neblina. A superfície do mar, de um verde opaco perto da costa, aprofundou-se num belo azul-marinho, ao mesmo tempo escuro e luminoso. O barco acompanhou os vales e os picos ondulantes do swell, o tipo de movimento de montanha-russa que faz as pessoas subitamente dispararem até a amurada. Rajadas breves de um vento terral lançavam borrifos no ar.

Na maioria dos picos de ondas gigantes, o ideal é não ventar, embora isso raramente aconteça. O segundo melhor cenário é um vento terral fraco – brisas soprando diretamente na face da onda, fazendo com que ela se erga um pouco mais alto. A pior coisa, um estraga-prazeres garantido do surfe, é um vento maral vindo de trás da onda e empurrando a água para a frente. Isso resulta num desmoronamento, um tipo de onda totalmente inadequada ao surfe, que além de esteticamente desagradável também pode ser perigosa. Existem vários locais numa onda grande onde o surfista tem uma fração de segundo para fazer um movimento crítico. O mais importante é o ato de dropar, o momento em que o surfista fica em pé na prancha e começa a descer a onda. Um erro ao dropar pode resultar em ser sugado para cima da onda, um lugar onde ninguém deseja estar. Quando atinge a água, a crista da onda fende a superfície como um machado. Ser pego ali é tão perigoso quanto saltar no poço de um elevador. Sem falar que, se a própria crista cair sobre um surfista, o resultado pode ser desde um pescoço ou fêmur quebrado – situações que já aconteceram – até a morte. Um vento desfavorável aumenta esses riscos. Significa que a onda terá uma crista maldefinida, um ponto de dropagem instável. Imagine um esquiador tentando obter tração numa avalanche, ou um atleta de salto a distância que enfia os dedos do pé na areia movediça.

Ouvi os motores desacelerarem e fui até a proa para observar nosso entorno. O comandante manobrou devagar para dentro do canal, tentando encontrar aquele equilíbrio precário entre bom ângulo + posição mais próxima + evitar o desastre. Além da onda, ele tinha que pensar em vento, maré, corrente e nos outros barcos. Killers era conhecida por mudar de direção, ondas de vinte metros de repente surgindo em lugares inesperados. Entramos em um círculo de barcos e desligamos o motor. O capitão estava empolgado. *"¡Olas grandes!"*, berrou, apontando para a rebentação. "Tsunamis!"

Como era de se esperar, a água espumosa explodia à nossa frente e uma dúzia de equipes de tow-in circulava, mas apesar do entusiasmo do capitão as ondas eram desapontadoras. Pequenas, com menos de dez metros, e pareciam fracas – pelo menos vistas do barco. "Uma merda!", disse Prickett, fechando a cara. "Espero que ainda não tenham atingido o auge. Talvez a onda grande ainda venha." Mitchell, Watson e Harro, otimistas, opinaram que as condições poderiam melhorar. Onde quer que houvesse ondas grandes – ou a possibilidade de que de repente, mais tarde, de algum modo, em algum lugar haveria ondas grandes –, eu esperava ouvir um fluxo incessante de análises retrospectivas, conjeturas, previsões e ponderações sobre o tempo. Parecia que os homens com frequência vocalizavam o que *esperavam* que se tornasse verdadeiro, como se dizer algo em voz alta facilitasse o acontecimento, numa espécie de invocação, mais do que observação.

"Acho que ainda está se formando. Pode crer."

"Hmm, aquela foi uma série preparatória. Ela virá sim."

"E a merda dessa neblina? Tem que sumir."

"Este troço? Este troço vai desaparecer com certeza."

Prickett estava de pé na popa, mãos nos quadris, examinando a água. "Ah, lá estão Snips e Gerr", disse ele. No linguajar dos surfistas de ondas grandes, aquele era o apelido da equipe de Mike Parsons e Brad Gerlach, que havia surfado em Ghost Tree no dia anterior. Antigos competidores no circuito do surfe profissional – arquirrivais, para ser exato –, a dupla ascendera aos mais altos escalões do respeito. Parsons e Gerlach se converteram cedo ao surfe tow-in, trocando as competições em ondas menores pelas viagens mundo afora em busca das gigantes. Foram dois dos primeiros homens a surfar Cortes Bank e observavam com regularidade a costa oeste das Américas do Norte e do Sul, do estado de Washington até o Chile, em busca de ondas novas e desimpedidas. Parsons e Gerlach viviam no sul da Califórnia e se graduaram em ondas grandes ao pé dessa ilha. Mas Todos Santos era a base principal. Se havia alguém capaz de descobrir o que o oceano reservava naquele dia estranho e volátil, eram aqueles dois.

Killers não era a onda mais assustadora do mundo. Não possuía o fator de medo de Teahupoo – que parecia um melão explodindo no asfalto –, nem o poder de um caminhão sob efeito de esteroide como Jaws, nem a alma diabólica de Mavericks. Mesmo assim, não se devia brincar com nenhuma onda que atingia o tamanho de um edifício comercial mediano, e quando chegava o dia certo Killers era capaz de esmurrar além de seu peso. No início da carreira, Parsons havia quebrado o nariz, estourado o joelho, e quase se afogara ali após um tombo que, passados dez anos, ele ainda considera o pior de sua vida. E em 2005, em condições quase idênticas às de hoje, Gerlach pegara uma onda ali que media 21 metros.

Sentaram-se no jet ski, avaliando as ondas e o crowd.* Claramente predominavam os amadores. Vi uma equipe de tow-in que consistia em um homem de cabelos grisalhos e um menino que parecia ter uns treze anos. As ondas eram simplesmente pequenas demais para que o tow-in fosse uma abordagem respeitável. As únicas pessoas que iriam praticar o tow-in numa onda de seis metros eram aquelas que simplesmente não deveriam praticar tow-in e ponto. Nos anos iniciais do tow-in, muito se discutiu sobre sua legitimidade, principalmente porque as pessoas imaginaram, com razão, que cenas como aquela ocorreriam.

Antigamente um surfista levava anos para desenvolver experiência e habilidades de remada necessárias para se lançar em uma onda grande. Agora qualquer indivíduo com um cartão de crédito e um parceiro podia fazê-lo. Mas isso não significava que devesse fazê-lo. "Os melhores surfistas são os que mais demoram para praticar o tow-in", dissera Hamilton. "Após o campo de treinamento você não se torna imediatamente um general. Se você não é capaz de surfar uma onda de dez metros remando de bruços, não deveria de jeito nenhum estar atrás de um jet ski." O corolário era que, se era possível remar na prancha até uma onda, e se houvesse surfistas tentando fazê-lo, os jet skis permaneciam no canal. O surfe tow-in, enfatizou Hamilton, havia sido criado com um só propósito: "Para as ondas que, sem o tow-in, jamais seriam surfadas pelos melhores surfistas do mundo."

Não era aquele tipo de onda que estava quebrando em Todos Santos naquele momento. Com a chegada de Mitchell, Watson, Greg Long, Rusty

---

* Crowd, no jargão do surfe, é uma grande quantidade de surfistas na água. (N.T.)

Long, Jamie Sterling e Mark Healey, alguns dos melhores surfistas de remada do pedaço, as duplas de jet ski pai e filho estavam prestes a ser chutadas para escanteio. Se Killers atingisse quinze metros, aí eles poderiam conversar. Enquanto isso, as ondas seriam surfadas por seres humanos, em vez de máquinas. Mitchell e Watson apanharam suas pranchas guns, longas e luzidias, com bicos pontudos, feitas especificamente para remar ao encontro de ondas grandes. Prickett, por sua vez, concluiu que as condições estavam suficientemente controláveis para nadar, para enfrentar a água no rabo da onda segurando a caixa de sua câmera de dezoito quilos, mergulhando quando houvesse ameaça de catástrofe. Colocou sua roupa de borracha, seus pés de pato e desapareceu sobre a amurada.

Fitando a rebentação, não me impressionei. Killers não parecia muito assassina. Mas ao subir na proa e me sentar para observar, uma série de mais de dez metros chegou e subitamente a onda revelou uma natureza menos amena. A face ergueu-se bem alta, e no seu centro um remoinho grande parecia um alçapão. Capturados dentro da crista cascateante, os surfistas abandonavam suas pranchas e mergulhavam para o lado. Os sortudos transpunham as costas da onda e conseguiam se recuperar rapidamente. Os azarados eram lançados nas rochas pontudas. Só um pequeno alerta para que todos se lembrassem: o oceano podia dar um golpe forte quando bem entendesse.

Por toda a manhã, o swell veio sacolejando, lançando bolas de pelo e pedras preciosas, com uma ênfase nas primeiras. Na água, as pessoas estavam frustradas. As ondas pairavam na faixa dos quinze metros, bem na fronteira entre o surfe tow-in e de remada, e por esse motivo quase todas as melhores ondas estavam vazias. Os surfistas de remada nem sempre conseguiam alcançá-las, embora Greg Long e Jamie Mitchell tenham conseguido surfadas impressionantes. Mas, enquanto os surfistas de remada estivessem por lá tentando, os jet skis não podiam entrar em ação. Vi McNamara e Mamala passarem por lá, parecendo entediados. Sentada no convés observando tentativas fracassadas de pegar ondas, ouvi uma voz amargurada vinda de um jet ski próximo: "Bem, bem. Lá vai outro surfista de remada sem conseguir pegar sua onda. *Que* surpresa."

Aquele era um dia que não conseguia se decidir. As ondas eram formidáveis; depois deixavam de ser. O sol aparecia, para logo desaparecer. A temperatura se alternava entre um calor de calção de banho e um frio de casaco para neve. A névoa se dissipava para depois ressumar. Após algumas horas assim, Prickett veio nadando de volta ao barco. Erguendo-se sobre a amurada, mostrou um objeto surrado com o tamanho e formato de um grande catálogo telefônico, mumificado numa fita adesiva preta. "Vejam o que achei", disse ele, erguendo aquilo e rindo. Claramente se tratava de um tijolo órfão de algo ilegal. Prickett descreveu como, enquanto nadava, sentiu um objeto duro bater nele. (No oceano, esta nunca é uma sensação tranquilizadora.) Fosse o que fosse, livrou-se daquilo com um golpe e continuou seu caminho, nervoso. "Até que fui atingido de novo!" Dessa vez, viu o objeto suspenso perto da superfície e apanhou-o de curiosidade. Reunimo-nos na popa para examiná-lo.

"Abra com um estilete!", berrou alguém. "É isso aí! Vamos ver o que é!" Um estilete foi localizado e Prickett abriu o contrabando. Conteúdo: uma confusão de maconha encharcada e prensada. Estávamos todos inclinados sobre aquilo, discutindo se ainda daria para fumar, quando o capitão, querendo saber o que estávamos fazendo, voltou.

Quando viu o bolo de quase cinco quilos de erva, seus olhos se esbugalharam e seu bigode tremulou de medo.

"*¡No en el barco!*", berrou ele, fazendo um gesto frenético em direção à água. Joguem isto para fora do barco! "*¡Peligro! Ay!*" Ele agarrou a cabeça. Se as drogas chegassem a tocar o convés, ele disse, as autoridades mexicanas confiscariam o seu barco.

Tiramos algumas fotos daquilo e depois rapidamente deixamos à deriva, espalhando-a para servir de alimento aos peixes. Prickett observou a droga flutuar para longe. "Fico pensando qual terá sido a história", disse ele. "Como foi que isso aconteceu. Uma transação com droga que melou? Um barco de traficantes que afundou?"

"Acho que nunca descobriremos", eu disse. "Mas imaginem o que mais pode estar boiando por aí."

Prickett engoliu o almoço e depois se preparou para voltar. "Como está a água?", perguntei. "Parece zangada", disse ele, depois de pensar um pouco. "Existe uma corrente e muitas ondas irregulares. Dá para ver que as ondas vieram de uma tempestade enorme." A filmagem estava difícil, acrescentou, devido aos picos e vales extremos. "Quando você cai num buraco, fica difícil tomar uma decisão sobre para onde nadar para fazer a tomada." Falou isso animado, e depois saltou sobre a amurada e se afastou nadando.

A tarde começou. Sentei-me na proa, protegida do vento e com uma linha de visão direta para a onda. As séries tornaram-se mais esporádicas, as ondas boas cada vez menos frequentes, e comecei a me sentir sonolenta. O swell parecia estar perdendo força, nada de dramático havia acontecido durante horas, e fui me desconcentrando. Sem vento, o sol quente cintilava na água. Gaivotas e fragatas voavam alto. Tudo muito pitoresco se você ignorasse as bolsas plásticas descartadas, o lixo agrupado e os narcóticos alijados rodopiando nas correntes.

Até que, do nada, uma buzina emitiu um alerta para todos no canal: uma série enorme se aproximava no horizonte. Houve um frenesi súbito, barcos aquecendo os motores para a eventualidade de terem que fugir, surfistas nervosamente abrindo caminho até as ondas para não serem pegos despreparados, jet skis voltando à vida. Ergui-me de um salto, observando – e não pude acreditar no que vi.

Uma onda diferente das outras chegara: uma verdadeira onda gigante. Era o resultado de só Deus sabe quais energias ardilosas do Pacífico, uma águia botando para quebrar em meio a um desfile de galinhas. Instintivamente recuei quando ela se ergueu num enorme penhasco, expulsando os surfistas de sua face com uma violência gratuita. Foi a maior onda que eu já havia visto, mais tarde estimada como sendo comparável à onda de 21 metros de Gerlach, e observando-a senti espanto, medo e humildade, e através daquele prisma de emoções lembrei-me de algo que Hamilton dissera: "Se você consegue olhar para uma dessas ondas e não acredita que existe algo maior do que nós, você está precisando fazer uma análise profunda e deveria se sentar sob uma árvore por bastante tempo."

Àquela altura, eu havia visto um monte de ondas na faixa dos quinze metros e, embora fossem realmente impressionantes, até então não havia sentido o tipo de assombro que essa nova onda inspirou. Porque, eu então soube, quando uma onda cresce além de vinte metros, faz algo *diferente*. Quando a onda se ergueu atingindo sua plenitude grandiosa, ficou ali suspensa, equilibrada no limite, e em vez de começar imediatamente a quebrar, a crista mergulhando sobre a face e expelindo a energia, ela avançou como uma parede vertical. Era a suprema ameaça do oceano, então o oceano deixou que ela persistisse, se mostrasse e desfilasse por alguns instantes a mais, sua crista emplumada com borrifos brancos e sua face formando uma armadilha de agitação, sacolejo e remoinhos turbulentos. E enquanto a onda pendia no céu, suspensa entre a beleza e a fúria, aqueles segundos se esticaram como elástico, como um terrível vazio no qual as coisas podiam ser engolidas para sempre.

Quando ela enfim quebrou, aquilo também pareceu acontecer em câmara lenta, a água espumosa ribombando em direção ao penhasco. Talvez o cérebro humano se sinta subjugado ao tentar processar tanto poder de uma só vez, o circuito sofrendo uma sobrecarga caso as coisas não se desenrolem num ritmo mais razoável. Mas fosse lá o que causasse aquela suspensão do tempo normal, ela era sentida por todos que deparavam com ondas gigantes, especialmente os surfistas. Brett Lickle a descrevera como "semelhante a um acidente de carro. Uma experiência de dez segundos que leva dois minutos na sua mente".

Quando a crista aterrissou com um estrondo violento, só a explosão de água espumosa era mais alta do que muitas das ondas que havíamos visto naquele dia, um gêiser de mais de dez metros de água impregnada de ar. Como a água é oitocentas vezes mais densa do que o ar, um surfista preso sob uma grossa camada de água espumosa – que é essencialmente espuma – só tem uma esperança de conseguir subir para respirar: seu colete salva-vidas. Exatamente por isso os coletes tinham esse nome. Sem ele um surfista poderia tentar assomar de volta à superfície, mas seria como agarrar um nevoeiro. Esses coletes superflutuantes mudaram as regras, fazendo emergir um humano de noventa quilos mesmo sem o apoio da densidade da água. Ali, pelo menos um pouco acima da água, ele conseguiria obter uma tragada de ar antes da chegada da próxima parede aniquiladora. Também era possível sugar algum ar da espuma, em caso de necessidade. "Se você está na superfície e encontra ar, cara, você o aspira", disse Lickle, delineando o método: "Você mantém os dentes fechados e depois age como se estivesse sugando por um canudo." Após aquela onda gigante e inesperada de Killers, diversos surfistas tiveram a oportunidade de testar essa técnica. À medida que os homens que haviam sido capturados por ela começaram a assomar perigosamente junto das rochas, jet skis que estavam perto dispararam a fim de ajudar.

Todo mundo estava tão embasbacado com a onda que o capitão demorou um momento até notar que ela havia arrancado a âncora do barco e que estávamos à deriva, nos aproximando rapidamente da zona de impacto. Quando ele voou em direção ao timão para corrigir nossa posição, a segunda onda da série apareceu, uma irmã apenas ligeiramente menor. A onda tinha um surfista nela: Coco Nogales. Ele havia se colocado na posição certa para ser rebocado até lá. Assim, para o delírio de todos, o astro mexicano conseguiu a grande onda mexicana, e, embora fosse apenas a segunda maior onda do dia, ainda era um belo prêmio de consolação.

Quem conhecesse Nogales e ouvisse sua história não podia deixar de torcer por seu sucesso. Um sem-teto fugido de casa na Cidade do México, ele se sustentava vendendo chicletes nas ruas até que, aos oito anos, ouviu falar de um lugar chamado Puerto Escondido. Soava idílico, uma aldeia costeira ao sul de Acapulco onde crianças podiam brincar nas ondas, longe do zoológico urbano. Começou a economizar para a passagem de ônibus. Levou sete meses até juntar o dinheiro. Ao chegar, descobriu que, além de uma vida menos assustadora, Puerto Escondido oferecia algo mais. Algo que, para ele, viria a ser igualmente valioso no futuro: uma onda que era quase uma réplica da Pipeline havaiana.

A partir daquela iniciação, Nogales, agora com 26 anos, trilhou uma trajetória improvável até se tornar um profissional das ondas grandes, patrocinado pela Red Bull e por outras empresas e inspirando uma nova geração de surfistas mexicanos. "Coco é realmente humilde", disse Prickett. "Ele deixa seu surfe falar por si mesmo. Acho que ainda vai percorrer um longo caminho." Puerto Escondido, Prickett acrescentou, era uma onda tão perigosa, um *beach break** tão violento e raso que seus surfistas aprenderam a ser especialmente espertos no oceano. "Eles estão em situações ruins o tempo todo e se acostumaram a enfrentá-las."

Agora as ondas estavam bombando, e os surfistas de tow-in tiveram sua chance, mas aquela série de ondas monstruosas não se repetiria. As condições continuaram respeitáveis, mas o ritmo do dia foi inconstante, um súbito surto de energia seguido de merrecas,** tudo aquilo mudando de forma feito mercúrio sobre o recife. Havia cautela geral. Houve acidentes. Brad Gerlach aproximou-se num jet ski e depositou Jamie Sterling no barco, atordoado por um tímpano rompido. Essa lesão, embora dolorosa e perturbadora – ela destrói o equilíbrio da pessoa – representava um risco permanente para os surfistas. Acontecia quando ele caía de uma onda de uma forma específica, mergulhando na água com a orelha primeiro. A situação era potencialmente desesperadora porque, quando um surfista ficava preso embaixo da água com um tímpano rompido, não tinha a menor ideia de qual era o lado de cima, e sem alguém por perto para retirá-lo poderia não conseguir se safar sozinho. Para piorar, o processo de cura era tedioso, e os efeitos perduravam. Assustados pela experiência, alguns surfistas adotaram o hábito de cobrir seus ouvidos com fita vedante sempre que iam para a água. Sterling, com o rosto pálido, cambaleou no convés, aceitou um Vicodin e desapareceu na área dos beliches abaixo.

No fim da tarde, a luz estava enfraquecendo, assim como as ondas. Reunindo nossa tripulação, nos preparamos para partir. Harro postou-se na proa equilibrando uma lente de 600mm que media noventa centímetros de comprimento e parecia uma peça do veículo-robô Rover de exploração de Marte. "Trata-se de ser diferente", explicou ele, mostrando-me a ma-

---

* *Beach break*, na terminologia do surfe, é uma praia com fundo de areia. (N.T.)
** No jargão do surfe, merrecas são ondas pequenas, pouco interessantes para os surfistas. (N.T.)

neira incomum como a lente enquadrava a onda. "Conseguir uma tomada que outros cinegrafistas não têm." Ele sorriu, seu rosto queimado de sol. Prickett saiu da água e largou sua câmera para saborear uma cerveja Corona gelada que alguém ofereceu. "Tanta merreca", disse ele, abanando a cabeça e bebendo um gole de sua cerveja. "Cara, você viu aquela onda? A coisa estava ficando preta por lá." Jamie Mitchell, seu long john substituído por calças e jaqueta de poliéster, assentiu com a cabeça: "Toda a energia da água foi direcionada para as rochas", disse ele. "Como Jaws."

Virei-me e observei a onda, enquanto o barco rumava para Ensenada – e para uma provável apreensão por ignorar o fechamento do porto. Ninguém parecia muito preocupado. A guarda costeira mexicana com certeza havia visto sua cota de comportamento ilegal, como atestava o pacote flutuante de Prickett; de qualquer modo, os surfistas de ondas grandes só se preocupavam com a legalidade antes de darem suas surfadas. Depois eram outros quinhentos: estavam embriagados de adrenalina, eufóricos de endorfinas, amigos de todo mundo. Prisão por umas poucas noites? Uma multa de quatro dígitos? *Hagas lo que debes hacer, amigo.* Faça o que tiver que fazer, brou.

No percurso de volta, sentei-me sozinha, contemplando, distraída, um pelicano que se oferecera como nosso acompanhante e revendo a onda monstruosa na minha mente: o modo desafiador como continuou crescendo e crescendo, bem além do ponto em que eu esperava que parasse, e a forma estranha, irreal como avançou, com uma clara aura de objetivo. Aquilo também fazia parte da caça às ondas. Durante toda grande temporada, sempre surgia uma onda que surpreendia e seria lembrada por anos. Era uma representação das possibilidades daquele dia, e o homem que a surfara – caso tenha havido um – seria lembrado também. Todo surfista queria aquela onda, ainda que não o revelasse tão francamente, mas para pegá-la ele precisava tanto de sorte quanto de habilidade. Precisava estar no ponto preciso no momento exato, pronto para decolar quando A Onda despontasse no horizonte. Se tivesse acabado de pegar uma onda, estivesse resgatando seu parceiro ou o parceiro de outra pessoa, ou estivesse em qualquer dos lugares errados onde poderia estar, fazendo qualquer uma das inúmeras coisas que poderia estar fazendo, já era.

Quando Hamilton pegou sua famosa onda em Teahupoo, demorara para mergulhar porque parou para ajudar um amigo que não estava encontrando seus óculos de sol. Permanecer em terra vinte minutos a mais naquele dia deve ter sido torturante, mas se não fosse isso Hamilton poderia estar em outra parte do revezamento, e não preparado para entrar em ação no momento em que sua onda singular ergueu a cabeça de górgona.

Aproximamo-nos da marina, e o pelicano pousou, deslizando sobre a água. O vento se acalmara de novo, o céu era um coquetel deslumbrante de azuis e dourados. Uma lua espectral vinha nascendo, pálida como fumaça. Pisando na doca, tive a sensação estranha de quando seus pés tocam terreno sólido após um dia nas ondas. Prickett, Harro, Mitchell e Watson – acordados agora por 72 horas, e sem perspectiva de dormir tão cedo – estavam brincando e rindo, lembrando os melhores momentos do dia, enquanto rumávamos para nossas picapes. "Todo mundo vira umas crianças crescidas quando o dia está show", disse Harro com um sorriso. "Foi um tremendo barato."

Após uma chuveirada e uma soneca, haveria mais aviões para pegar e novos swells para acompanhar. Prickett voltaria ao Havaí a fim de trabalhar num longa-metragem chamado *The Warming*. O filme, ele explicou, era um ecothriller sobre mudança climática. "As águas sobem e sobem, e as pessoas morrem vítimas das grandes ondas", disse Prickett. "Estamos filmando bonecos sendo arremessados nas rochas."

Harro estava a caminho do Alasca, depois Havaí, e em seguida Austrália, e aquelas eram apenas as paradas que nós sabíamos. Amanhã outro megatemporal poderia surgir e mudar todos os seus planos. "A mãe natureza é quem manda", observou Prickett. "Não dá para programar as coisas, você tem que esperar que ela as traga." Se ela o mandasse para a terra dos bandidos, era para lá que você iria. Ensenada era um local nada agradável, uma cidade grande com favelas decadentes, trânsito pesado, cortiços horrorosos e bares que fediam a álcool rançoso e suor, mas agora também era o lugar onde eu vira um dos maiores espetáculos do oceano.

Enquanto eles carregavam as picapes, consultei minha caixa postal. Hamilton havia ligado. Ele ficaria consternado, pensei, com as histórias desse swell e do que havia perdido. Sua voz soou: "Recebi seu recado, estou retornando…" Houve uma pausa, como se ele estivesse buscando as palavras. "Hmm, ainda estamos meio que nos recuperando desse dia espetacular. Mentalmente, emocionalmente, fisicamente. Espiritualmente. Intelectualmente." Outra pausa enquanto ele dava uma longa inspirada. "Tomara. De qualquer modo, hmm, nos vemos em breve." Escutei, surpresa. Ainda se recuperando? Do *quê*? Quando, onde e como aquele foi um dia espetacular? A voz de Hamilton soara exaurida, e a cadência de sua fala era diferente, branda. Fitei meu telefone. Que diabo acontecera em Maui?

Tempo revolto

SOUTHAMPTON, INGLATERRA

"Preciso do mar porque ele me ensina." Pablo Neruda

Southampton, na Inglaterra, é uma cidade que conhece seus navios. Situada cem quilômetros a sudoeste de Londres, esse porto de águas profundas tem sido um terminal marítimo desde o nascimento de Cristo (pelo menos). Todos os tipos de navios têm sido construídos, atracados, exibidos, reparados, carregados e descarregados ali. O porto foi alvo de ataques vikings, conquistas romanas e invasões francesas, e de lá partiram incursões militares nas duas guerras mundiais. Foi de suas docas que o *Mayflower* partiu para Plymouth Rock e o *Titanic* navegou rumo a seu destino cruel. Durante décadas, os luxuosos transatlânticos *Queen Elizabeth*, *Queen Mary* e *Queen Elizabeth II* começavam e encerravam suas viagens ali. Hoje em dia, navios de contêineres chegam e partem como se fossem a engrenagem de um relógio, navios de cruzeiro são tão regulares quanto as marés, iates privados espalham-se pelas marinas e a praça principal da cidade ostenta uma âncora gigante sobre um pedestal. Quando visitei Southampton, uma multidão havia invadido a cidade para visitar seu famoso salão náutico anual, cujo destaque era o veleiro de grande porte do filme *Piratas do Caribe III*. Mas eu estava lá por conta de outra embarcação: o adorado e concorrido navio de pesquisas RRS *Discovery*.

Junto com seu navio irmão, o *James Cook*, o *Discovery*, com 295 pés, não fica ancorado no porto, mas bem diante do Centro de Oceanografia Nacional de Southampton (NOC, em inglês), como um par de carros muito grandes estacionados em vagas feitas sob medida. O NOC é um edifício de três andares construído com tijolos de cor dourada, estendendo-se ao longo do cais, elegante e utilitário ao mesmo tempo. Essa proximidade com o mar – visível por todas as janelas e a poucos passos de distância – vem a calhar: o NOC é um dos centros de pesquisa oceanográfica mais aclamados do mundo, a base principal de 520 cientistas e funcionários, além de 750 estudantes da Universidade de Southampton.

Um desses cientistas é Penny Holliday, cujo estudo realizado em 2006 sobre as ondas gigantes que agitaram seu cruzeiro de pesquisa a bordo do *Discovery* havia me chamado a atenção. Do título provocador do artigo ("As ondas extremas na vale Rockall foram as maiores já registradas?") ao incidente estranho narrado no texto (a caminho da Islândia, o *Discovery*, sua tripulação e 25 cientistas ficaram presos durante uma semana em mares maníacos a 280 quilômetros da costa da Escócia), o que eu li foi ao mesmo tempo cativante e assustador.

Holliday e os coautores do artigo explicavam a ciência: como o navio havia sido bem-equipado para medir as ondas, seu ondógrafo mapeou cada movimento do oceano. Foram apresentadas estatísticas sobre velocidade dos ventos, pressão do nível do mar e espectros de energia. Diagramas e gráficos registraram a altura das ondas, mostrando que o navio havia ido de encontro a diversas faces com altura entre 25 e trinta metros. Eles propuseram uma teoria para explicar por que o mar estivera bem mais revolto do que os modelos previam: foi devido a um alinhamento da hora com o vento e a geografia. Os ventos – fortes, mas típicos na região – haviam acompanhado as ondas, viajando à mesma velocidade e exatamente na mesma direção, bombeando sem parar energia ao longo de mil milhas náuticas. O resultado foi um grupo de superondas predatórias.

Em seu artigo, Holliday agradeceu ao capitão e à tripulação por "suportarem as condições terríveis" e "levarem todos com segurança para casa", e eu reparara nisso porque poucos artigos científicos terminam com uma nota de rodapé afirmando que seus autores estão contentes por estarem vivos. Ao lê-lo, também me interessei pelo que o artigo não disse: qual a sensação de ser pego por ondas assim e escapar são e salvo. Perguntar à própria Holliday parecia a melhor forma de entender os detalhes daquela viagem terrível, mas reveladora.

⁓∘

Penny Holliday ofereceu-me uma xícara de café solúvel e sentou-se à escrivaninha gasta em sua sala austera. Obras de referência enchiam as prateleiras acima. Uma surrada roupa de imersão laranja pendia atrás da porta. À primeira vista, era difícil imaginar Holliday na popa do *Discovery* operando equipamentos pesados sob ventos de cinquenta nós. Ela era uma mulher baixa, notavelmente bela, cabelos curtos castanho-claros e olhos azul-claros. Seu riso era suave e alegre. Mas, quando desatou a falar de seu trabalho, qualquer sinal de fragilidade desapareceu.

Sua especialidade – os efeitos da mudança climática sobre a circulação dos oceanos – requeria longos períodos no mar, com frequência em latitudes extremas. "A maior parte de meus cruzeiros de pesquisa foram no tempestuoso Atlântico Norte", ela me contou, descrevendo como as correntes que fluíam para o Ártico eram de especial interesse. Tanto a temperatura como a salinidade dessas águas aumentaram drasticamente nos últimos trinta anos, desde que os cientistas começaram a fazer medições. Com essa constante mudança vem o temor de que a corrente do Golfo altere seu comportamento, alterando os padrões climáticos de formas bastante indesejáveis.

A robusta corrente do Golfo, de oitenta quilômetros de largura, que a partir da Flórida avança para o norte antes de dobrar para leste em Terra Nova e se dirigir à Irlanda, transfere calor de suas águas de 27 graus para o Atlântico Norte, moderando o clima. Ela faz parte de um vasto sistema de circulação conhecido como Correia Transportadora Oceânica, no qual correntes oceânicas circulam ao redor do planeta movidas pelo vento e por diferenças de temperatura e de densidade da água, transferindo a energia solar do Equador para os polos. (Somente no Atlântico Norte, esse processo espalha uma quantidade de calor equivalente a um milhão de usinas elétricas.) Uma das questões cruciais sobre a mudança climática é se a Correia Transportadora perderá velocidade – ou parará de operar completamente – quando a relação entre água quente e fria ultrapassar certo ponto. Os cientistas descobriram sinais de que isso já aconteceu antes, da última vez em meados do século XIX, e que em grande parte da Europa Ocidental a sua desativação resultou num clima hostil e gélido. (A Provença, na França, por exemplo, passaria a ter um clima tão rigoroso quanto o Maine.) Daí a premência das investigações de Holliday.

Outra mulher digna de sua roupa de imersão era a dra. Margaret Yelland, colega de escritório de Holliday, sentada à nossa frente. O trabalho de Yelland exigia uma dose ainda maior de remédios contra enjoo, possivelmente direto na veia. Ela perseguia os mais fortes ventos existentes a fim de realizar sua pesquisa sobre a capacidade oceânica de absorver CO_2, uma função crucial. "Passei os últimos dez anos de minha carreira procurando ventos de alta velocidade", disse ela com seu sotaque suave e rouco de Manchester. "Fiquei superdoente nos invernos do Atlântico Norte e do oceano Antártico. Não nos incomodamos tanto com o lugar onde estamos, desde que consigamos boas tempestades." Embora Yelland não estivesse presente no perigoso cruzeiro de Holliday, ela instalara alguns instrumentos de medição de ventos no navio, podendo assim monitorar as condições a distância. "Estávamos obtendo os dados do clima em tempo real", disse ela. "Vi aquilo e pensei: *'Meu Deus.'*"

Holliday riu: "Estávamos sempre achando que aquilo ia melhorar! A previsão vivia informando que viria um tempo melhor." Em suma, isso não aconteceu. Desde o início, em 28 de janeiro de 2000, a viagem foi assolada por uma série crescente de tempestades. "Várias cabines danificadas e um monitor Mac quebrado", Holliday escreveu a um colega por e-mail após a terceira noite no mar. "O pior computador que tínhamos, mas mesmo assim bem chato." Os experimentos foram adiados enquanto o capitão do *Discovery*, Keith Avery, enfrentava o clima. Ninguém esperava que o mar do Norte no inverno fosse brincadeira, mas os passageiros do navio tampouco perceberam que haviam comprado um bilhete para o Cruzeiro dos Condenados.

Aquela era uma rota que Holliday havia percorrido várias vezes antes, um trecho denominado Linha Ellett Estendida, em homenagem a David Ellett, o cientista escocês que o iniciou em 1975. A Linha se estendia por 1.200 quilômetros, da ilha Rockall até a Islândia. Em postos ao longo do caminho, Holliday e os outros monitoravam salinidade, temperatura e composição da água. Todo ano os cientistas faziam aquela viagem de três semanas, procurando entender o equilíbrio sublime entre oceano e atmosfera, como as coisas estavam mudando e, de maneira geral, o que vinha ocorrendo por ali. "É lamentável o pouco que sabemos sobre o oceano", disse Holliday, ecoando o sentimento de todo oceanógrafo com quem eu falara.

Tentando passar da plataforma continental escocesa para as águas mais profundas do mar aberto, o *Discovery* fez algum progresso esporádico, e os cientistas conseguiam concluir uma ou duas tarefas, mas logo eram impedidos quando o tempo voltava a piorar. "Não estamos conseguindo trabalhar faz três dias e temos experimentado condições bem extremas", escreveu Holliday para um amigo no início da segunda semana. "Por causa disso, estamos navegando à bolina, o que significa avançar lentamente para dentro do vento e das ondas, tentando minimizar a movimentação do navio."

Confinados em suas cabines e nos conveses inferiores, os cientistas tentavam trabalhar em seus computadores, mas isso era inútil e perigoso, com a mobília e outros objetos pesados sendo arremessados de um lado para outro. "Cadeiras se lançavam contra você de lugares inesperados", recordou Holliday. "As pessoas estavam se machucando. Quebrando costelas, cobrindo-se de hematomas e sendo atiradas para lá e para cá." Dormir, nem pensar. E, para a maioria das pessoas, comer era praticamente impossível. Holliday batalhou contra uma náusea fraca mas persistente, não exatamente um enjoo, mais como "estar de ressaca permanente apesar de não beber muito". Mas para muitos outros o mal-estar foi além do físico. "Acho que algumas pessoas estavam lutando com a ansiedade de estar a bordo do navio", contou Holliday. "Mas, se você começa a pensar 'ah, meu Deus, vamos todos morrer', aí você não vai em frente."

O que veio a seguir não serviu de ajuda: no já conturbado mar do Norte, as ondas de dez a quinze metros começaram a aumentar drasticamente, elevando-se para vinte, 25 metros ou mais. "Foi completamente terrível", disse Holliday. "Estávamos sendo fustigados por ondas que faziam o navio saltar e estremecer. As ondas assomavam na frente do navio. Subíamos por elas e parecíamos pairar no alto antes de desabarmos do outro lado. A parte mais assustadora é quando você está lá no alto, olhando para aquele enorme buraco no mar abaixo. Você imagina que o navio poderia continuar descendo, sem nunca mais subir. Às vezes despencávamos subitamente, e meus olhos não conseguiam acompanhar o movimento. Perdi o controle visual das cenas à minha frente, e minha cabeça estava girando."

O *Discovery* emitia os rangidos e gemidos de uma casa mal-assombrada, as madeiras e os metais forçados ao ponto de ruptura. Aterrorizante, com certeza, mas Holliday também estava atenta para a magia surreal da cena, como estar suspensa dentro de uma pintura abstrata feita de água salgada. Nuvens de borrifo sopradas pelo vento irrompiam das cristas das ondas, criando um branco total aquático, enquanto pássaros marinhos giravam sinistramente, como morcegos, sobre suas cabeças.

"Houve um movimento violento na ponte", recordou o capitão Avery em entrevista posterior à revista *Professional Mariner*. Embora outros oficiais e engenheiros do navio tivessem defendido uma rápida retirada até um abrigo, algum tipo de alívio, Avery sabia que a única esperança era apontar a proa do *Discovery* diretamente para dentro das ondas. Manter essa posição em mares tão mexidos e raivosos era mais fácil de falar do que de fazer. "A situação era mais difícil à noite", contou Holliday, "porque as ondas não estavam todas vindo da mesma direção. Então, se uma onda estivesse vindo da esquerda, você só a enxergava quando ela se encontrasse praticamente em cima do navio." Durante horas que se estenderam por dois dias, Avery brigou contra gigantes.

O moral levou mais um golpe quando o *Discovery* adernou trinta graus certa noite, fazendo o barco salva-vidas se soltar e ficar esmurrando o seu lado estibordo. Ou quando uma janela de dois metros do laboratório subitamente se espatifou. "Para mim, aquilo era sinal de que o navio estava se deformando", disse Holliday. "O que era bem alarmante, porque ele havia sido encompridado em 1992. Fora cortado pela metade, e uma seção nova fora soldada. Então você fica pensando nisso... 'Hmmm, este é o maior teste que vou enfrentar na vida.'" Ela riu e olhou para Yelland. "Assisti ao filme *Mar em fúria*. Gostei. Mas nunca pensei que fosse *viver* aquilo."

Após quase uma semana enfrentando ondas e vento, o mar acalmou o suficiente para que o *Discovery* desse meia-volta e disparasse em busca de abrigo. "Nós meio que surfamos de volta à Escócia e nos escondemos atrás das Hébridas por algum tempo", contou Holliday. Mas mesmo ali depararam com um tempo volátil, proporcionando uma mescla de granizo e ventos fortes. Quando outra grande tempestade assomou nos mapas climáticos, ameaçando desencadear um novo pelotão de ondas de dez metros, o certo era encerrar o cruzeiro mais cedo, antes que começasse a próxima pancadaria. Permanecer lá por mais tempo seria abusar da sorte já grande do *Discovery*. "Acabou que tudo foi pelo ralo", escreveu Holliday, amargurada, para um colega, lamentando os dias perdidos no mar. Outros ficaram simplesmente aliviados com o fato de os cientistas e a tripulação terem conseguido sair das ondas sem uma tragédia. "Espero ver todos vocês de volta em segurança", escreveu num e-mail Raymond Pollard, o chefe de Holliday. "Isto é o mais importante agora."

Desapontada por não ter terminado sua pesquisa da Linha Ellett, em princípio Holliday não se empolgou muito com o prêmio de consolação: examinar os dados do ondógrafo do *Discovery*. "Um monte de gente disse: 'Ah, você precisa escrever algo sobre aquelas ondas'", contou Holliday. "Mas nunca cheguei a fazê-lo. Não sou uma especialista em ondas." Somente em 2005, quando outro artigo apregoando as ondas de 28 metros medidas no furacão Ivan foi publicado, o espírito competitivo de Holliday despertou: "Pensei: 'Hmmm, tivemos ondas maiores do que isto.'"

Yelland encorajou-a, interpretando as medições dos ventos e fazendo os cálculos. Mesmo com inúmeros dias de tormentas marítimas no histórico, ela estava abismada com o que Holliday e seus colegas haviam padecido.

"E nem estivemos no local mais turbulento!", observou Holliday, apontando para um gráfico em seu artigo que marcava a alturas das ondas e a velocidade dos ventos. "Provavelmente não estivemos no local onde as ondas chegaram ao máximo." Ela se reclinou na cadeira. "Mas já foram bastante altas para mim!"

Embora a relação entre vento e ondas tenha sido bem-documentada pela ciência, com fórmulas precisas demonstrando que, se o vento fizer x, o oceano fará y, um dos aspectos mais intrigantes da provação do *Discovery* foi que as maiores ondas não acompanharam os ventos mais fortes. Pelo contrário, as ondas de trinta metros apareceram mais de um dia depois que as rajadas mais violentas haviam diminuído, num momento em que os cientistas acreditavam que o pior já havia passado. "O fato é que todas aquelas ondas [gigantes] anteriormente medidas ocorreram sob furacões, condições realmente extremas", disse Holliday. "Mas as nossas não."

Tudo isso traz à tona a pergunta óbvia: o que, então, *causou* as "maiores ondas extremas já registradas"?

Holliday e Yelland acreditavam que fosse um efeito conhecido como "ressonância", um aspecto da não linearidade que é infinitamente complexo quando rabiscado num quadro branco e puerilmente simples quando explicado pela analogia de uma criança movimentando o corpo para dar impulso num balanço, aumentando substancialmente sua altura a cada balançada. Cada vez mais energia está sendo acrescentada ao sistema, mais e mais e mais, em surtos irregulares, até que o balanço atinge seu limite. Do mesmo modo, no mar do Norte, a energia eólica impulsionou as ondas até que elas atingissem proporções descomunais. "O vento estava forçando ativamente o crescimento das ondas por um tempo muito longo", explicou Yelland. "Desse modo, elas continuaram aumentando, aumentando, aumentando."

"O modelo de ondas que estávamos examinando não previa as ondas que de fato encontramos", acrescentou Holliday. "Ele acertou na velocidade do vento e no momento da chegada das ondas, mas elas eram bem menores do que as ondas reais que medimos. Então a implicação – a *preocupação* – é que essas ondas grandes existem, e se os modelos não as estão reproduzindo então os engenheiros que estão usando os modelos para projetar seus navios, ou seja o que for, podem não estar considerando os limites certos."

Ela fez uma pausa para que essa afirmação entrasse na minha cabeça. "Fui à biblioteca e consultei cinquenta anos de quadros sinóticos do clima", ela acrescentou. "As condições com que deparamos não eram tão incomuns assim. Portanto acho que o que estamos tentando dizer é que essas ondas ocorrem com mais frequência do que percebemos. Só não as estamos medindo."

Durante minha estadia em Southampton, muitas vezes senti como se tivesse caído num universo paralelo preocupado somente com ondas e água, um lugar onde todos passavam o dia pensando no oceano e sonhavam em desvendar seus segredos mais recônditos. Em cada canto do NOC, atrás de cada pilha de livros, enfiado num labirinto de escritórios, salas de conferências, bibliotecas e laboratórios, sempre havia alguém dedicando a vida a estudar o mar inconstante. Especialistas em mudanças climáticas rápidas e em tsunamis, biólogos marinhos e operadores de embarcações submersíveis se aglomeravam na cantina junto ao cais. Físicos das ondas e técnicos de sonar cumprimentavam projetistas de modelos de tempestades e capitães de navios nos salões. Mapas batisféricos com cores brilhantes – representando os cortes, as fossas abissais e as zonas de subducção rasgadas no fundo do mar, pontos onde a Terra se desloca, racha e se choca contra si mesma – cobriam as paredes. Os materiais de divulgação do NOC diziam que "sabemos mais sobre a superfície da Lua do que sobre o fundo do oceano". As atividades diárias ali pretendiam mudar aquela situação.

"Tendo a trabalhar em deslizamentos e riscos geológicos do mar profundo, que são geradores dos tsunamis", contou-me o dr. Russell Wynn à guisa de apresentação. Embora eu tivesse vindo a Southampton para saber sobre a viagem de Holliday, também queria conhecer o máximo possível de especialistas em ondas. Wynn era um sujeito alto e magricela, com uns trinta e poucos anos, aspecto elegante e uma presença intensa. Estava sentado num escritório espaçoso, com tetos graciosamente altos, no terceiro andar da instituição. Hoje em dia, ele explicou, a ciência dos tsunamis estava florescendo graças aos avanços tecnológicos e ao aumento do interesse após as horrendas ondas indonésias de 2004. De repente, fundos foram disponibilizados para que se avaliassem os níveis de risco em outros lugares. "Estamos analisando a crosta ao longo da margem oriental do Atlântico, da Europa até o noroeste da África", disse Wynn, descrevendo o processo de perfurar o fundo do mar e, com uma sonda, examinar as camadas da Terra para descobrir quais eventos geológicos furiosos haviam acontecido lá no passado. A partir dessas descobertas, seria possível deduzir as chances de cataclismos semelhantes no futuro.

Essa informação importa mais à Europa ocidental do que a maioria dos seus habitantes imagina. Embora se atribua ao Pacífico todo tipo de potencial para ondas assassinas, o Atlântico tem apresentado sua parcela de problemas. Indícios pré-históricos mostram grandes danos causados por ondas gigantes ao longo da costa da Escócia. A Itália sofreu 67 tsunamis nos últimos dois mil anos. Em 1908, um tsunami poderoso em Messina matou oito mil pessoas. Tsunamis devastadores também atingiram locais improváveis como as ilhas Virgens (1867), a província canadense de Nova Escócia (1929) e até mesmo Mônaco e Nice ao longo da Riviera Francesa (1979). Em 1755, um tsunami destruiu Lisboa, em Portugal, matando sessenta mil pessoas. O terremoto de magnitude 8,8 que o causou foi sentido até na Inglaterra. No epicentro, as ondas produzidas ultrapassaram os quinze metros de altura. O tsunami também avançou para o norte, atingindo portos irlandeses e britânicos, e para oeste, causando morte e danos em locais tão distantes como Porto Rico.

Wynn também gastara muito tempo estudando colapsos vulcânicos do passado nas ilhas Canárias, e discordava da crença de Bill McGuire de que o vulcão de Cumbre Vieja ameaçava toda a bacia do Atlântico com um megatsunami: "Nós meio que divergimos algumas vezes." Após ter identificado, perfurado, mapeado, datado e analisado os depósitos do leito oceânico ao redor de La Palma, Wynn acreditava que o flanco oeste da ilha desmoronaria em fragmentos e pedaços, resultando em ondas bem menores: "O que a lama nos informa é que essas coisas não constituem riscos tão grandes como se tem apregoado." Ele clicou no seu laptop e acessou uma animação em 3-D do flanco ocidental de La Palma caindo no mar, representado em belos tons de verde. Parecia que uma mandíbula gigante havia arrancado metade da ilha, cuspindo no leito oceânico blocos de rocha do tamanho de bangalôs. Mesmo com um tamanho menor, as ondas resultantes seriam trágicas para as ilhas Canárias, mas não transporiam o Atlântico, nem mesmo chegariam à costa britânica. Mas, embora Wynn não acreditasse na gravidade daquele cenário específico, compartilhava uma outra preocupação de McGuire: de que a mudança climática aumentará os riscos de tsunamis mundo afora.

"As subidas e descidas do nível do mar exercem um grande impacto sobre os deslizamentos", disse ele, sentado à sua escrivaninha, entrelaçando as mãos sobre uma pilha de papéis e um livro intitulado *Surviving the Volcano*. "E podem ter um grande impacto no número de terremotos." A voz de Wynn era firme e segura, e ele falava com a calma calculada de alguém que lidava com o tempo geológico. Poderia haver desastres, sim, mas seriam enfrentados. O conteúdo do que ele estava dizendo, porém, deu uma impressão diferente.

Os geólogos agora sabiam, ele me contou, que quando a última era glacial se encerrou, cerca de dez mil anos atrás, não foi de forma tranquila, e sim numa saraivada de acessos sísmicos. Milhões de toneladas de gelo derretido aumentaram drasticamente os níveis do mar, desequilibrando todo o ecossistema. A terra tremeu e se agitou. Vulcões que haviam ficado inativos por uma eternidade subitamente ganharam vida. A confusão na química e no equilíbrio do planeta fez os oceanos se agitarem. Não era difícil ver os paralelos entre aquela era de sublevações e nossa situação atual, em que geleiras estão encolhendo a um ritmo surpreendente. "Ricochete isostático" foi o nome dado por McGuire, um princípio simples com implicações tenebrosas.

"Você começa a colocar mais água sobre partes do leito marinho que podem não gostar da sobrecarga", explicou Wynn, "e portanto elas entram em colapso – e esse colapso acontece na forma de um terremoto. Não parece grande coisa, mas se você eleva o nível do mar um centímetro, e extrapola esse centímetro de água através de centenas de milhares de quilômetros quadrados de leito marinho, trata-se na verdade de uma carga enorme, enorme. E neste momento, bem, o nível do mar está começando a aumentar rapidamente."

"Rapidamente?", perguntei. Eu ouvira cientistas descreverem o aumento do nível oceânico como "regular" e "inevitável", mas ninguém havia posto o problema em termos tão drásticos.

"Sim", disse Wynn. "E o ritmo tende a se acelerar. Assim, pode ser que entremos numa fase de mais instabilidade do leito marinho."

Se você estivesse em busca do conjunto perfeito de circunstâncias para criar tsunamis memoráveis, no topo de sua lista estaria um ambiente submarino instável e em rápida mudança. A relação é direta: quando grandes blocos de rochas e sedimentos se deslocam lá embaixo, o caos sobe à superfície. Além de novos terremotos que possamos esperar que assolem o fundo, existe também outra preocupação. "A terra está se erodindo bem mais rápido do que, digamos, mil anos atrás", observou Wynn. "Mais sedimentos estão sendo lançados no oceano agora." Aquela mistura de silte, areia, solo e outros materiais se empilha embaixo d'água, um estoque extra de munição para o próximo deslizamento. "Então o oceano está mais revolto e o nível do mar começa a subir. A carga sobre trechos do fundo do mar e da terra firme fica maior, o que aumenta a possibilidade de deslizamentos futuros." Ele suspirou: "Não é preciso ser um gênio para chegar a esta conclusão. Mais cedo ou mais tarde, essas coisas vão vir para cima de nós."

Para dar uma demonstração de como os tsunamis induzidos por deslizamentos podem ser destrutivos, os cientistas apontam para o Deslizamento de Storegga, um evento catastrófico no Atlântico Norte ocorrido cerca de 8.200 anos atrás. Uma seção da plataforma continental da Noruega do tamanho do Kentucky desmoronou, mergulhando na planície abissal e criando uma série de ondas titânicas que avançaram com violência, varrendo todos os sinais de vida entre a costa da Noruega e a Groenlândia (e se estendendo ao sul até a Inglaterra). As ilhas Shetland receberam um impacto especialmente forte de ondas de tsunami que provavelmente mediram uns vinte metros. Mais ao sul, as ondas inundaram uma massa de terra do tamanho de Gales que ligava a Grã-Bretanha à Holanda, à Dinamarca e à Alemanha. (Em outras palavras, nem sempre a Grã-Bretanha foi uma ilha.)

Então, o que causou o deslizamento submarino que produziu as ondas de Storegga? Os cientistas não sabem ao certo. Um terremoto no Atlântico Norte, talvez. Mas existe outra possibilidade mais assustadora. A causa pode ter sido uma explosão de hidratos de metano, depósitos de gás que estão congelados no fundo do mar. Esses bocados de gelo, que parecem bolas de neve minúsculas (mas geram uma chama de gás quando são acesas), cobrem o solo sob os oceanos do mundo. Em particular, estão reunidos nas encostas continentais, ideais para deslizamentos. Os hidratos de metano são hipersensíveis a mudanças de pressão e temperatura: basta um grau a mais para derretê-los. Quando liberados, eles não apenas causam o desmoronamento do fundo do mar à sua volta, provocando deslizamentos, mas também podem lançar vastas nuvens de metano na atmosfera – um gás de efeito estufa dez vezes mais potente que o dióxido de carbono. Quanto à quantidade de metano atualmente congelado lá embaixo (por enquanto, de forma segura), a estimativa conservadora do USGS é de que essas bolas de gelo submarinas contenham o dobro do carbono encontrado em todos os combustíveis fósseis conhecidos na Terra.

A tarefa de Wynn consistia em extrair fatos atuais desses mistérios geológicos de outrora, aplicar a ciência rigorosa aos cenários de desastres hipotéticos e obter probabilidades sólidas a partir de conjeturas assustadoras. "Somos os sujeitos que dizem: bem, nesta área específica, tsunamis irão ocorrer a cada cem anos, ou algo do tipo", explicou. Nas Canárias, por exemplo, Wynn e seus colegas descobriram que grandes deslizamentos e tsunamis ocorriam aproximadamente a cada cem mil anos. (O último foi há 15 mil anos.) Mas havia uma ressalva a essa taxa de retorno: "Para os geólogos, nada é certo. Portanto, eu não poderia jurar que nenhum grande pedaço das Canárias cairá no mar amanhã. Não dá para saber."

Outra área próxima que atraiu a atenção dos cientistas foi a costa sudoeste da Espanha. "Existe um bocado de atividade sísmica por ali", disse Wynn, "e a região é altamente povoada." Afinal, o terremoto de 1755 que "fustigou Lisboa" havia sido um superpeso-pesado. O abalo – que durou quase dez minutos – gerou tsunamis medindo entre quinze e vinte metros, que causaram destruição do Marrocos à Inglaterra. "Podemos esperar outro desses terremotos nos próximos dez anos?", perguntou Wynn retoricamente. "E nos próximos cem anos? E quais partes da Europa foram afetadas por eventos similares no passado?" Essas perguntas eram consideradas prementes o bastante para que Wynn estivesse prestes a embarcar num cruzeiro de pesquisas que duraria um mês, um dentre diversos cruzeiros planejados para o futuro próximo.

Deve haver algo gravado no DNA humano que nos permite esquecer rapidamente eventos tão abaladores quanto o tsunami de Lisboa, que ceifou as vidas de milhões em toda a Europa ocidental e no norte da África – "250 anos atrás", observou Wynn. "Isso não é nada." Depois houve a supererupção e o tsunami de Krakatoa em 1883, tão recente que suas ondas de quarenta metros coincidiram com a primeira edição da revista *Ladies Home Journal*. Mas, se nossa memória coletiva pode ser terrivelmente curta, o registro geológico é longo. "Ao estudar depósitos no fundo do mar, podemos começar a examinar os deslizamentos antigos na área", disse Wynn, passando a mão por um mapa da margem do Atlântico. "Também podemos trazer à tona o histórico de terremotos. É o que estamos fazendo ali. Estamos tentando desvendar a história dessas ondas."

"Então por onde você quer começar?", perguntou o dr. Peter Challenor. "Fizemos muitas pesquisas sobre estados extremos do mar. O que você sabe sobre estatísticas de ondas?"

Challenor falava rápido, pontuando seu discurso com gestos animados que lembravam um pássaro. Ele parecia sentir um prazer genuíno ao discutir seu trabalho. Mesmo a luz fluorescente esverdeada de seu escritório não conseguia abafar sua aura exuberante. Cabelos castanhos cresciam generosamente sobre seu rosto, cachos felizes de costeletas, bigodes e barba. Diante dele estava sentada sua colega, dra. Christine Gommenginger, num elegante vestido azul-marinho. Atrás dele, um quadro-branco vazio chamava a atenção.

Os dois cientistas especializaram-se no sensoriamento remoto do oceano, coletando do espaço instantâneos de seu comportamento. Em particular, examinavam as ondas. A 1.300 quilômetros de altura na exosfera, o satélite da Agência Espacial Europeia conhecido como Envisat dispara ao redor do planeta quatorze vezes ao dia, lançando pulsações de radar na superfície do mar embaixo. Usando as informações que ele (e outros satélites) enviam de volta, Challenor e Gommenginger conseguem mapear as alturas das ondas em qualquer lugar do mundo com uma precisão espantosa.

Nem sempre foi assim. Antes de 1985, quando um satélite chamado Geosat foi lançado, os cientistas das ondas tinham que se contentar com boias ancoradas e relatos de navios para obter seus dados. Melhor do que nada, talvez, mas dado que as boias estavam concentradas perto das costas e que os navios só podiam pesquisar uma área limitada do oceano, o que vinha acontecendo por lá era na verdade um mistério. O último de uma série de satélites cada vez mais sofisticados, o Envisat é a maior espaçonave de observação terrestre jamais construída. Parecendo algo imaginado para um filme de James Cameron, repleto de instrumentos poderosos com acrônimos impressionantes como GOMOS (sigla em inglês para Monitoramento do Ozônio Global pela Ocultação de Estrelas), DORIS (Orbitografia de Doppler e Radioposicionamento Integrados por Satélite) e ASAR (Radar de Abertura Sintética Avançada), não há muita coisa que não consiga fazer ou ver. Espessura de gelo do mar Ártico?

Temperatura de superfície na corrente Somaliana? Tamanho das ondas na costa peruana? Sem problema.

"Tendemos a nos concentrar nas alturas significativas das ondas", contou-me Challenor. Em vez de identificar ondas individuais, esse número – média da terça parte das ondas com maior altura – traça um quadro geral da agitação da superfície. Com o tempo, permite aos cientistas obter uma estatística fundamental para qualquer trecho do oceano: o tamanho da "onda de cem anos". Teoricamente, somente uma onda maior do que esse valor (em média) deveria surgir a cada século. "Produzimos esse dado sobretudo para pessoas que estão construindo estruturas e querem que elas sobrevivam às ondas grandes", disse Challenor. Isso inclui plataformas de petróleo, é claro, bem como construções costeiras e uma preocupação relativamente nova: usinas de ondas. "Como as usinas eólicas", explicou Gommenginger. "A energia das ondas está chegando."

Essa forma de energia alternativa de baixo impacto parece brilhante no papel, mas no passado as usinas de ondas não se saíram bem. Os dispositivos projetados para flutuar no mar e capturar a energia das ondas foram destruídos rapidamente pelas... ondas. "Todos foram destroçados em tempestades", disse Challenor, balançando a cabeça. "Esse costuma ser seu destino no segundo ou terceiro inverno." Projetos mais resistentes pareciam promissores, mas encontrar o local ideal também fazia parte do negócio. "Eles querem mar revolto", disse Gommenginger, "mas não revolto demais."

De acordo com Challenor, os lugares com maior incidência de ondas eram "o Atlântico Norte no inverno, ou o oceano Antártico em qualquer época". Ali os navios podiam esperar ondas de dez metros num bom dia. Isso não significava, porém, que as ondas monstruosas não pudessem fazer aparições imprevisíveis em outros lugares, em outras épocas. (Falando nisso, construir navios para suportar a onda de cem anos seria inútil diante da onda de mil anos.) "Da forma como o sistema de radar funciona, as ondas muito grandes são difíceis de medir", disse ele. Quando ondas monstruosas apareceram nos dados de satélites, as agências espaciais consideravam aquelas leituras erros, deletando-as automaticamente. "Em vez da informação, eles fornecem um código de valor faltante, o que é bem irritante. Nós reclamamos com eles por isso."

Perguntei se, em termos gerais, eles concordavam com Penny Holliday que essas ondas excepcionais – na faixa dos 25 metros ou mais – eram mais comuns do que as pessoas percebiam.

"OK", disse Challenor com uma voz animada, como se enfim estivéssemos chegando aonde ele queria. Inclinou-se em sua cadeira, assentiu sobriamente com a cabeça e cruzou os braços. "Esta é uma boa pergunta. *Sim*, eu concordo. Existem muitos estados elevados do mar. Você não ouve falar deles, porque as pessoas não vão até lá. E fazem bem." Aumentando o mistério das ondas, os instrumentos colocados no mar para medir as ondas gigantes costumavam ser destruídos no cumprimento do dever. As plataformas de petróleo recebiam fortes golpes que podiam fornecer pistas sobre a altura máxima das ondas, mas as empresas de petróleo tendiam a não relatar aqueles fatos. Challenor, que começou sua carreira como estatístico de ondas trabalhando em plataformas no mar do Norte, havia testemunhado isso pessoalmente. "Eu perguntava a eles se houve algum dano, veja bem, tentando obter uma ideia daquilo. E eles nunca diziam. Mas se você olhasse os documentos do setor, e os pedidos de seguro... as coisas vinham sendo abafadas." Ele riu com a lembrança. "Havia um montão de sigilo comercial na época. Isso está mudando."

Para os cientistas das ondas, o momento era favorável. "Nos últimos anos, estudar ondas de repente entrou na moda", disse Challenor, parecendo perplexo. "Antes éramos considerados uns estranhos."

"Sim", concordou Gommenginger. "Até dois anos atrás, riam de nós porque lidávamos com ondas." A capacidade de medir o oceano desde o espaço atraiu o interesse, ela achava, e aquelas informações novas haviam aumentado a procura por melhores modelos climáticos e previsões. "É uma combinação de fatores, todos eles se reunindo."

"E toda essa conversa de mudança climática", acrescentou Challenor num tom sério. "Minha aposta é que as ondas vão piorar. Mas a coisa vai variar de ano para ano. Não é uma relação simples." Segundo as previsões, um padrão atmosférico conhecido como Oscilação do Atlântico Norte aumentaria, ele observou, trazendo consigo dias mais tempestuosos: "As ondas são regidas por isso." (De 1963 a 1993, uma oscilação forte aumentou a altura das ondas naquele oceano em 25%.) Mais à frente, se os mares reagirem do modo como muitos cientistas temem, disse Challenor, "teremos que tomar alguma providência em relação aos navios e às plataformas de petróleo. Diques transbordando. Erosões costeiras."

"Ainda existem coisas fundamentais que não entendemos", ele acrescentou, observando que certo tipo de vagalhão – uma mutante três ou quatro vezes maior do que o mar circundante, sem nenhuma causa óbvia – continuava não sendo explicado pela ciência: "Não dispomos da matemática." Tudo bem que vagalhões fossem produzidos em tanques de laboratório, "mas o que acontece no mundo real, onde tudo é aleatório e desordenado?". Ele se ergueu e virou para o quadro branco. Com um marcador vermelho, esboçou um diagrama de uma onda gigante se destacando de um grupo bem menor. "Não dispomos da teoria desordenada e aleatória para ondas não lineares. *Absolutamente*. Nem sequer temos um início de teoria!" Ele largou o marcador. "As pessoas têm trabalhado ativamente nisso pelo menos nos últimos cinquenta anos."

"O que é que não entendem?", perguntei.

"Não sabemos!", respondeu Gommenginger. Os dois cientistas riram.

"Minha suspeita é a parte não linear", disse Challenor, sua voz se acelerando. "Que é o que as ondas reais no mar são! Não se trata apenas de uma onda interagindo com outra onda, o que já seria bem difícil. Existem interações tríplices – e suspeito que haja interações quádruplas e quíntuplas. Um bocado de vento, ondas estranhas vindo de outras direções, coisas colidindo... de modo que você tem todo esse campo aleatório desordenado que está simplesmente interagindo dessa forma horrível que não entendemos."

"Talvez precisemos de uma abordagem diferente", interveio Gommenginger. "A chegada de alguém de uma disciplina completamente diferente."

"De repente alguma outra área da física", concordou Challenor.

Gommenginger sorriu. "Mas como dissemos, até alguns anos atrás, não havia muito interesse pelas ondas. Estamos começando a aparecer." Ela olhou em volta na sala, uma colunata de artigos, livros e impressões de computador empilhados em toda superfície disponível. "Observe este espaço."

~~~

Andy Louch estava sentado no seu escritório no andar térreo do NOC, com vista para navios de pesquisa e o porto comercial adiante. Binóculos poderosos estavam apoiados à janela, junto com um telefone por satélite. Mapas e fotos de embarcações cobriam as paredes. Louch possuía uma constituição sólida, belos cabelos castanhos e um rosto amplo e amigável. Veterano marinheiro durante 27 anos, ex-capitão do *Discovery* e agora gerente de operações do centro, conhecia a paisagem marítima perigosa como a palma de sua mão. Louch passou incontáveis horas no Atlântico Norte na sua época. Havia percorrido o oceano ao largo da Antártida, a milhares de quilômetros de qualquer terra habitada, com apenas lajes de gelo do tamanho de pianos para contemplar, enquanto passavam ventos lunáticos e ondulações agitadas. Ele entendia a revolta das ondas que Avery e Holliday enfrentaram. Também havia testemunhado os mares mais furiosos com suas ondas guerreiras de trinta metros, o tipo de fúria imemorial que inspirou o escritor (e ex-capitão de navio) Joseph Conrad a dizer: "Se quisermos saber a idade da Terra, basta observarmos o mar durante uma tempestade."

Mesmo assim, Louch não exibia nenhum sinal de arrogância. Suas descrições eram factuais, contidas. Sua voz era tão calma que ouvi-lo narrar o tormento do *Discovery* era quase uma experiência reconfortante. "Aquele cruzeiro foi incomum", disse ele. "Realmente. Eles enfrentaram tanto tempo ruim."

Ninguém acha divertido ser pego numa tempestade digna de respeito em pleno Atlântico Norte, mas Louch sustentava que, com procedimentos de segurança apropriados – como demonstrado pelo comandante Avery –, os navios podiam manter o controle. O segredo era não ficar impaciente, não sair daquela posição, enfrentando as ondas de frente. "Nós sempre fomos muito pragmáticos sobre isso", disse ele. "Você simplesmente aguenta as pontas. É barra-pesada demais para pensar em ciência. O navio está se movendo de forma bem violenta, é bastante desconfortável, mas você está relativamente seguro." Deu de ombros discretamente e riu. "Tudo bem, pode ser preocupante às vezes. Você vê as ondas grandes vindo em direção ao navio e coisa e tal."

Em geral, Louch enfatizou, os navios que acabavam em apuros eram aqueles que decidiam forçar a barra durante uma tempestade. Uma vantagem de um cruzeiro de pesquisa era que não precisava cumprir um cronograma rígido, pelo qual milhões de dólares se perderiam se o navio atrasasse. "Para um comandante num navio comercial, a pressão é enorme", disse ele. "Obviamente você quer estar em Quebec, ou seja onde for, no dia marcado para chegar lá. Mas você também não quer gastar combustível demais, nem quer danificar o navio ou, principalmente, a carga." Ele gesticulou em direção ao porto. "Faça o que fizer, você não quer perder seu lote de carros caros."

"Os carros *caem no mar?*" Eu ouvira histórias sobre milhares de tênis e brinquedos de borracha à deriva no mar após caírem de navios, mas nunca imaginara um cemitério coletivo de Porsches.

"Ah, com certeza. Não é incomum."

Apesar dos terrores óbvios das ondas de trinta metros, Louch sustentava que algumas das condições mais adversas envolviam trechos com ondas menores e mais encrespadas, em lugares como o mar Báltico. "Você pode ter ondas de apenas cinco a dez metros, mas o período é a cada dez segundos, de modo que elas estão golpeando constantemente, o que é bem perigoso", disse ele. "É fácil subestimá-las."

Em cada canto de cada oceano havia riscos que requeriam mais precaução que o usual, uma dose extra de respeito. No oceano Antártico, era o isolamento – "Se você tiver um problema, não terá ninguém a quem recorrer" – bem como o gelo flutuante, uma preocupação sempre presente.

"A regra básica em relação ao gelo é que icebergs do tamanho de uma casa ou maiores não constituem problema", explicou Louch. "Você consegue detectá-los no radar. Os menores são mais perigosos. É como atingir rocha sólida." No Atlântico Norte era o potencial de ondas com alturas extremas: "Se você encontrar uma onda ruim, ela pode realmente derrubá-lo. Virá-lo de cabeça para baixo." Qualquer capitão que cometesse a besteira de apontar sua popa para uma ondulação grande se veria em maus lençóis.

"A moral da história é que um navio é uma grande caixa de aço", disse Louch. "Enquanto você mantiver o ar lá dentro – mantiver suas escotilhas bem fechadas e as portas trancadas –, você estará a salvo, geralmente. É sob um tempo extremo que as coisas começam a romper – a tampa da escotilha se solta, a estrutura de aço se fratura ou ocorrem falhas estruturais..." Deixou a frase inacabada.

Houve uma tempestade décadas atrás que parecia assombrar Louch, "uma baixa pressão no Atlântico no meio do inverno" que havia ameaçado um navio de pesquisa sob seu comando, o *Shackleton*. "Partimos de Gibraltar", contou, "para realizar um trabalho na dorsal mesoatlântica. Descer algumas amarrações oceanográficas." Mesmo naquela época, em 1978, o radar meteorológico era capaz de detectar uma tempestade daquele tamanho. "Mas às vezes você não consegue sair do caminho. Ela pode ter setecentos, oitocentos quilômetros de largura." À semelhança do *Discovery*, só havia uma coisa que o *Shackleton* podia fazer: enfrentar a tempestade. "Passamos três, quatro dias presos ali", disse Louch. "Mas havia outro navio que afundou, a apenas 320 quilômetros de nós." Um olhar assustado dominou seu rosto. "Um grande navio de contêineres. Dez vezes maior do que nós. Nunca soubemos o que aconteceu com ele, mas suponho que estivesse tentando avançar, provavelmente a sete ou oito nós, e realmente colidindo com as ondas." Ele balançou a cabeça com tristeza. "Perdeu-se com toda a tripulação. Não ouvimos sinal algum de socorro. Não conseguimos nos aproximar de sua última posição. O tempo estava ruim demais para avançarmos 320 quilômetros e chegarmos até ele."

Aquele era o tipo da história que você nunca esquecia, sobretudo se passou pela experiência pessoalmente, apavorado no escuro, impotente nas ondas, subjugado pelos ventos uivantes e pela arfagem e pelo balanço incessantes. "Qual era o nome do navio?", perguntei, quase automaticamente.

"Era o *München*."

Fitei-o, lembrando as coisas tenebrosas que eu lera sobre o desaparecimento daquela embarcação. A busca desesperada. O barco salva-vidas vazio, à deriva. O metal rasgado e retorcido que falava de forças além da compreensão. *"Algo extraordinário"* havia destruído o navio: aquele veredito havia me assombrado também. Com as palavras de Louch frescas na minha cabeça, achei inquietante deixar o prédio e ver as docas apinhadas, as cores outonais daquela cidade de contêineres com tons de ocre, ferrugem e vermelho-sangue fosco. Os contêineres ostentavam nomes de portos distantes, bem como das empresas que os transportavam – Maersk, Hyundai, Hapag Lloyd –, o mundo moderno compartilhando espaço com os fantasmas do *München*, do *Titanic* e de inúmeros outros navios que partiram daquele local, enfrentaram as ondas e jamais retornaram.

Egypt

HAIKU, MAUI

"Na segunda-feira, os surfistas de tow-in Brett Lickle e Laird Hamilton estavam pegando algumas das maiores ondas já surfadas... Um acontecimento histórico. Foi aí que as coisas degringolaram." Honolulu Star-Bulletin, 6 de dezembro de 2007

"Aquilo foi totalmente imprevisto", disse Hamilton, sentando-se à mesa de piquenique em frente à sua garagem. Pôs duas xícaras de café expresso na mesa e empurrou uma para mim, um pequeno combustível no meio da tarde. "A primeira coisa que fiz foi dar uma olhada em Pe'ahi – e deu para ver que o ângulo estava uma merda. Jaws não gosta de um swell do norte. Foi aí que tomamos a decisão de ir até Sprecks." Olhou para Brett Lickle, sentado à sua frente. "Egypt", disse Lickle, lembrando. Tirou seu boné de beisebol e arrumou os cabelos para trás. Reparei que seus olhos azuis pálidos refletiam um olhar preocupado, assustado. Pelo que eu vinha ouvindo, havia bons motivos para isso.

Aconteceu que a tempestade do início de dezembro não havia passado ao largo daquela ilha. Na verdade, embora as ondas da tempestade tivessem sido impressionantes em Mavericks, Ghost Tree e Todos Santos, seu pleno poder não se fizera sentir do outro lado do Pacífico – foi desencadeado a treze quilômetros de onde estávamos sentados. Em 3 de dezembro, o swell não só atropelou Maui, mas o fez com força máxima. Nesse dia, Hamilton e Lickle estavam diretamente na sua mira. Só consegui tirar de Hamilton um resumo da história quando falamos por telefone, de modo que eu retornei a Maui para obter os detalhes. Ali, ele e Lickle haviam corrido o maior risco de suas carreiras.

"Não estava muito grande de manhã", lembrou Hamilton. "E não me lembro de que tivesse muita ventania. Estava legal, na verdade."

"Ninguém tinha a menor ideia", disse Lickle.

"A coisa foi ficando cada vez mais agourenta no decorrer do dia", continuou Hamilton, "quando a frente chegou com as ondas. Quando as ondas cresceram, escureceu. As nuvens ficaram mais grossas e densas. E mais densas. E mais escuras."

Às nove e meia daquela manhã, a dupla havia partido da casa de Ilima Kalama (o pai de Dave Kalama) em Baldwin Beach. O próprio Dave estava fora de casa com um músculo da panturrilha lacerado, mancando com um suporte ortopédico na perna. Nada de dramático era esperado, portanto nenhum fotógrafo foi chamado à cena. Simplesmente um dia comum de surfe tow-in, melhor do que nada. Enquanto Hamilton e Lickle rumavam para Spreckelsville, encontraram apenas uma outra equipe de tow-in, seus amigos Sierra Emory e John Denny.

Emory, campeão mundial de windsurfe e prodígio das ondas grandes, era vizinho de Hamilton. Ele também estivera em cena em Jaws nos primeiros dias experimentais. Denny era um nativo que costumava fazer dupla com Lickle. Os quatro homens se surpreenderam ao se verem sozinhos no que parecia um dia de boas ondas de dez metros, mas atribuíram aquilo ao fato de que nada havia sido anunciado. Não houve alertas no Surfline ou em qualquer outro site de previsão de ondas. Além disso, a direção incomum do swell favorecia aqueles que conheciam as idiossincrasias dos recifes externos de Maui.

"E àquela altura você não tinha a menor ideia?", perguntei.

"Ideia do que estava por vir à tarde?", disse Hamilton, balançando a cabeça negativamente. "Nenhuma. Se eu soubesse, teria ido direto para casa e descansado, para me preparar. Não estaria lá fora gastando energia."

Nas duas primeiras horas, ele e Lickle se revezaram dirigindo o jet ski e surfando. Embora tivesse se sentido mal de manhã e não estivesse muito empolgado por estar ali, Lickle pegou umas poucas ondas e foi recuperando a energia. "Aí, de repente, a coisa começou a aumentar", contou Hamilton.

"Foi simplesmente aumentando", acrescentou Lickle, num tom enfático. "Foi ficando maior e maior e *maior*."

As ondas estavam crescendo tão radicalmente que eles dispararam de volta à praia a fim de trocar o equipamento. "Eu precisava de uma prancha diferente", disse Hamilton. "Eu queria minha gun." Fez uma pausa, e ao voltar a falar sua voz diminuíra uma oitava: "Depois, quando voltamos para lá, foi tipo: 'Caraca!'"

O telefone tocou, Hamilton acabou seu café expresso e foi à garagem atender. Lickle e eu permanecemos lá fora. Alguns minutos depois, chegou Teddy Casil, que veio dirigindo a Mula, um dos velhos jipes de Hamilton. Speedy e Buster saltaram do banco traseiro e correram até nós com a energia alegre e saltitante que só os cães possuem. Arrebanhados morro acima por Casil, os porcos Ginger e Marianne, juntos pesando 270 quilos, chegaram ao cume e mergulharam num monte de lama vermelha onde prontamente adormeceram, lado a lado.

Era uma quarta-feira ensolarada e com uma ventania que deixava o mar mexido. Quando não havia ondas para pegar, havia necessidade de falar sobre elas. Enquanto Hamilton continuava trabalhando na garagem, a tarde ia minguando e a alquimia da natureza transformava a luz sobre a plantação de abacaxis em ouro, a mesa de piquenique se encheu. Emory, suado depois de um dia de jardinagem, veio da casa vizinha. Ele era um sujeito amigável, com uma beleza desleixada, cabelos escuros, olhos castanhos e a calma descontraída de quem passou a vida inteira no Havaí.

Logo depois de Emory, Don Shearer chegou em sua picape de quatro toneladas. Shearer era um piloto de helicóptero tão famoso que uma série de TV em seis episódios e um documentário da BBC sobre suas façanhas haviam sido rodados. Durante 25 anos, havia resgatado excursionistas perdidos nas florestas do interior do Havaí, retirado pessoas de enchentes, vórtices e valas. Havia recuperado mais de oitenta corpos de vítimas de afogamentos, suicídios, ataques de tubarões, desastres aéreos, acidentes de barco, todo tipo de desgraças e tragédias inesperadas. Da cabine de seu helicóptero amarelo-canário MD-500 (sem portas, algo assustador para um civil), Shearer havia erradicado grandes extensões de plantações de maconha e lançado água em incêndios florestais. Nos dias fora do comum em Jaws, ele sempre dava uma cobertura, pairando baixinho sobre as águas para que o cinegrafista tivesse um ângulo ideal, e também pronto para baixar cabos de evacuação médica em caso de necessidade (e geralmente a necessidade surgia).

Shearer sentou-se e afrouxou suas botas de pedreiro, pegando uma Coors Light gelada da mão de Casil. De constituição poderosa, com a cabeça raspada e um ar de "não mexam comigo" em seus olhos, Shearer podia ser intimidante – até o momento em que sorrisse, falasse ternamente sobre sua paixão pela esposa, Donna, ou chamasse você de brou, que é como acabava chamando aqueles de quem gostava.

Eu mal começara com minhas perguntas sobre 3 de dezembro, mas sabia que a história completa só viria à tona com o tempo. Lickle ainda estava claramente chocado, e Hamilton era sempre monossilábico quando se tratava de suas próprias proezas. Mas fiquei animada pela chegada de Emory à mesa de piquenique, sabendo que em 3 de dezembro ele também estivera na Egypt. Quando eu ia desviar a conversa de volta àquele dia, Shearer fez isso para mim: "Vamos ver isso, brou", disse ele para Lickle. "Como está esse ferimento?"

Lickle inclinou-se para a frente e içou sua perna esquerda, revelando uma via férrea vermelha inflamada que descia de atrás do joelho até o calcanhar. A cicatriz, com uma polegada de largura, ainda estava inchada, pontilhada de furos de onde 58 grampeadores médicos haviam penetrado e depois – dois dias mais tarde – saído novamente devido a infecções de estafilococos e estreptococos que ameaçaram a perna inteira. Ele então passara uma semana no hospital, à base de antibióticos, a perna esfolada para que pudesse ser apropriadamente limpa antes de voltar a ser grampeada. Essa merecia entrar para a galeria da fama das cicatrizes retorcidas. Mas, ao olhar para ela, não pensei em como deve ter doído, nem em como aquilo deve ter sido ruim, nem senti pena de Lickle. Tudo em que pude pensar foi na sorte que ele teve por ter sobrevivido à onda que causara aquilo.

Quando Hamilton apanhou sua gun de ondas grandes e retornou com Lickle para a segunda sessão em Egypt, as condições haviam se intensificado dramaticamente. Os dois levaram trinta minutos para percorrer dois quilômetros e meio com o jet ski, manobrando em ondas de mais de dez metros que pareciam uma parede sólida quebrando através dos recifes internos. Uma profusão de nuvens escuras descera, e o ar ficara saturado de sal e água. Hamilton descreveu aquilo como "a pior visibilidade que já vi em Maui".

"Ah, cara", concordou Shearer, "o tempo estava uma merda. Totalmente ridículo. Tipo assim: 'De onde *isto* veio?' Visibilidade que não passava muito de um quilômetro, nuvens a menos de cem metros. O aeroporto operava em IFR – uma aeronave de cada vez no espaço aéreo, porque tinham que aterrissar com instrumentos. Quase nunca acontece."

"Foi assustador", concordou Emory. "Porque estava nublado, sombrio, cinza, e não achávamos que fosse tão grande. Fomos até a praia pensando: 'Ah, não é nada.' Entramos no mar e foi tipo: 'Uau! Grito de alerta! Puta merda!'"

Sabendo que as ondas continuavam aumentando, Shearer havia apanhado Kalama, que se machucara, e os dois saíram no helicóptero para dar cobertura a Hamilton e Lickle. Antes, porém, passaram rapidamente sobre Jaws. "Estava tudo desorganizado e estranho", lembrou Shearer. "Eu nunca vira Jaws daquele jeito. Uma zorra." Foram, então, para a Egypt, mas naquela luminosidade velada não encontraram os surfistas – e não podiam ficar ali para procurar, porque se encontravam exatamente na rota de aterrissagem do aeroporto. "Podíamos ver ondas grandes no horizonte ao norte de Spreckelsville", disse Shearer. "E dava para perceber que estava acontecendo algo que nunca tínhamos visto antes. Continuei pedindo à torre autorização para permanecer ali – eles são todos meus camaradas –, mas eles não deixaram." Relutantes, ele e Kalama voltaram à terra firme.

Casil foi até o refrigerador e distribuiu outra rodada de cervejas. "Aquele dia inteiro pareceu cena de desenho animado", observou.

"Ah, mas *foi*", disse Lickle, abrindo uma latinha. "Quanto maior ficava, mais irreal parecia. Era que nem o *Além da imaginação*."

De algum lugar lá na garagem, Hamilton interveio: "Foi uma outra escala! Outra escala. Escala *métrica*."

Quando Hamilton e Lickle chegaram de volta à Egypt, ficaram chocados com o que encontraram: faces rosnadoras tão grandes como qualquer uma que já haviam visto em Jaws. E, por incrível que parecesse, uma onda esquerda mais afastada – uma onda que eles nunca imaginaram que existisse – estava explodindo com dimensões ainda maiores. Egypt, disse Hamilton, estava "mais do que alta", com uma crista oval que explodia no topo como o capelo de uma naja, estendendo a face. "Tem a forma de uma grande pirâmide", ele explicava. "Bem íngreme no alto, e depois não tem fundo."

Surpreendentemente, em 3 de dezembro ventava pouco, deixando a água com uma superfície suave e lisa, livre de ondas mexidas. "Foram as ondas grandes mais perfeitas que eu já havia visto", disse Lickle, balançando a cabeça. "Como você as chamaria?", berrou para Hamilton. "Filé dos filés?"

"Filé dos filés!", gritou Hamilton de volta, mais alto que o retinir das ferramentas.

"Aconteceu algo de errado com minha prancha para a segunda sessão", contou Lickle, acrescentando que, ao pegá-la para se lançar ao mar, notou que de alguma forma as quilhas estavam amassadas e tortas. "Eu disse: 'Que porra é essa?', e Laird ofereceu: 'Toma, pega a minha.'" Lickle deu uma risada irônica. "Eu já havia usado a prancha dele antes, por isso tinha confiança de que podia usá-la. Mas era de um tipo totalmente diferente: a minha prancha é um Corvette, mas a prancha de Laird... é uma Ferrari. Quando você sai de uma onda, está a oitenta quilômetros por hora."

Dado que Lickle era mais de dez centímetros mais baixo que Hamilton, os streps eram meio grandes. Mas ele aceitou a oferta – "Não dá para dizer como eu estava assustado" – e pegou aquela que, mesmo agora, chamava de "a onda da minha vida".

"Quando saí dela", continuou Lickle com uma voz de incredulidade, "disse para mim mesmo: 'Você está completamente pirado, cara, você está *ferrado*.'" Fez um rápido movimento com sua mão. "Lembro que olhei para Laird e pensei: 'Chega'."

"Você amarelou feio", disse Shearer assentindo com a cabeça.

"Aquela onda me fez amarelar", concordou Lickle. "Mal consegui pegá-la. Eu estava morrendo de medo. Mas estava pronto para ver Laird pegar algumas daquelas bombas. Porque não dá para ver enquanto você está fazendo."

Enquanto isso, exatamente antes da surfada de Lickle, invisível na névoa, Emory havia levado um tombo precisamente no momento errado – e definitivamente na onda errada. "Eu estava mesmo no pior lugar", ele contou. "Bem no centro." Um olhar assustado tomou conta do seu rosto quando a lembrança lhe veio. "Foi a maior onda que já caiu na minha cabeça. Uma onda pesadona. Subi na prancha de resgate vendo estrelinhas. Estava escuro e John dava voltas à procura de minha prancha e eu pensava: 'Para que lado é o oceano? Onde está a terra?'"

"Qual foi o tamanho?", perguntei.

"Sabe, no momento não presto atenção no tamanho da onda", respondeu Emory, esquivando-se da pergunta. "Algumas são assustadoramente grandes, e outras são só grandes." Olhou para Lickle com os olhos arregalados. "Brett, minha prancha é bem rápida, mas eu estava *indo para trás*. A onda foi ficando maior e maior, e tudo que eu podia fazer era continuar indo reto. Era uma onda espetacular, perfeita, lisa de enlouquecer, mas *mesmo assim* eu não conseguia ir."

Lickle assentiu: "E seções inteiras foram apagadas de sua memória porque as coisas foram tão intensas. Você realmente não sabe como aquela onda foi grande." Fez um ar de espanto. "Mas isso é bom. Se você vê coisas demais, acaba desistindo de pegar a onda."

"Eu não tinha uma lição como aquela havia um bom tempo", disse Emory, estremecendo.

"Bem", disse Lickle, virando-se para mim, Shearer e Casil a fim de enfatizar o que ia dizer, "a onda foi uma monstruosidade. Lembro que o vi na onda. Laird e eu estávamos voltando com o jet ski. Sierra estava no meio, e eu poderia ter empilhado dez pessoas acima dele e dez pessoas abaixo. Pequenos bonequinhos na minha mente."

Àquela altura, nenhum dos quatro surfistas podia imaginar que Egypt estava apenas começando, que, por mais assustadora que tivesse sido a queda de Emory, não passava de aquecimento para o que ainda viria. Enquanto Emory e Denny se reagrupavam, Lickle se voltava para o objetivo: colocar Hamilton na onda mais louca que pudesse encontrar. Mesmo com a má visibilidade, dava para distinguir as depressões mais tenebrosas se aproximando, sombras gravadas no oceano, a energia tonitruante como um toque de tambor anunciando problemas que você estava destinado a encarar, mas que ainda ignorava.

Acelerando o jet ski, Lickle olhou para trás e viu Hamilton soltar a corda. Por um momento, embora Hamilton estivesse a mais de sessenta quilômetros por hora, parecia que tinha parado totalmente. Lickle observou, espantado, a onda se elevar e se elevar e depois, absurdamente, voltar a se elevar e se elevar ainda mais, até que Hamilton esteve naquele lugar derradeiro – o Homem-Formiga na Grande Pirâmide de Gizé –, e o drope foi um mergulho de dimensões tais que mesmo pegar a onda era um desafio. "Fiz o que eu podia", Hamilton havia me contado. "Eu estava concentrado apenas em dropar."

A concentração singular necessária para sobreviver à inclinação vertical da onda tornava impossível para ele correr horizontalmente através do tubo para ultrapassar a crista em queda. O drope era tão interminável, com tanta água se movendo, que simplesmente não dava tempo. Percebendo que estava a ponto de ser engolido, Hamilton lançou mão de uma tática desesperada para evitar ser esmagado: "Subi o máximo que pude e mergulhei na face." A boa notícia era que, quando essa tática funcionava, o surfista escapava de uma surra iminente conseguindo sair atrás da onda. A má notícia: ele emergiria bem diante da próxima onda da série. E, no caso de Hamilton, a onda que estava descendo sobre ele media ao menos 25 metros. Lickle, como sempre, estava alerta. Veio correndo para apanhar Hamilton e depois escapou a toda a velocidade, num resgate perfeito, tudo impecável. Lickle lembrou Hamilton gritando "vai vai vai vai vai!!!". Os dois homens não conseguiam ver o que vinha atrás deles, mas conseguiam sentir aquilo aumentando, aumentando – puta que pariu!!! – aumentando. Depois a realidade virou de lado, de cabeça para baixo, pelo avesso, enquanto a onda os expulsava do jet ski de uma maneira que sugeria que ela tinha um objetivo. "Aquela onda nos derrubou como se estivéssemos parados", disse Hamilton. "Nunca fui atingido por nada tão rápido. Só consigo descrever como a imagem de uma casa sendo derrubada por uma avalanche. Você vê coisas explodindo à sua volta. Bem, foi isso o que aconteceu. Estávamos olhando para a praia e, de repente, tudo que víamos era espuma."

Enquanto os dois homens e o jet ski voavam pelos ares, Hamilton sentiu uma corda se enrolar no seu tornozelo. Conseguiu alcançá-la e tirá-la de lá, mas ao fazê-lo sua canela bateu na parte de trás do jet ski com tamanha força que causou um hematoma do tamanho de uma bola de beisebol direto até o osso, quase rompendo sua pele. Lickle, porém, estava na iminência de superar aquele ferimento e elevar a ordem de grandeza. Todos na mesa de piquenique sutilmente se inclinaram à frente para ouvir Lickle descrever o que aconteceu em seguida: "Foi como ser lançado do cano de um canhão. Fui projetado no céu, onde fiquei acima de toda aquela água espumosa – dez, quinze metros – literalmente voando." Deu um riso sombrio, sem achar nenhuma graça.

Atrás dele, Hamilton, descalço e vestindo apenas uma bermuda de surfe, saiu da garagem carregando um saco de trinta quilos de ração para porcos. Depositou-o ao lado da churrasqueira. "Foi uma porrada", disse ele, curto e grosso.

"É isso aí", concordou Lickle. "Até hoje sinto um frio na barriga falando disso." Mas ele tomou a cerveja refrescante que Shearer lhe passou, e continuou.

Quando Lickle aterrissou no tumulto, sentiu algo atingir sua perna "como uma marreta. Bum!". No instante seguinte, tudo escureceu, enquanto ele era empurrado para o fundo pela água. O impacto da onda abalou-o tanto que, quando veio à tona, "não tinha a menor ideia de por que estava na água". Viu-se de frente para a praia, seu colete salva-vidas mantendo-o na superfície respirável, "mas realmente não sabia onde estava nem o que fazia ali". Hamilton, nesse ínterim, também havia emergido. Tinha sido arrastado mais para dentro e localizara Lickle a uns setenta metros de distância. Naquele momento, percebeu também que a água espumosa ao redor de Lickle não estava mais branca.

Estava vermelha.

Mas havia um problema mais imediato. "Estou olhando para Brett", contou Hamilton, "e de repente vejo *quinze metros* de espuma atrás dele. No mínimo. Uma água espumosa do mesmo tamanho de várias ondas grandes que eu havia pegado." Ouvindo isso, Emory, com o semblante sério, assentiu com a cabeça. Ele havia sido perseguido e atingido por um monstro semelhante.

"Foi o segundo round", disse Lickle. "O mar estava completamente mexido. Cabeça para cima, para baixo, você não sabe mais onde é em cima ou embaixo. Aquela desgraçada da segunda onda me aniquilou." Atingiu-os com tanta força que Lickle e Hamilton foram lançados uns quinhentos metros embaixo d'água. "Estava simplesmente *preto* lá embaixo", disse Hamilton, enfatizando a palavra. "Preto como breu."

De novo, os coletes salva-vidas deram conta do recado, e os dois homens voltaram a emergir – no momento exato de enfrentar outro paredão de espuma. Aquela terceira pancada foi então seguida de uma quarta e uma quinta. "Levamos cinco boas pancadas", recordou Hamilton. "Elas começaram a se confundir. Iam chegando, chegando, chegando. E finalmente fomos impelidos para a arrebentação, para a zona profunda."

Os dois ainda estavam a mais de um quilômetro e meio da praia, ainda presos nas ondas perversas, mas já não se encontravam na área mais perigosa e por um milagre ainda estavam perto um do outro, a menos de trinta metros de distância. Hamilton, agora livre da luta pela sobrevivência em que pensamentos e planos são luxos inexistentes, recordou a água ensanguentada que havia visto e berrou para Lickle.

Virando sua cabeça devagar, Lickle fitou-o com um olhar inexpressivo. "Torniquete", ele disse.

"Porra, cara, eu estava morrendo àquela altura", disse Lickle, retomando a narrativa. Ninguém havia se mexido na mesa de piquenique. Era como se Lickle tivesse acabado de retornar de Plutão e estivesse descrevendo o cenário. Depois de avaliar o ferimento – "a perna de Brett parecia duas cortinas penduradas" – e então arrancar seu traje de mergulho para fazer um torniquete, Hamilton concentrou-se numa missão de vida ou morte: localizar o jet ski. Temendo deixar o amigo, mas sabendo que não havia outra opção – Emory e Denny jamais os encontrariam no meio do caos –, Hamilton arrancou seu colete salva-vidas e enrolou-o em volta de Lickle. Depois virou e pôs-se a nadar.

Ele enxergou o jet ski quase imediatamente – uma agulha num palheiro –, mas também percebeu, desanimado, que estava a mais de setecentos metros de distância, disparando para o alto-mar numa corrente de seis nós. Abaixou a cabeça e nadou a toda a velocidade.

"Você estava fraco com a perda de sangue?", Casil perguntou a Lickle.

"Sim, mas eu não fui até lá", respondeu Lickle. "Eu só tentei manter o controle, tentei não entrar em desespero. Quer dizer, pelo que eu sabia, o Monstro viria me devorar antes que eu terminasse de sangrar." (Spreckelsville era, afinal, o lugar onde ele e Kalama haviam visto o tubarão-tigre de quase cinco metros.)

"Naquele ponto você sabia como sua perna estava mal?", perguntei.

Lickle assentiu. "Cara, a sensação era a mesma das entranhas molengas e quentes de um atum – você sabe, quando está usando como isca. Quando você corta um grandão para usar a carne."

"Você *sentiu* isso?" De algum modo, achei aquilo mais perturbador do que a própria ferida.

"Eu precisava!", respondeu Lickle. "Eu estava morrendo. E sabia que tinha algo de errado com minha perna." Aquele algo, ele acreditava, havia surgido quando a quilha fina de metal de uma prancha o dilacerou enquanto estavam envoltos na água espumosa. "O troço entrou na panturrilha, chegou até o osso."

Enquanto Lickle esperava, Hamilton conseguiu alcançar o jet ski, depois de quinze minutos de natação pesada na água agitada e cheia de espuma, contra a corrente. Mas aquele foi apenas o primeiro desafio. A chave de segurança – o mecanismo para acionar e parar o motor –, que estava presa em Lickle, havia desaparecido. Procurando no painel, Hamilton encontrou um par de fones de ouvido e, dando uma de MacGyver, utilizou-os para fazer ligação direta. Para seu alívio, a máquina maltratada ligou imediatamente. Ao disparar de volta para Lickle, Hamilton enviou pelo rádio um alerta à guarda costeira. Queria se assegurar de que uma ambulância estaria esperando em Baldwin Beach.

Encontrou Lickle semiconsciente, em estado de choque, flutuando numa poça de sangue, mas pelo menos ainda estava vivo. Hamilton conseguiu colocá-lo na prancha de resgate em uma posição mais ou menos ajoelhada. Segurando Lickle numa chave de braço para que ele não escorregasse, Hamilton tomou a direção da praia.

"Quando Laird apareceu em Baldwin Beach", disse Lickle, "ele estava nu em pelo. Àquela altura eu havia perdido grande parte do meu sangue. Não tinha ideia de que ele havia despido todo o traje de mergulho para fazer o torniquete. Mesmo quando eu estava no jet ski e meu rosto estava na bunda dele, eu não conseguia entender nada."

O swell tinha enviado ondas até o estacionamento, a quase duzentos metros da praia. Um veículo de resgate marítimo havia sido providenciado, e os salva-vidas estavam andando de um lado para o outro, Hamilton recordou, "feito malucos". Enquanto ele tentava levantar Lickle do jet ski, uma ambulância chegou no estacionamento alagado, seguida pelos bombeiros e, por último, a polícia. "Tive que gritar com um sujeito", disse Hamilton. "Ele viu a ferida e ficou abalado." Enquanto os paramédicos socorriam Lickle, alguém entregou a Hamilton uma camiseta para se cobrir. Outra pessoa entregou uma bermuda de surfe. Tudo isso ia acontecendo quando Shearer e Kalama chegaram. Alguns momentos depois Emory e Denny voltaram à praia.

"Vesti a bermuda", disse Hamilton, "certifiquei-me de que Brett estava na ambulância e de que tudo estava OK, e aí, 'beleza, vamos voltar'."

"Peraí", eu disse, querendo ter certeza de que entendi corretamente. *"Você voltou para o mar?"*

Antes que ele pudesse responder, Shearer interveio. "Dave e eu chegamos à praia, e a ambulância já partia. E os olhos de Laird pareciam umas malditas lâmpadas. Quer dizer, ele estava a mil. Nunca o vi tão ligado – e olha que passamos por muita coisa juntos. Ele mal conseguia andar. Sua canela estava toda ferrada. Mas é como se ele estivesse numa missão. Olhou para mim e disse: 'Você precisa ver.'"

"O que você quer dizer!" Cravei os olhos em Shearer, surpreendida com aquela informação. Até aquele momento, o horror que eu sentira em relação àquele 3 de dezembro era meio ameno, um fascínio de curiosidade. Mas agora algo novo irrompeu: ciúme. *"Você esteve lá?* Você também viu aquelas ondas?"

Shearer assentiu vigorososamente e se inclinou à frente para enfatizar. "Você já viu *O destino do Poseidon*? Bem, aquele foi meu próprio Poseidon. Elevado à *décima* potência."

Emory foi para casa jantar, Gabby pediu que Hamilton subisse ao andar superior da casa por um momento e Shearer continuou com sua história. Ele havia voltado para o mar com Hamilton, e Emory – agora sem parceiro já que Denny permanecera na praia – acompanhara-os no outro jet ski. "Eu estava me segurando como podia", disse Shearer, "e não dava para enxergar direito com tanta névoa salina e umidade no ar." Ele se reclinou na mesa. "Quer dizer, você tinha que estar *muito* a fim de ir lá. Tínhamos que atacar e recuar, atacar e recuar, sem parar. Víamos o que parecia uma abertura e depois tínhamos que fugir. Só para transpor toda aquela água espumosa." Àquela altura, a costa inteira era um só quebra-coco de quinze metros de altura: "A espuma tinha mais de um metro de espessura!" "Em certo ponto, fui derrubado do jet ski", recordou Shearer. "Laird me agarrou e disse: 'Aonde você pensa que está indo?' Depois começamos a ter vislumbres do que estava acontecendo ali. *Surreal.*"

"Ali não era como uma pescaria no lago Havasu, era?", disse Lickle, com um sorriso malicioso.

"Ouça", respondeu Shearer. "Estou acostumado a ver as coisas. Vi todos os swells grandes no Havaí desde 1986. Filmei quase tudo que já aconteceu em termos de surfe. Prestei socorro num desastre de avião com vinte mortos. Mas, ao tentarmos ir até a onda, eu estava totalmente alucinado." Ele olhou para mim. "Finalmente, chegamos lá. E foi tipo: 'Ai. Meu. Deus.'"

"Qual *era* o tamanho?", voltei a perguntar.

Shearer fez uma pausa. O vento dera uma trégua por um momento, e seu silêncio parecia maior. Fitou-me de forma penetrante, olho no olho. "Eu voo todo dia com uma corda de trinta metros no meu helicóptero", ele disse. "Eu sei exatamente quando são dez ou trinta ou sessenta centímetros de altura. Quando estou voando, sei se um cabo tem trinta, 31 ou 29 metros. Sou muito bom em avaliar alturas. Tenho que ser." Ele continuou, sua voz se elevando: "E eu sei com certeza – EU SEI: as ondas lá tinham mais de trinta metros. GARANTIDOS. Acho que tinham uns 35. Eu até me arriscaria e diria que algumas daquelas ondas mediam quarenta metros."

Lickle assentiu. "Eu digo que tinham 25 metros porque não gosto de incitar as pessoas, mas foram quinze metros havaianos." Ele esclareceu: "Havia ondas de trinta metros rolando naquele lugar."

Shearer levantou-se e estendeu o braço, com a pele arrepiada. "Olha, cara: pele de galinha." Voltou a se sentar e pegou sua cerveja. "Tudo que sei é o que vi."

Em Egypt, eis o que ele viu em seguida: Hamilton, com a canela e o joelho esquerdos inchados ao ponto de ter o dobro do tamanho dos direitos, apanhou sua prancha e foi pegar o cabo de reboque que Emory havia lançado na água. "Precisava pegar mais uma", ele explicou. Ou seja, escapar de uma onda e quase perder seu parceiro não era como Hamilton pretendia encerrar o 3 de dezembro: "Não posso sair daqui derrotado." Shearer, então, viu-se sozinho no outro jet ski. Embora tenha em seu currículo proezas como voar para dentro de um vulcão em erupção para salvar os passageiros de um helicóptero de turismo que caíra naquela caldeira de fumaça tóxica e lava fundida, e manter a calma em situações de risco faça parte de seu ofício, olhar as ondas de Egypt deixou Shearer assustado. "Mas eu disse: 'Não vai acontecer nada, brou. É só ficar fora.'"

Desesperado para não ser capturado pelas gigantes que quebravam, mas sem saber ao certo onde as gigantes estavam quebrando, Shearer, que só havia manobrado um jet ski três vezes antes, prosseguiu em alerta máximo, subindo pelas faces de quarenta graus enquanto as ondas ainda estavam se formando. Era a coisa mais segura a fazer, se *seguro* fosse uma palavra aplicável a qualquer parte da situação. Mas, permanecendo tão longe na crista, percebeu que não teria qualquer chance de ver Hamilton surfar uma onda. Relaxando um pouco a mão no guidão, Shearer ganhou coragem: "Eu disse para mim: 'Sei que sou capaz disso. Sei onde devo estar. Sei que posso fazê-lo.'" Depois daquelas palavras tranquilizadoras, avistou Emory rebocando Hamilton para uma segunda onda – e começou a segui-los. "Eu estava na extrema direita de Sierra", disse Shearer, "e ele iria atrás dela. Eu tinha uma visão lateral e uma visão esquerda em ângulo reto da onda. Eu podia ver atrás e podia ver o recife em frente. Vi Laird soltar a corda e, depois, vi enquanto ele descia aquela onda..." Sua voz se embargou, e ele focalizou os olhos nas plantações de abacaxis, lutando contra a emoção.

Após um momento, inspirou vigorosamente e continuou: "Eu nunca vi algo assim na minha vida. O recife inteiro foi drenado! E a energia que a onda precisara para se elevar criou aquele vale. Foi como... se a base da onda estivesse três metros abaixo do nível do mar! E Laird está na face, e o recife está drenado, e tem aquela COISA atrás dele. E eu vi! Eu vi. *Eu vi a Grande Mãe.*"

Permaneci em Maui, digerindo o que havia ouvido. Àquela altura em minha carreira jornalística, eu estivera a pouca distância de faces na faixa dos vinte metros, e do tubo triturante de Teahupoo, mas agora eu entendia que as ondas de 3 de dezembro haviam sido algo totalmente diferente. À medida que a história ia sendo contada, sentia-me sobrecarregada de informações. Eu queria ser capaz de imaginar as visões arrebatadoras daquele dia nos mínimos detalhes, até mesmo o cheiro do ar. Experiências passadas haviam me ensinado que energias estranhas podem surgir do centro de uma tempestade. Íons disparam, invertendo polaridades freneticamente, e quando o barômetro despenca aquela mudança de pressão afeta a água de formas poderosas. Uma violência memorável pode brotar em um átimo.

Certo dia de agosto no chalé de minha família no Canadá, meu pai e eu fomos pegos de surpresa no lago por um tornado. Eu estava nadando de um lado ao outro do lago. Meu pai me seguia de lancha para me proteger dos motores das outras lanchas. Seu golden retriever, Urso, supervisionava a cena, preocupado, com as patas dianteiras pendendo da amurada. Quando eu mergulhara uma hora antes, a água estava agitada e encrespada, suas profundezas verde-escuras iluminadas por clarões de sol que irrompiam entre as nuvens. A tarde estava bonita, cheia de vida. Em minutos tudo aquilo mudou. Foi como se um grande aspirador tivesse surgido e sugado a luz e a vida da água e do céu. Tudo ficou escuro e parado. "Suba na lancha!" meu pai gritou, enquanto uma brisa longa e baixa varreu a superfície do lago como um frio na espinha. A doca estava a menos de quatrocentos metros de distância, e, em vez de subir na lancha, nadei depressa até a margem. Quando o tornado chegou, as ondas se elevaram, e percebi um cheiro estranho e úmido, um odor químico trazido por uma corrente de eletricidade estática. Com medo, eu vinha nadando de olhos fechados, mas por alguma razão abri-os ao me aproximar da escada.

Através de meus óculos de natação, captei a silhueta furtiva de uma ave mergulhadora movendo-se com rapidez embaixo de mim. A água estava preta, e a ave era preta, mas bolhas de ar minúsculas fluíam de suas asas, de modo que consegui divisar sua forma e a de um filhote em suas costas, e ao passarem embaixo de mim o filhote virou seu pescoço comprido e olhou para cima com olhos vermelhos brilhantes. Se eu não fiquei perturbada então, fiquei dez minutos depois dentro do chalé quando o tornado chegou, arrancando pinheiros de quinze metros, espatifando janelas, arrancando telhas, lançando carros para fora das estradas, derrubando linhas de força, lembrando a todos sua própria fragilidade essencial. Ficamos sem luz por uma semana. Mas, apesar de todo o dano, o que mais lembrei foi a vibração estranha da tempestade – uma observação repetida nas histórias de 3 de dezembro – e como um dia normal subitamente se transformara em algo realmente malévolo.

Ainda naquela semana, Jaws arrebentou. As ondas tinham entre cinco e dez metros de altura, pequenas demais para o surfe tow-in, mas um desafio para o surfe stand-up, então Hamilton saiu para surfar, levando Ekolu Kalama junto. Foi uma sessão ao final do dia. Teddy Casil e eu fomos de jipe até o penhasco para observar, a Mula chacoalhando por caminhos de terra vermelha através de campos verde-prata. O ar era agradável, nuvens se enfileiravam no horizonte em tons de lavanda, pêssego, centáurea e ouro, e o oceano cintilava em seis dimensões de azul-marinho, água espumosa respingando no penhasco quando as ondas quebravam. No mar, a crista de Jaws brilhava como um enorme sorriso. A única coisa que faltava na cena, pensei, era um cardume de golfinhos brincalhões.

Chegamos ao mirante e paramos junto ao carrinho de golfe de Lickle, vermelho decorado nas laterais com chamas laranja. Lickle estava de pé no penhasco brandindo um walkie-talkie, em plena conversa com Emory. Alguns espectadores se aglomeravam ao longo da praia, e um sujeito estava montando um equipamento fotográfico. Caminhei até Lickle e Emory, pegando o final de algo que Lickle estava expressando com voz veemente: "... porque nunca mais ESTAREI ali. Não estarei por lá no próximo Grande Dia. Com certeza. Não sinto a menor vontade."

Eu ouvira falar daquilo, que o acidente de Lickle o afastara, sem saber se era verdade, ou mesmo possível, já que surfar ondas gigantes parecia mais uma vocação do que uma opção. "É mesmo?", perguntei, intrometendo-me na conversa. "Acabou? Você decidiu?"

"Para aquilo, sim", respondeu Lickle, e depois acrescentou: "Eu não parei de surfar. Só parei com AQUILO. Parei de procurar as malditas maiores ondas que um homem pode surfar." Ele se deteve por um segundo, seus olhos examinando o alinhamento em Jaws. "Porque onde isso vai parar? Preciso ser o cara que está rebocando Laird para Cortes Bank porque uma onda de quarenta metros está chegando? Não."

"Bem, a graça é pegar uma onda", disse Emory. "Não é ter que sobreviver a ela."

"Isto explica o que quero dizer", disse Lickle. "Ter que sobreviver tira toda a graça – a não ser que você seja Larry." Ele sorriu. "Claro que existe um ponto em que ele também está tendo que sobreviver. Nós estávamos num nível totalmente diferente naquele dia – o nível em que até Laird fica assustado, está me entendendo? Assim, de uma hora para a outra, o que você considera normal para ele deixa de ser. Aos 25 metros, ele começa a sentir as mesmas pressões emocionais que nós sentimos aos dez metros." Ele virou e falou no rádio: "OK, duas atrás desta, Laird." (Hamilton conseguia ouvir, mesmo no meio das ondas, pelo rádio à prova d'água que estava preso em sua bermuda. Sem o acompanhamento de jet skis, os rádios serviam mais como medida de segurança do que qualquer outra coisa, mas não custava aproveitar também a visão de mais de cem quilômetros de Lickle, enquanto o swell se lançava através do horizonte.) Observei a série que chegava, tentando entender o que Lickle estava achando dela, imaginando se conseguiria perceber por que a onda número três era a mais desejável. Talvez minhas habilidades de interpretação de ondas estivessem melhorando: achei que consegui discernir uma sombra que era ligeiramente mais pronunciada do que as outras.

Apontei meu binóculo para a onda. Remando até ela pelo lado, Hamilton e Kalama apareciam como silhuetas em miniatura na luz dourada. Jaws avultou diante deles, e então Hamilton começou a remar furiosamente, inclinando-se para a frente e enterrando o remo na água com todo vigor. Sob seus pés, o oceano se elevou até que a onda estava pronta para quebrar, e aí Hamilton dropou na face, tocando com seu remo ligeiramente na superfície para ajustes finos do equilíbrio. A onda arqueou-se sobre ele, mas logo antes da crista se fechar Hamilton disparou para fora, flertando com a água espumosa, mas conseguindo permanecer à frente dela.

"Ei, ele está indo para as rochas", observou Lickle com um tom orgulhoso na voz, observando Hamilton se aproximar dos penedos dentados que se projetavam da água, ziguezagueando através deles até a arrebentação. Lickle virou-se para mim. "Fique sabendo, aquilo foi muito perigoso."

"Tenho certeza de que, após 3 de dezembro, nada mais parece perigoso", eu disse.

"Ouça", disse Lickle. "Uma das piores vacas que já vi aqui foi num dia de ondas de três metros. É como quando você baixa a guarda e pensa: 'Ah, esta não é tão grande' ou age de forma desafiadora..."

Ele apertou um botão no rádio: "Volte, ondas maneiras, Laird." Na linha do horizonte, o oceano inteiro parecia ondular. Lickle continuou: "Além disso, ele está usando um strep e nenhum colete salva-vidas. Se cair, vai ficar um tempo no fundo. Se eu não estivesse usando um colete durante minha queda, não estaria vivo agora."

"Contando histórias de guerra? Ondas de quase trinta metros e mar liso foi o que ouvi falar." O fotógrafo, um nativo famoso chamado Erik Aeder, viera se juntar a nós. Embora os jornais de Maui tivessem coberto sucintamente o incidente, todos estavam curiosos para saber mais. Aeder lançou um olhar na cicatriz de Lickle.

"Não dava para ser maior nem melhor, isso eu garanto", respondeu Lickle.

"Esta foi outra de suas sete vidas", eu disse, tentando levar a coisa na brincadeira.

"Cinco ou seis delas já foram consumidas", disse Lickle. "Cada vez que isso acontece, eu penso: 'Uau, cara, alguém me ama. O Homem Lá em Cima me adora." Ele sorriu. "Fico lisonjeado de que Deus me ame tanto assim."

"Você tem uma missão aqui, obviamente."

"Eu sei disso." Lickle se abaixou e apanhou uma garrafa de plástico que alguém atirara na terra. Enfiou-a na traseira de seu carrinho de golfe. "Aquela prancha me atingir daquele jeito e não me matar, aquilo foi coisa do destino. Existe algo que estou destinado a fazer. Ainda não sei o que é, mas existe uma razão para eu ainda estar aqui. Esta é uma sensação legal."

"O que eu ainda não consigo acreditar", disse Casil, "é como você conseguiu prender a respiração tanto tempo."

"Eu *não* consigo." Lickle balançou negativamente a cabeça. "A questão é justamente essa. Você consegue fazer um monte de coisas que não sabe que consegue. Uma vez que você esteja lutando pela sobrevivência, não existe habilidade. É instintivo. E todos temos isso."

"Mas uma vida de preparação não atrapalha", eu disse.

"Sim, mas veja bem, eu fumo maconha, e não sou nenhum fanático por prender o fôlego", disse Lickle, referindo-se ao treinamento que alguns surfistas de ondas grandes faziam para aumentar a capacidade dos pulmões (Os praticantes mais fanáticos permaneciam embaixo d'água durante minutos seguidos carregando dez quilos de pedras.) "Mas eu sei que existem limites de respiração que você consegue transpor. Você prende a respiração, e continua prendendo, e de repente você sente aquela tensão, aquele pânico, e depois aquilo passa. E aí você terá todo um outro período antes do próximo pânico. Na primeira onda passei por três ou quatro desses limites. Você consegue chegar a cinco se tiver sorte."

"O que ainda não consigo acreditar é que você e Laird voltaram para o mar." Dirigi a afirmação a Emory.

"Ehhhhh", disse Emory, prolongando lentamente a palavra. "Voltei ao mar para dar uma força a eles. Era melhor ter dois jet skis ali. Eu não queria pegar onda alguma naquela altura. Era uma sensação esquisita. Estavam grandes e assustadoras, e eu não tinha necessidade daquilo. E haviam ficado ainda maiores! Eu já havia pegado a maior onda da minha vida, e pensei: 'Não, obrigado, estou satisfeito. Ainda estou vivo.' O Don ali no segundo jet ski sem ninguém por perto... Aquilo não parecia seguro. Aquela onda esquerda tinha uma face de mais de trinta metros. Com certeza."

Lickle assentiu exageradamente com a cabeça, como que para dizer: *Não é caô.* "Não pude acreditar que Laird colocou Don no jet ski", disse ele. "Porque vocês têm que perguntar a qualquer um que esteve lá: você consegue aguentar quando a onda cai? Você está no meio do maldito oceano. E você não tem *nada*. Está à mercê do mar." Notando que o céu escurecia, ele deu aos surfistas um sinal de alerta: "Atenção, Laird. Daqui a pouco vai escurecer."

Hamilton respondeu numa conexão cheia de chiados: "Meio difícil aqui na rebentação. É a primeira vez de Ekolu, e no seu batismo não queremos forçar a barra."

"Entendido", disse Lickle, rindo. "Mas ele pegou uma onda, portanto já foi batizado. Melhor dizer para ele que está na hora. Tem uma série forte chegando."

"Sim, nós já vamos", disse Hamilton, encerrando a transmissão. "OK."

Os dois homens, sozinhos numa extensão do oceano que ia até onde os olhos conseguiam alcançar, começaram a remar em direção à Old Fishing Shack, de onde haviam partido. O sol mergulhou sob a água, transformando o mar em mercúrio. As ondas continuaram fluindo, como música que tivesse chegado aqui atravessando um continente interminável de água, algumas ondas fracas e outras ruidosas, todas alcançando um crescendo no recife. Nesse ponto, seu suave fragor era hipnótico. Impossível estar no penhasco e sentir algo diferente de gratidão. Não admira que os havaianos tivessem celebrado suas cerimônias mais sagradas nesse penhasco. O ar estava saturado com seus espíritos.

Lá embaixo, Hamilton e Kalama subitamente mudaram de direção, dando uma guinada de 180 graus de volta à onda. Haviam visto algo irresistível. Casil passou-me o binóculo. "Dê uma olhada", disse ele, apontando para o norte. Aproximando-se a galope, oscilando rumo ao recife num ângulo ligeiramente torto, um bloco ameaçador elevou-se como se um objeto oculto colossal – uma ilha, talvez, ou uma rampa de esqui – tivesse decidido vir à tona.

"Ei, veja aquela série!", disse Emory, enquanto Kalama disparou em direção à onda. "Ah, Ekolu! Vira, brou! Rema! Rema! Rema!"

"Lá vai ele", disse Lickle, em tom aprovador. "Ele vai conseguir! Ele está a fim! Mas – ah! – meu Deus, olhe a quarta onda atrás!" Enquanto dizia isso, vi Hamilton se reposicionar rapidamente. Mesmo no lusco-fusco ele também havia visto aquela onda discrepante, ou talvez a tivesse sentido em algum canto primordial de seus sentidos, do mesmo modo que os pássaros na baía de Lituya sabiam no código Morse do DNA: Onda. Grande. Chegando.

"Uau!", exclamou Emory, olhando para Hamilton na onda. "Você viu aquilo? Laird inclinou-se para a frente. Ele errou na remada. Quase caiu!"

"Quer saber?", disse Lickle, recostando no carrinho de golfe e sorrindo. "Ele não caiu."

Bem longe, em Cortes Bank

ANAHEIM, CALIFÓRNIA

> "Vi três dos meus melhores amigos mortos por ondas. Eu próprio quase cheguei lá." Mike Parsons, surfista de ondas grandes

Numa noite abafada de primavera nas proximidades da Disneylândia, no coração de néon de Orange County, ao sul da Califórnia, a multidão começou a chegar a The Grove, um espaço para eventos cavernoso, de estuque castanho-amarelado. O prédio foi projetado para evocar um estúdio cinematográfico da era de ouro de Hollywood (incluindo a falsa torre d'água), mas em vez de um leão da MGM ou da deusa com a tocha da Columbia como ícones, naquela noite The Grove estava decorado com faixas e telas de TV exibindo a insígnia XXL* da empresa de surfe Billabong e o M verde-limão gotejante da Monster Energy Drinks. Em vez de Errol Flynn e Ava Gardner, multidões de surfistas de ondas grandes, e seus patrocinadores, suas namoradas e seus fãs, percorriam o local, bem como fotógrafos, celebridades e tietes do mundo do surfe. Ao todo, eram esperadas mais de duas mil pessoas naquela noite para o oitavo Annual Billabong XXL Global Big Wave Awards (Prêmio Anual Global Billabong XXL de Ondas Grandes), descrito por seu fundador, Bill Sharp, como o "Oscar" do esporte. Mais de 130 mil dólares em prêmios seriam distribuídos, sem falar nos direitos de se vangloriar da Maior

---

* Acrônimo de *"Extra Extra Large"*, "Extra Extra Grande". (N.T.)

Onda, Remada Monstro, Maior Tubo e Pior Vaca do ano, além do prêmio principal: Surfada do Ano.

Oito anos após Sharp (com apoio da Billabong) ter lançado A Odisseia: A Busca da Onda de Trinta Metros, o evento havia sido renomeado, reconfigurado e reduzido, menos concentrado naquele número mágico específico. De fato, a categoria Maior Onda do XXL agora pagava somente 15 mil dólares ao surfista vencedor – além de um jet ski Honda novo, e mais 4 mil dólares para o fotógrafo que registrou a surfada. O valor justificava a visita a Anaheim, mas estava longe dos 500 mil dólares que Sharp oferecera originalmente.

Havia uma série de razões para as mudanças: entre elas custo, questões legais e barreiras logísticas. Em julho de 2001, Sharp havia anunciado a Odisseia com fanfarra, apregoando-a como a "suprema aventura do homem contra o mar", acompanhada de frases como "investiremos na produção da televisão para assegurar que, quando a onda de trinta metros descer, será fotografada perfeitamente de todos os ângulos". Sua proposta original envolvia enviar uma equipe de surfistas de elite mundo afora sempre e onde quer que uma grande bolha magenta surgisse, saindo à caça de ondas misteriosas e virgens nos cantos mais remotos dos oceanos do mundo. Para isso, a Billabong chegara a adquirir um avião anfíbio chamado *Clipper*, projetado para pousar em mares revoltos. "Pela primeira vez na história", dizia o comunicado à imprensa, "um grupo de aventureiros do surfe terá à disposição um meio de se locomover mais rápido do que o clima, sem precisar se submeter aos horários dos voos comerciais e à falta de pistas de decolagem ou mesmo de estradas pavimentadas."

Nas entrevistas, Sharp havia falado com entusiasmo sobre os progressos que essa competição traria ao surfe tow-in, estabelecendo novos protocolos para o esporte: "No decorrer de todo esse projeto, vamos desenvolver novos equipamentos e procedimentos que tornarão a experiência do tow-in mais segura e mais agradável." Que tipo de equipamentos novos? "Estamos falando de minitanques de oxigênio, localizadores GPS ou seja lá o que for", ele contou à *TransWorld SURF Business*. "Vamos mergulhar fundo na área de artefatos no estilo James Bond. Talvez exista um cientista maluco como Q nos fundos do depósito da Billabong criando engenhocas secretas."

Tais planos grandiosos empolgaram muitos surfistas de ondas grandes e irritaram outros. Hamilton, que passara mais tempo pensando em equipamentos e procedimentos de resgate de surfe tow-in do que qualquer outro (sem falar que ele foi dublê do próprio 007 surfando Jaws com vinte metros em *Um novo dia para morrer*), encabeçava este último grupo. Para ele, a visão de Sharp não passava de uma encenação covarde para a mídia e sem nenhum fundamento. "Esse negócio da onda de trinta metros", disse ele, "não me agrada. As intenções nunca foram realmente genuínas. Tratou-se sempre de 'Como posso explorar isto?' e 'Como podemos maximizar nossos dólares de marketing?'."

A irritação de Hamilton era aumentada pelo fato de que, no início do concurso, longe de percorrerem o mundo em busca de ondas novas, sempre que um swell grande surgia, todos acabavam indo direto para o garantido: Jaws. "Em 2002", recordou Hamilton, fazendo uma careta, "todos eles saíram da obscuridade. Num só dia houve mais vacas do que em dez anos. Vi um sujeito perder dois jet skis novinhos em folha em menos de cinco minutos. Depois disso, em qualquer swell grande, dizíamos: 'Ei, os bonecos do teste de impacto estão aqui!' Chegou um caminhão cheio deles e foram mandados para o mar. *Tombo, tombo, tombo* – 'Mandem os próximos!' *Tombo, tombo, tombo*. 'OK, mais uma leva!'"

À medida que hordas de caçadores de prêmios com escassas qualificações afluíam para Jaws, os ânimos se exaltaram a ponto de Dave Kalama, ao encontrar Sharp em um evento denominado Waterman's Ball, expressar sua frustração fisicamente. "Foi no tempo em que ele estava se vangloriando de tudo, tipo 'Sou o blá-blá-blá das ondas grandes'", disse Kalama, descrevendo o incidente. "Vi o cara no bar e disse: 'Ei, Bill, venha cá. Quero falar com você.' Aí ele se aproximou e disse: 'Oi, Dave, beleza?' e eu disse: 'Beleza.'" Naquele momento, quando Sharp deu a mão, Kalama aplicou-lhe uma gravata. "E eu disse: 'Você representa tudo que odeio no surfe de ondas grandes.'"

As coisas se atenuaram nos últimos anos, provavelmente devido ao fato de que Jaws não esteve mais tão boa a ponto de justificar uma briga. Sharp se tornara mais discreto, fazendo menos afirmações hiperbólicas. Mas era mais fácil nevar no inferno do que Hamilton, Kalama, Lickle, Emory ou Doerner desfilarem no tapete vermelho do XXL. "Prefiro lavar latrinas. Prefiro pisar num prego – um prego grandão, gordão, bem enferrujado – e depois ter que tomar vacina antitetânica", disse Hamilton, listando as coisas que preferiria fazer a desfilar pelo tapete de veludo vermelho da Billabong, iluminado pelos holofotes, ao lado de fotos enormes das ondas do ano. Naquela noite o tapete estava ocupado por bandos de homens vestindo o traje a rigor dos surfistas: jeans escuros, camisetas escuras, talvez uma jaqueta esportiva – flanqueados por jovens mulheres vestindo o mínimo possível.

Foi uma noitada da indústria do surfe, uma confraria na qual o símbolo de inclusão era ser conhecido pelo apelido. "Oi, Rippy!", berrou um participante. "Fala, Shasta!" Muitos daqueles que estavam entrando no auditório usavam óculos escuros, mesmo com o dia quase sem luminosidade e as palmeiras-reais que flanqueavam a entrada se transformando em nobres silhuetas. Equipes de cinegrafistas perambulavam, documentando o evento para um eventual programa do ESPN2 e um *webcast* ao vivo. Bill Sharp era onipresente, vestido de preto da cabeça aos pés, facilmente visível circulando com sua figura alta e cabelos grisalhos eriçados.

Uma das entrevistadoras do tapete vermelho, uma loiraça na casa dos vinte anos, ofereceu seu microfone a um homem jovem de óculos escuros. Deu as boas-vindas e perguntou seu nome. "Meu nome é Rato", ele respondeu, revelando em suas primeiras palavras um estado de profunda embriaguez. "Acabo de sair da prisão", acrescentou, num tom celebratório, "e estou numa boa." A entrevistadora, parecendo perplexa, deu-lhe as costas, enquanto o cinegrafista cortou para uma lata de lixo. "Ei, voltem pra cá, seus bundões!", berrou Rato enquanto eles se afastavam.

Às oito da noite, quase todos os indicados haviam emergido do ônibus turístico rosa e preto da Billabong estacionado em frente à entrada e podiam ser vistos circulando ao lado de suas fotografias, gravando entrevistas. Um australiano de 21 anos com aspecto empolgado chamado Mikey Brennan, indicado para as categorias Tubo Monstro e Surfada do Ano, conversava sobre sua onda natal, Shipsterns Bluff, um trecho agitado da costa da Tasmânia, com um entrevistador da Billabong apelidado "G.T.". "Eu moro lá, por isso estou sempre por ali", explicou Brennan. "É legal surfar lá, especialmente quando tem ondas."

"Vai por mim, camarada", informou-lhe G.T., os holofotes refletindo nos óculos escuros. "Tem umas gatas aqui que vão querer conhecer você, especialmente se vencer."

Você tinha que torcer por Brennan, com seus cabelos desgrenhados e aparelho nos dentes, mas ele enfrentava uma concorrência forte: Shane Dorian, que acabara de chegar de avião de Fiji; Ian Walsh, vindo de Maui; e o astro taitiano Manoa Drollet. Todos os três homens eram páreo para Brennan por seus desempenhos em Teahupoo no outubro anterior. O surfista brasileiro Carlos Burle era o quinto finalista na categoria Surfada do Ano, por uma onda em Ghost Tree, em 4 de dezembro.

Alguns metros adiante no tapete vermelho, Garrett McNamara estava cercado de simpatizantes. "Estou a caminho de uma missão de um mês em algum lugar", disse ele, e quando pediram detalhes, respondeu: "Essa informação ainda não pode ser revelada." Naquela noite, McNamara foi indicado para o Melhor Desempenho Geral da temporada e também para a Vaca do Ano, por um tombo que levara em Mavericks. Atrás dele, Brad Gerlach descrevia sua experiência em 4 de dezembro em Ghost Tree para uma equipe de cinegrafistas. "Estava nevoento e esquisito", disse ele. "Mas, meu Deus, que onda empolgante. É divertido porque é tão assustador." Ele riu. *"Bem,* é mais divertido depois que você acabou de surfar." No fundo, grupos de aficionados do surfe bebiam cerveja e energético sabor cítrico misturado com vodca.

Olhando os cartazes dos indicados, estava claro que a temporada de ondas grandes de 2007-8 havia produzido uma safra excelente. Ondas gigantes haviam mostrado sua fúria do Taiti ao País Basco, do Oregon ao México, da Irlanda à Espanha, da Tasmânia à África do Sul. O Havaí, como sempre, teve seus momentos. A Califórnia foi surreal. "Os cinco primeiros dias de dezembro possivelmente foram os cinco melhores da história do surfe de ondas grandes", proclamou Sharp. Os vencedores daquele ano haviam sido escolhidos em meio a uns quinhentos candidatos, cada um examinado por juízes que avaliaram a altura das ondas usando transferidores e outros instrumentos de medição.

À medida que a multidão foi entrando no auditório para a cerimônia, G.T. e seus câmeras pararam uma mulher de minissaia, cabelos louros cascateando sobre as costas. Era Maya Gabeira, uma brasileira de 21 anos que era a favorita ao prêmio com o nome meio desencorajador de Garota com Melhor Desempenho. Naquele ano, Gabeira havia surfado todos os maiores swells, chamando a atenção com sua beleza e perseverança em buscar ondas que assustavam a maioria dos homens.

"Você é uma mocinha bem atarefada", disse G.T. maliciosamente. "É solteira?"

Gabeira delicadamente ignorou a pergunta e pôs-se a falar sobre sua temporada, com um sotaque cantado. "Passei grande parte do inverno entre o Havaí e a Califórnia. Depois eu…" G.T. a interrompeu. "Você é tão gata", ele disse. Suas mãos nadaram no ar, gesticulando para ela. "Como você pode ser tão feminina e pegar ondas grandes?" Gabeira esquivou-se e desapareceu na multidão o mais rápido possível.

Embora indelicada, a pergunta era interessante. Ainda que o surfe profissional feminino estivesse cheio de competidoras, havia uma escassez inegável de mulheres no tow-in. Na verdade, sendo surfista das equipes tanto da Billabong quanto da Red Bull, Gabeira era um caso único. Suas duas colegas indicadas para o prêmio das ondas grandes, Jamilah Star e Jenny Useldinger, ambas talentosas e cheias de gás, concentravam-se no surfe de remada em vez do tow-in. Nenhuma dessas mulheres chegara ao nível de patrocínio de Gabeira.

Eu havia conhecido Gabeira no Taiti, onde a vi levando duas vacas quase mortais em Teahupoo e depois se recompor e voltar para as ondas. Rebocada por Raimana van Bastolaer e por seu mentor, Carlos Burle, com Hamilton patrulhando as laterais, ela pegou quatro ondas nas mesmas condições que levaram Dorian, McNamara, Walsh e Drollet a serem indicados naquela noite.

Na carreira em ondas grandes, Gabeira seguira uma trajetória rápida e improvável. Quando aprendeu a surfar na idade (relativamente avançada) de quatorze anos, ela conta, "eu tinha medo de ondas de trinta centímetros. Só de estar no oceano já era desafiador. Então, quando aceitei o fato de que era capaz de surfar ondas de trinta centímetros, passei para as ondas de sessenta e depois para as de noventa. E fui avançando até agora." Dezenas de fatores conspiravam contra o seu sucesso, mas Gabeira teve ao menos uma vantagem: como filha de Fernando Gabeira, um famoso dissidente contra a ditadura militar brasileira nos anos 1960 e 1970 que acabou se tornando um político militante, estava dotada dos genes certos. "Sim, meu pai é louco", ela me contou. "Ele é um homem valente. Tipo muito, muito valente."

Apesar dos elogios que não paravam de chegar, Gabeira sabia que teria um longo caminho pela frente até alcançar seu objetivo de ser um dos melhores surfistas de tow-in – seja do sexo masculino ou feminino. Queria dominar a pilotagem de jet skis e técnicas de resgate. Sentia necessidade de buscar ondas cada vez maiores. E tinha que se conformar com as limitações do cromossomo XX quando se tratava de coisas complicadas como massa corporal. "Por mais que eu me exercite, não sou tão forte assim", disse ela. "As ondas grandes são muito agressivas se você está remando até elas, mas, quando você está ali com uma máquina como o jet ski, a coisa fica tão rápida e pesada que se torna um esporte masculino. O impacto é muito grande. Meu corpo sofre numa sessão de tow-in mesmo em ondas pequenas."

Determinada a mudar essa situação, Gabeira recentemente acrescentou ao seu treinamento incessante de surfe exercícios de ioga Bikram, levantamento de pesos e mountain bike. Ela esperava que, no futuro, seu exemplo atraísse mais mulheres ao surfe tow-in. "Não sei quantos anos vai levar para mudar", disse ela, num tom ligeiramente melancólico. "É difícil, sabe, ser a única moça. Você fica um pouco intimidada. Todo o alinhamento, a onda, é dominado por homens. Você pensa: 'Hmmm, será que dou conta?'"

Dentro do auditório, uma montagem em vídeo das surfadas notáveis do ano começou num telão sobre o palco – 45 minutos de surfistas em megaondas e garotas em fios dental ao som de heavy metal. As pessoas estavam sentadas em volta de mesas compridas, uma disposição como a de café-concerto que permitia que The Grove servisse bebidas ao seu público a noite toda. Luzes azuis e vermelhas piscavam no escuro, e por toda parte que você olhava havia um logotipo: a marca XXL, um M flutuante ou uma menção à Verizon, à Surfline ou às Hawaiian Airlines.

O vídeo chegou ao fim, e o mestre de cerimônias do evento, o surfista australiano Mark Occhilupo, pisou o palco. Sólido, cabelos castanho-claros caindo sobre os ombros e um sorriso maroto, o campeão mundial de 1999 era conhecido carinhosamente como "Occy". De pé no pódio, atraiu aplausos altos e sinceros. "Que ano!", ele começou com um forte sotaque australiano. "Este negócio está crescendo tanto. Recebemos candidatos de todo o planeta." Occy hesitou, baixando o olhar por um momento: "Hmm, quero dizer umas rápidas palavras sobre Peter Davi. Ele era um bom amigo. Sentirei falta. Era tão gente boa." Um aplauso discreto se elevou, um *shaka* coletivo. Muitos dos participantes também haviam conhecido Davi, e, como um surfista de ondas grandes que morrera no oceano, seu nome estava agora inscrito no triste panteão das baixas do esporte. "Afora isso", Occy deu uma guinada abrupta, "vamos passar para o prêmio do Tubo Monstro. Definitivamente uma de minhas experiências favoritas é o surfe em tubos. Mas esses sujeitos estão pescando com varas mais compridas."

O prêmio foi entregue por um locutor australiano de snowboard conhecido como "Dingo" e um skatista profissional chamado Rob Dyrdek. Trajando um anoraque com capuz verde, um lenço de pescoço, um boné de beisebol Monster e óculos escuros enormes com armação azul-clara, Dingo berrou ao microfone: *"Caras, vocês são os filhos das putas mais loucos que já conheci!"*, antes de abrir o envelope e declarar a vitória de Manoa Drollet. Drollet subiu ao palco, saudado por duas apresentadoras de minissaia, salto alto e sorriso enorme que entregaram um cheque gigante de 5 mil dólares.

As festividades prosseguiram. A Vaca do Ano foi concedida, e o prêmio, um telefone Samsung, pareceu cruelmente insubstancial. Gabeira, como era de se esperar, venceu em sua categoria pelo terceiro ano seguido. ("Parabéns, Maya", disse Occy quando ela deixou o palco. "E me passa uma cerveja, tudo bem?") Greg Long venceu o prêmio de Remada Monstro por uma onda de dezesseis metros em Todos Santos. Ele agradeceu aos amigos e à família por aguentarem seu "comportamento obsessivo-compulsivo na caça daqueles swells" e pediu desculpas à mãe por ter preferido um dia glorioso em Mavericks ao jantar de Ação de Graças. Difícil alguém ser mais carismático ou talentoso do que Long. Com apenas 24 anos, já estava no topo – e continuava subindo. Dez minutos depois, venceu também o prêmio de Melhor Desempenho Geral.

A plateia se entusiasmou quando os finalistas da Maior Onda apareceram no telão. Ghost Tree produzira dois: a surfada de Gerlach e a de outro surfista chamado Tyler Fox. Na França, uma onda chamada Belharra fizera do surfista Vincent Lartizen um finalista. Mas foram as duas últimas indicações que fizeram com que todos se inclinassem à frente em suas cadeiras. As duas surfadas haviam ocorrido em Cortes Bank em 5 de janeiro de 2008 sob condições arrepiantes. Somente uns poucos fotógrafos estavam presentes naquelas ondas, além dos dois surfistas: o astro sul-africano Twiggy Baker e o veterano das ondas grandes Mike Parsons. Nem um frame de vídeo retornara daquela sessão. Se você ouvisse a história de como aquele dia rolou, entenderia o porquê.

                        ∽◯

"Eu sabia que ia ser enorme, mas não esperava que fosse *tão* grande assim." Mike Parsons olhou para mim do outro lado da mesa em um café exótico em San Clemente e mordeu seu sanduíche. Seu rosto era distintivamente angular, olhos azul-claros penetrantes realçados por seu bronzeado. Alto e magro, vestia jeans e camiseta casuais da Billabong. Mas o mais notável na presença de Parsons era que, apesar de seus muitos triunfos, da longevidade de sua carreira e do respeito que inspirava no seu esporte, transmitia uma energia que só podia ser descrita como afável. Surfistas de tow-in experientes realçavam a importância da humildade quando defrontados com o poder esmagador das ondas, mas Parsons exalava essa humildade mesmo estando em terra. Não tinha um pingo de exibicionismo.

"Foram definitivamente as maiores ondas que já vi", ele continuou. "O oceano estava tão vivo. Quero dizer, sabíamos que seria espetacular, mas o lugar e a quantidade de caos e comoção naquele recife foram incríveis. Acredito que havia provavelmente dois quilômetros e meio de água espumosa por ali."

O dia que Parsons descrevia, 5 de janeiro de 2008, estava destinado a entrar na história das ondas grandes como um lance improvisado em que – por incrível que pareça – tudo deu certo. Parsons, junto com Brad Gerlach, Greg Long, Twiggy Baker e o fotógrafo Rob Brown, havia enfrentado no Pacífico uma das tempestades mais pesadas dos últimos anos, em que os moradores da costa oeste tiveram medo até de sair de casa, para chegar até a cordilheira submarina conhecida como Cortes Bank, a 190 quilômetros da costa de San Diego. Após viajarem numa lancha e num jet ski durante seis horas, encarando rajadas de vento e um mar agitado, passaram cinco horas empolgantes e assombrosas sozinhos no recife, pegando ondas de vinte e 25 metros e vendo ondas de trinta metros quebrando mais adiante, irresistivelmente próximas, mas situadas num lugar inadequado ao surfe. Depois, ao cair da noite, gastaram mais seis horas voltando disparado para casa no escuro, com outra tempestade do Pacífico soprando no pescoço deles. Quando fiquei sabendo dessa expedição, fiquei doida para falar com os homens, então dirigi até San Clemente, a base principal de Parsons, para ouvi-lo contar pessoalmente.

Em 2001, Parsons e Gerlach haviam sido a primeira equipe de tow-in a surfar Cortes em condições extremas. Durante anos, diversos aficionados das ondas, incluindo Sean Collins e Bill Sharp, tinham ficado de olho no local após ouvirem uma dica de Larry Moore, o ex-editor de fotografia da *Surfing Magazine*, que por sua vez ouvira pescadores maravilhados com as ondas gigantescas que haviam visto por lá. Durante a década de 1980, a curiosidade de Moore foi crescendo até que, em janeiro de 1990, com a chegada de um swell promissor, ele alugou um avião para voar até lá e conferir. Ao chegar, viu ondas perfeitas, de bojo profundo, com quinze metros, cem por cento surfáveis e totalmente incomuns, já que pareciam estar quebrando no meio do oceano Pacífico.

Sob a superfície, porém, vários fatores contribuíam para a existência do que Collins denominou "uma das Sete Maravilhas do Mundo se você é um surfista". Do leito do oceano Pacífico, a 1.500 metros de profundidade, as montanhas submarinas que formam o recife se elevam até ficarem a menos de dois metros da superfície, num local chamado Bishop's Rock. Fica na mesma cadeia geológica das ilhas do Canal mais ao norte: Cortes era simplesmente outra ilha da cadeia até alguns milhares de anos atrás, quando o nível do mar se elevou e a submergiu lentamente. Surgindo das profundezas, ela age como uma armadilha para os swells que vêm correndo do Alasca, concentrando a energia da onda no recife como se fosse uma lente de aumento gigantesca. Essa refração é tão dramática que, quando um swell atinge Cortes sob as condições certas, consegue quadruplicar seu tamanho (o que significa que um swell de cinco metros consegue gerar ondas de vinte metros). A localização singular do recife, cercado de águas abissais e sem nada para protegê-lo da força total do Pacífico, tornou-o um dos principais candidatos a produzir não apenas uma onda perfeita de trinta metros, mas, de acordo com Collins, "definitivamente uma onda excelente e surfável de 45 metros".

Os surfistas descreviam o local como sinistro e misterioso, mas mesmo assim ele exercia uma atração irresistível. "Há muito que fazer lá em Cortes", dissera Hamilton, notando seu potencial. No verão anterior, conseguiu acesso a uma lancha oceânica ancorada em Malibu, e eu sabia que ele estava aguardando o momento certo para ir até lá. O problema era que as condições ideais para Cortes só surgiam uma vez na vida e outra na morte. "Você precisa de um ambiente estável ali", explicou Collins. "Isso é muito difícil de conseguir num local tão aberto. Você não vai querer pegar uma onda de vinte metros para deparar com uma de dez metros vindo de outra direção."

O recife submerso tinha mais de trinta quilômetros de comprimento – mesmo tamanho da ilha Catalina –, e com tamanha amplitude de swell e tantas direções do vento havia incontáveis possibilidades de onda. "Existem três pontos de partida diferentes dependendo do dia", disse Collins. "Você tem swells circulando ao redor do recife por toda parte e correntes fluindo em diferentes direções." Ainda que as condições parecessem ideais a um surfista que, lá da praia, a quase duzentos quilômetros de distância, examinasse as leituras das boias e as previsões do tempo, tudo podia acontecer: névoa densa, vento demoníaco, calmaria completa, rajadas súbitas. Nas dez vezes em que Parsons e Gerlach fizeram a viagem até Cortes desde 2001, acertaram em cheio apenas três vezes. "Depois que você ultrapassa a ilha San Clemente, tudo muda", explicou Parsons. "É como se Cortes possuísse seu próprio sistema climático."

Para complicar ainda mais as coisas, não existiam marcos terrestres para os surfistas avaliarem suas posições. Não dava para ter um alinhamento bem-definido. "Em todos os outros points, você está olhando para a terra", disse Parsons. "É estranho quando não existe mais nada além de você e o oceano. Um negócio meio espiritual."

Claro que havia um aspecto intimidante nesse isolamento total. Quando algo dava errado em Jaws, Mavericks ou Ghost Tree, o hospital ficava a dez minutos de lá por helicóptero. Em Cortes Bank, um surfista estava a horas de distância da terra firme, e isso se tivesse sorte. Não dava para contar com apoio aéreo. Aviões monomotores não têm combustível para permanecer muito tempo a duzentos quilômetros da praia, e sob condições meteorológicas adversas nem sequer podem voar até lá. Se um surfista caísse de uma onda num dia agitado e seu parceiro o perdesse de vista, não haveria avião de reconhecimento algum para avistar a cabecinha na água espumosa e nas correntes colidentes, nem seria possível um jet ski esquadrinhar a vastidão do oceano. Além disso, algumas partes do recife eram zonas de impacto tão turbulentas que não dava para entrar lá. "Você poderia facilmente – *facilmente* mesmo – ser tragado pelas águas e nunca mais ser visto", disse Parsons.

Devido à dificuldade de chegar até Cortes e aos perigos que o aguardavam, você tinha que pensar duas vezes antes de ir até lá, mesmo com tempo bom, e a primeira semana de 2008 havia sido de tempo péssimo. Três tempestades brutais das ilhas Aleutas estavam avançando rumo à costa oeste. A primeira chegou em 4 de janeiro com a fúria de um furacão, anunciando a si mesma com ventos de 250 quilômetros por hora, enchentes súbitas e deslizamentos, derrubando linhas de transmissão, virando carretas, fechando aeroportos, lançando árvores no meio das estradas e soterrando estações de esqui sob três metros de neve, matando ao menos doze pessoas. E isso foi só o que aconteceu em terra. No mar, uma combinação de frentes frias e umidade subtropical lançou o Pacífico Norte num frenesi. Portos foram fechados da Colúmbia Britânica a Baja. Alertas de ondas altas foram emitidos.

"É um swell desperdiçado", disse Collins quando lhe telefonei em 3 de janeiro para saber se alguém estava indo para algum lugar para tentar surfar. Não havia nenhuma crista de alta pressão para afastar o pior tempo das costa, ele explicou. "Essa tempestade vai se aproximar e fustigar o litoral. Vai acontecer bem aqui na nossa cara." Definitivamente haveria ondas gigantes, "mas serão todas ruins e estranhas". Aparentemente, aquela tempestade devia ser evitada, e permanecer em terra não era um ato voluntário: a guarda costeira havia hasteado a bandeira vermelha, significando perigo a quem se aventurasse no oceano.

Em San Clemente, Mike Parsons e Greg Long estavam recurvados sobre seus computadores, examinando os dados meteorológicos enquanto a chuva caía e ventos fortes sacudiam as janelas. Apesar das previsões ruins, acreditavam que havia possibilidade de surgir uma trégua entre a primeira tempestade, em 4 de janeiro, e a segunda, esperada para as primeiras horas de 6 de janeiro, durante a qual poderiam ir correndo até Cortes. Caso tivessem sorte, haveria um intervalo de meio dia entre o recuo de uma frente fria e o avanço da seguinte. Todas as ondas estariam nessa pausa, se ocorresse, sem nenhum vento para arruiná-las. Tratava-se de um lance arriscado, porque ninguém conseguia garantir a velocidade com que as tempestades estavam se movendo. Se a segunda tempestade chegasse mais cedo do que o esperado, o pior lugar para alguém encontrá-la seria em Cortes Bank.

Com certeza as coisas não pareciam promissoras na noite de 4 de janeiro. "Ventos de 35 nós sopravam do sul", recordou Long. "Eu estava acordando de meia em meia hora e ouvindo galhos sendo arrancados das árvores." "Mesmo de manhã", disse Gerlach, "não sabíamos o que iríamos fazer. Havia raios. Eu estava pensando: 'Não tem jeito.'" Mesmo Collins, que ajudava os homens a calcular os horários para levarem a cabo a viagem, estava cético. "O tempo era realmente escasso para tudo aquilo acontecer", contou ele. "Só havia umas poucas horas surfáveis."

No final, Long disse, "nós pensamos: 'Ei, temos que tentar. Se tivermos êxito, essas serão as maiores ondas que surfamos em toda a nossa vida.'" Assim, no amanhecer de 5 de janeiro, partiram do porto Dana Point na embarcação do fotógrafo Rob Brown, um catamarã a motor de 36 pés adaptado para filmagens em condições oceânicas adversas, com um suporte para levar um jet ski. Desde o princípio, a viagem foi uma batalha. O mar estava mexido demais para rebocarem o segundo jet ski, portanto tiveram que pilotá-lo, revezando-se na água gélida e agitada, todos lutando contra o enjoo. "O mar estava uma fúria", disse Long, descrevendo seu primeiro turno: "Pilotamos sob chuva e rajadas." Quando perceberam que só haviam avançado pouco mais de vinte quilômetros na primeira hora e meia, viram que teriam que acelerar. Se não conseguissem avançar a 25 nós por hora, nunca ultrapassariam a tempestade – e havia uma chance de que chegassem a Cortes tarde demais para surfarem uma onda sequer. "Percebemos que teríamos que dar um jeito de chegar lá", disse Long. "Depois da ilha San Clemente as coisas enfim começaram a acalmar."

Ao se aproximarem de Cortes Bank, puderam ver enormes penachos de água espumosa lançada no ar, a quase dez quilômetros de distância. "Quando você consegue ver dessa distância, sabe que aquilo é grande", disse Long. À uma da tarde, chegaram.

"Logo nos sentimos humildes", disse Parsons, estremecendo, com a visão do que os recebera ainda fresca na sua mente. Cortes Bank era um espaço vertiginoso, furioso, um motim aquático, um coliseu de ondas gigantes. Mas eles tiveram razão sobre a janela que esperavam encontrar espremida entre as duas tempestades, e uma maré negativa tornava as ondas ainda mais poderosas. "Todos os elementos estavam lá", ele continuou. "Mas havia um componente de risco, porque a tempestade estava muito próxima. Não seria uma surfada fácil." Fez uma pausa e tomou uns goles do chá gelado. "A água transmitia essa sensação de fúria, como se dissesse: 'Não se metam comigo agora.' As ondas estavam se entrechocando e subindo às alturas, animadas e turbulentas, e todos nos entreolhamos e pensamos: 'Uau, melhor reavaliarmos nossos planos.'" Ele riu.

Quando falei com Long ao telefone, ele também enfatizou quão vulneráveis se sentiram na ocasião, sozinhos em meio ao torvelinho aquático. "Passamos a primeira hora apenas olhando para ela, porque ainda estava mexida pelo vento da noite anterior. Tivemos que encontrar coragem para surfar. E aquelas primeiras ondas foram as maiores, mais agitadas e mais assustadoras que já havíamos visto. Era um daqueles dias em que você não podia cometer erros. Tudo estava por um fio."

Eles também estavam preocupados porque, devido à decisão de última hora de partirem e a pressa em chegarem, estavam perigosamente mal equipados para emergências. "Teria sido bom dispormos de mais barcos e jet skis. Aquela expedição não dava para ser chamada de inteligente", contou Long. "Foi um tanto rudimentar." Como pelo menos uma precaução adicional, os homens haviam duplicado a quantidade de coletes salva-vidas. "Você é um dispositivo flutuante", disse Parsons, rindo. "E precisa ser. As forças que estão puxando você para baixo…"

Na eventualidade de uma queda, eles tinham que torcer para que tudo desse certo, e felizmente nada de errado aconteceu. "Tomei uma baita vaca", disse Parsons, "e provavelmente desci, sei lá, meio campo de futebol embaixo d'água. Só rolando aos trambolhões. Não foi a pior pancada que levei – não fui tão fundo –, mas foi a mais interessante porque fui muito longe." Quando Parsons emergiu do caldo, ficou aliviado ao encontrar

Gerlach por perto para retirá-lo da água. "Mas e se ele não tivesse visto onde caí ou a direção que tomei?", perguntou Parsons, franzindo a testa. "Perdi uma prancha de surfe na minha primeira viagem a Cortes, e ela simplesmente *sumiu*. Nunca vi a prancha de novo."

Tratando-se de acidentes, ele acrescentou, outro pesadelo em potencial era ser atingido pela crista de Cortes: era assim que espinhas dorsais e fêmures se fraturavam. "A pior coisa é se ela cai direto em você", enfatizou Parsons. "Melhor estar dentro do tubo, e ser chacoalhado, ou na frente da onda, e ser arremessado." Quando a crista vinha bramindo por detrás, ele continuou, todos os mecanismos de sobrevivência de um surfista entravam em alerta vermelho. "Seus sentidos informam onde ela está. Acho que o barulho desempenha um papel, mas é mais uma sensação. Você sabe o segundo em que ela vai dar uma pancada. É uma questão de tempo."

Na embarcação, Rob Brown lutava para manobrar na corrente sem ser levado a alguma zona de impacto, e para manter contato visual com os homens enquanto manejava o equipamento fotográfico e documentava as surfadas. Tirou fotografias; vídeo, nem pensar. "Havia séries estranhas, monstruosas chegando", disse Brown. "Você tinha que saber exatamente onde ficar." O barco caiu em vales, oscilou em swells e balançou na água espumosa, e nenhuma parte do processo era fácil, mas ele conseguiu fotografar Parsons numa face enorme, sua figura minúscula em silhueta contra uma montanha de espuma. Uma crista grossa com um contorno esquisito dobrou-se acima dele.

Segundo o relato de todos, Long conseguiu pegar um monstro semelhante, mas sua surfada ficou sem registro. "Eu simplesmente senti a coisa crescer atrás de mim", contou Long. "Você sente como se estivesse parado porque a onda simplesmente continua crescendo. Você tem que permanecer reto." Ele sabia que estava arriscando a vida, porque conseguia sentir a crista atrás se aproximando. "Ela quebrou, e fui totalmente engolido pela água espumosa. Quando saí do outro lado, meu coração estava na garganta."

A sessão terminou com os corpos, as pranchas de surfe e a sorte intactos, e enquanto a escuridão caía sobre o recife o grupo tomou a direção leste para a longa viagem de volta. Olhando para trás enquanto ainda havia luz, puderam ver a próxima frente de tempestade se esgueirando no horizonte, uma parede cinza-chumbo ameaçadora. Um vento sul varria as águas. A chuva começou a cair. "Dava para ver no rosto de todos", disse Long. "Havíamos acabado de conseguir o impossível." Embora os homens devessem estar exaustos, à beira do colapso, a adrenalina os mantinha alertas. Usando faróis para iluminar o caminho, de novo se revezaram pilotando o segundo jet ski nas ondas revoltas. "Fomos *esmurrados*", disse Parsons, balançando a cabeça. "As ondas batem pesado à noite, quando não dá para vê-las. Vez ou outra seu rosto bate no guidão do jet ski. Seguindo o barco, pensei: 'Cara, e se eu bater numa baleia a esta velocidade? Ou se eu simplesmente me desgarrar? Eles não me veriam.'" Depois ele se animou. "Mas você se sente tão vivo. Então, foi divertido."

Greg Long estava no pódio quando os aplausos aumentaram. Os cinco finalistas da Maior Onda haviam sido anunciados, e agora era só uma questão de abrir o envelope. Tendo vencido o prêmio no ano anterior com uma onda de vinte metros num lugar chamado Dungeons (Masmorras), na África do Sul, Long estava fazendo as honras da casa. Ao ver o nome do vencedor, seu rosto não mostrou o menor sinal de surpresa: "Mike Parsons – 5 de janeiro, Cortes Bank!" A fotografia tirada por Brown, um tanto granulosa, mas mesmo assim surpreendente, apareceu nas telas, e Parsons se levantou, beijou sua esposa, Tara, grávida de oito meses, deu um tapinha nas costas de Gerlach e se dirigiu ao palco. Ficou parado lá por um momento, parecendo contente à sua maneira discreta, elegante numa camisa marrom de mangas curtas e calças cáqui.

"Uau, incrível", ele disse. "É realmente uma honra. Aquele dia foi especial. Foi como que uma missão." Agradeceu à Billabong, a Sean Collins e à família, bem como a Brown e Gerlach – "Meu parceiro de crimes já faz dez anos". Agradeceu também a Larry Moore, a quem dedicou o prêmio, por ter descoberto a onda de Cortes. "É incrível como chegamos longe em dez anos", disse ele. "E estamos apenas começando esse jogo. Estamos pegando o jeito." Um cheque gigante de 15 mil dólares surgiu ao seu lado. Alguém trouxe um jet ski Honda novo ao palco. Depois Bill Sharp apareceu e informou ao público que a onda de Parsons foi oficialmente considerada como tendo mais de vinte metros, "digna de constar no *Guinness World Records!*".

Quando os aplausos diminuíram, Occy voltou ao microfone. As festividades vinham se estendendo por várias horas, e sua voz começou a falhar. Ergueu o olhar para a onda de Cortes na tela e dirigiu-se ao público. "Esses caras arriscam suas vidas para pegar ondas grandes", disse ele, com um gesto de respeito. "É isso aí."

Cegado pelo brilho dos holofotes, atordoado pela bebida e ensurdecido pelo burburinho, era fácil perder de vista o mais importante: o momento entre o surfista e a onda. Observando Greg Long no palco aplaudindo a surfada recorde de Parsons, lembrei algo que ele me dissera certa vez sobre como era aquele momento. "Você é envolvido por aqueles poucos segundos, e nada mais importa", me contara Long. "Som, cheiro, tudo simplesmente sai de foco. Só importa o que está bem na sua frente, o que você precisa fazer para pegar a onda, e mais *nada*." Nas ondas gigantes, ele acrescentou, "você está lidando com energias bem maiores do que você ou qualquer coisa com que já tenha lidado". Essa experiência compartilhada era o que reunia aquele grupo uma vez por ano para celebrar os momentos especiais que haviam vivido e aos quais tinham sobrevivido. Era aquilo que os unia e, com certeza, justificava a ressaca do dia seguinte.

À margem, duas das apresentadoras do evento, incumbidas de entregar os cheques gigantes aos vencedores no palco e de acrescentar um toque sexy à cerimônia, observavam os homens celebrando. "Acho que a ideia de surfar uma onda de trinta metros é loucura", disse uma delas, uma loura de minissaia preta. "É uma loucura eles quererem fazer isso. Eles são loucos."

"Sim", disse a outra, uma morena, sorrindo devagar e sacudindo o cabelo. "Mas trabalho neste evento faz três anos, e a cada ano ele fica maior – e as ondas também."

A costa selvagem

CIDADE DO CABO, ÁFRICA DO SUL

"Quando observamos as ondas enormes, as sentimos batendo no navio e vimos o impacto do vento forte, percebemos o grande poder das intempéries – quão fortes e cruéis são e quão pouca esperança nós, humanos, temos quando estamos dentro delas." Merlyn Wright, passageira a bordo do navio naufragado *Oceanos*

Quando uma onda monstruosa de quase quarenta metros se eleva diante de um petroleiro de trezentas mil toneladas, sugando o navio para um buraco negro ao explodir na proa, esmagando o sistema hidráulico, quebrando o leme de modo que o navio fica ingovernável, destruindo o motor e amassando o convés como uma lata de estanho, enquanto ventos fortes o arrastam pelos baixios implacáveis – bem, a tripulação vai querer entrar em contato pelo rádio com o capitão Nicholas Sloane ou alguém bastante parecido com ele. E o mais rápido possível.

Sloane, um especialista em salvamento marítimo, tem sua base de operações na Cidade do Cabo, na África do Sul. Em seu ramo de atividade – salvar do desastre navios que estão afundando –, esse é um ótimo lugar. Bem no quintal de Sloane fica Transkei, ou Costa Selvagem, um trecho de oitocentos quilômetros do oceano Índico que desce de Durban até o cabo da Boa Esperança. A área tem como peculiaridade a corrente de Agulhas, que flui veloz para o sul desde a ponta de Madagascar. Como a corrente do Golfo diante da costa leste norte-americana, Agulhas é uma corrente de contorno ocidental traiçoeira e poderosa, cuja temperatura é mais de cinco graus superior à do mar circundante. Sua largura varia de noventa a 150 quilômetros, e sua velocidade média de cinco nós faz com que os navios se sintam tentados a acelerar a viagem pegando uma carona nela. Isso pode ser uma tática inteligente ou (como muitas embarcações descobriram) um verdadeiro suicídio. Tudo depende do clima: sob certas condições, a corrente de Agulhas com certeza gerará as ondas mais estranhas, selvagens e destrutivas do mundo.

Uma série de fatores conspira para que isso aconteça. A corrente corre ao longo da borda da plataforma continental, a terra que desce gradualmente sob o oceano antes de mergulhar na planície abissal profunda. Na África do Sul, essa plataforma é estreita e íngreme, entrecortada por cânions, e cheia de baixios e dunas submarinas de areia móveis que formam verdadeiras armadilhas – tudo isso criando remoinhos e turbilhões e outros bolsões de perigo. A corrente de Agulhas contém tantos turbilhões estranhos, me contou um oceanógrafo, que se você despejasse uma tintura vermelha na água e observasse a corrente do espaço, em vez de parecer um rio fluindo, pareceria mais um passeio numa xícara giratória na Disneylândia.

O cabo Agulhas, o ponto mais meridional do continente, possui o perigo adicional de dois oceanos colidindo: o Índico e o Atlântico Sul. Os exploradores portugueses do século XV referiam-se a essa área como o Cemitério de Navios, e o nome pegou por um bom motivo. É aqui que a corrente de Agulhas de sangue quente atinge diretamente os swells frios e densos que subiram da Antártida alimentados por ventos implacáveis. Esse choque oceânico de titãs cria ondas enormes que são furiosas, instáveis e íngremes: uma fábrica de ondas monstruosas numa das rotas de navegação mais movimentadas do mundo. Eu havia visto as fotos: navios-tanque com as proas quebradas e os cascos perfurados como que por um punho gigante. E esses eram exemplos dos que tiveram sorte. Centenas de outros simplesmente desapareceram. Sempre há navios precisando ser resgatados dessas ondas e, como resultado, diversos salvadores marítimos muito experientes estão baseados na África do Sul. Para Sloane e sua empresa, a Svitzer, nunca falta trabalho.

Reuni-me com Sloane em seu escritório perto do porto da Cidade do Cabo certa manhã. Esperei no saguão do prédio que ele voltasse de uma audiência no tribunal. Mesmo de terno e gravata, ele parecia rude, como se tivesse sido esculpido de alguma espécie de rocha ígnea. Sloane tinha cabelo louro-escuro, olhos castanho-claros e um senso de humor sarcástico. Ao pegarmos o elevador, ele explicou que as empresas de salvamento marítimo gastavam tanto tempo nas salas de tribunais quanto nas ondas. Pendengas judiciais eram comuns, ele disse, devido ao alto custo do resgate de navios. Uma vez emitido o pedido de socorro, a operação de salvamento subsequente requeria grandes despesas logo de saída. O deslocamento de maquinário pesado e recursos humanos atingia um escopo quase militar. Precisavam de helicópteros e rebocadores, além de dragas, barreiras de contenção de petróleo, empilhadeiras, bombas, mangueiras, cabos, botes infláveis, jet skis e câmaras de descompressão. A equipe de salvamento incluía especialistas em materiais perigosos, químicos, pilotos, marinheiros, ecologistas, engenheiros, mecânicos, meteorologistas, previsores de ondas, especialistas em risco de incêndio, soldadores, paramédicos e mergulhadores de imersão, entre outros.

Antes que uma empresa de salvamento ao menos cogitasse atender a um chamado, o capitão da embarcação em perigo tinha que se submeter a um contrato de seguro conhecido como Formulário Aberto Lloyd's. Em linhas gerais, o formulário afirmava que a empresa de salvamento, tendo resgatado o navio, tinha direito a uma parte de seu valor. A única questão era o tamanho da recompensa. Para calculá-la, os fatos eram discutidos *a posteriori*: quão desesperadora era a situação? Quão grandes eram as ondas? Quais as chances de o navio afundar? Quantas vidas estavam em perigo? Quantos galões de petróleo foram contidos? Meses ou mesmo anos de brigas, dentro e fora dos tribunais, poderiam decorrer até que se chegasse a um acordo.

"Quando o navio está se partindo, o petróleo ameaça chegar à praia e as autoridades estão em alvoroço, eles querem que você venha imediatamente", disse Sloane. "Mas um ano depois, começam a dizer: 'Ei, peraí, que fatura é esta?' Às vezes não recebemos um tostão."

Saímos do elevador num andar movimentado, cheio de homens de terno falando ao telefone, num aglomerado de escritórios e cubículos com divisórias de vidro. Sloane me disse que o local estava em atividade frenética porque um petroleiro acabara de encalhar na costa de Moçambique e a Svitzer estava tentando ganhar o negócio de desencalhá-lo. Havia quatro grandes empresas de salvamento na região, e todas estariam disputando o serviço, correndo para reunir equipes e enviá-las ao local antes que as ondas destroçassem a embarcação e lançassem 3.500 toneladas de diesel perto da foz do rio Zambezi.

Ao atravessarmos o andar, ouvi fragmentos de conversas sendo murmurados e vociferados em fones de ouvido:

"Eles querem 60 mil dólares namibianos para desencalhá-lo", disse um homem, com a testa franzida e mangas arregaçadas.

"Você está disponível para ir a Moçambique e enfrentar uns bons problemas?", perguntou outro corretor, inclinado sobre um mapa.

"O rebocador está em Durban", disse um sujeito magro e de olhar cansado, percorrendo arquivos na tela do computador. "Está partindo agora."

O escritório de Sloane, no canto, ostentava o pôster de uma figura pequena em roupa de imersão, descendo por um cabo de sessenta metros que pendia de um helicóptero. O destino da figura, perto da base da moldura, era um graneleiro que estava inclinado quarenta graus para bombordo, invadido pela água espumosa das ondas enormes que alagavam seu convés. "Ondas de sete metros naquele dia", disse Sloane casualmente, vendo que eu me impressionara com a imagem.

"Este é *você*?"

"Sim. A gente se divertiu."

Sloane estava naquela atividade desde 1984, tendo começado na marinha mercante, ascendido a capitão e, depois, a especialista em salvamentos marítimos. Agora era diretor-executivo de uma empresa global, supervisionando equipes de prontidão nas situações mais cabeludas. Havia trabalhado um período nos poderosos rebocadores de salvamento sul-africanos *Wolraad Woltemade* e *John Ross*, tendo observado em primeira mão o que a corrente de Agulhas era capaz de produzir numa tempestade. Enquanto eu olhava por seu escritório outras fotos emolduradas de petroleiros explodindo espetacularmente ou à deriva em mares monstruosos, ficou claro que a ideia de "diversão" de Sloane envolvia um grau de caos que outras pessoas achariam menos atraente. Nisso, ele e os surfistas de tow-in eram almas gêmeas. Quanto mais malucas as ondas, maior era a vontade de sair para enfrentá-las. Mas o trabalho de salvamento marítimo implicava ainda mais riscos. Além de enfrentar a ira do oceano, ele deparava com todo tipo de perigo provocado pelo homem.

Quando as ondas, um incêndio ou um encontro não planejado com rochas incapacitavam um navio, a primeira pergunta que qualquer um fazia era: qual é a carga? Na melhor das hipóteses, o navio carregava algo que poderia vazar no oceano sem problemas, como trigo ou peixe congelado, algo inflamável ou ao menos não tóxico. As situações mais precárias aconteciam quando um navio danificado continha substâncias químicas letais e explosivas, como amônia, tolueno ou fenol (um ingrediente comum nos plásticos que pode causar paralisia se inalado), para citar apenas algumas. Em casos assim, a empresa de salvamento avaliava sua própria segurança tendo em conta que, em caso de insucesso, dez mil toneladas de fungicida ou acetona estariam fluindo pelo recife.

Naquela manhã eu havia lido no jornal *Cape Times* sobre uma equipe de salvamento que estava nas Filipinas tentando impedir que o *Princess of the Stars* — uma barca que havia emborcado num tufão, matando mais de oitocentos passageiros — despejasse sua carga ilícita de pesticidas nas praias da ilha Sibuyan, um local ambientalmente tão puro que era conhecido como "as Galápagos da Ásia". Os produtos químicos, que jamais deveriam ter sido transportados numa barca de passageiros, estavam destinados a uma plantação de abacaxis. Até o momento em que depararam com a carga escondida de dez toneladas de endosulfano, um pesticida altamente venenoso que havia sido proibido em mais de cinquenta países, os resgatadores ignoravam que estava a bordo. A tripulação estava morta, e os proprietários da embarcação negaram saber daquilo. Todo o trabalho de salvamento havia sido temporariamente paralisado enquanto a equipe planejava como extrair os produtos químicos com segurança, correndo contra o relógio antes que a embarcação se partisse ao meio no mar revolto.

Quando mencionei o *Princess of the Stars* para Sloane, ele assentiu seriamente. Cenas como aquela eram típicas, ele disse. As substâncias mais letais estavam sujeitas a restrições tão rigorosas que alguns transportadores simplesmente não as declaravam: "Eles tentam ocultar o material realmente perigoso." Quanto mais ameaçadora a substância e quanto mais desonesto o exportador, portanto, maiores as chances de que a empresa de salvamento só descobrisse aquilo com que estava lidando quando estivesse em plena operação de resgate. E mesmo então era impossível saber ao certo. Sloane lembrou um caso em que um porão repleto de cianeto em pó havia sido rotulado como farinha.

Outras substâncias químicas, embora não ameaçassem a vida, possuíam o que Sloane chamou de alto "fator de transtorno" caso vazassem, significando que fediam ou contaminavam a água temporariamente, forçando o fechamento de praias. Depois havia o petróleo. Petróleo bruto, óleo diesel, combustível de avião, gás natural liquefeito: o petróleo em todas as suas formas constituía uma visão dolorosa, revoltante e extremamente comum no oceano. Os superpetroleiros monstruosos, incapazes de transpor o canal de Suez, desciam do Oriente Médio, arriscavam a sorte pegando uma carona na corrente de Agulhas e encontravam seu quinhão de desastres. As empresas de salvamento empregavam todas as ferramentas disponíveis para impedir que petroleiros danificados deixassem vazar a carga, especialmente em ambientes frágeis perto da praia, mas às vezes a batalha era perdida. Sloane virou na sua cadeira e apontou para outra foto de um navio acidentado, sua proa enferrujada projetando-se da água num ângulo acentuado. "Isto aconteceu bem aqui na costa", disse ele. "Tivemos que capturar e lavar catorze mil pinguins."

Comparado a esses tipos de horrores, lidar com ondas gigantes devia parecer bem agradável, embora não menos ameaçador. Sloane lembrou uma ocasião em que estava num helicóptero cerca de trinta metros acima de um navio avariado, fustigado por ondas de 25 metros, e viu que uma onda monstruosa de 35 metros estava surgindo atrás da aeronave, e receou que a água do mar encharcasse as turbinas e paralisasse o motor. Lá na água, cabos de metal da espessura de um pulso chicoteavam o ar e maquinário pesado era arremessado no mar turbulento. Mãos, dedos, olhos podiam se perder com facilidade. "Todo mundo já foi ferido em algum momento", contou Sloane. "Você sempre acaba com alguns ossos quebrados. Quando estamos no mar, forçamos os limites, porque a tripulação normal do navio perdeu o controle. É aí que entramos em ação, quando a situação se tornou realmente perigosa."

Navios têm esbarrado com ondas gigantes na corrente de Agulhas desde o primeiro capítulo dos livros de história. Com frequência as embarcações pereceram, mas aqueles que escaparam contaram casos incrivelmente semelhantes: ventos fortes sopravam, ocasionalmente mudando de direção. O mar estava agitado, mas de vez em quando uma onda muito maior (ou uma série delas) assomava do oceano. Turbilhões desconhecidos arrastavam as naus para fora do rumo, vales profundos se abriam diante delas e ondas surgiam de todas as direções. Se um navio se achasse no trecho de quinhentos quilômetros entre East London e Port Elizabeth em tempo de borrasca, era tudo ou nada. Se a corrente de Agulhas era conhecida pelos vagalhões que gerava, naquele trecho as ondas chegavam ao máximo.

Vejamos um relato do *São João*, um galeão português que retornava a Lisboa em 1552. Perto de Porto Elizabeth, uma tempestade o atingiu: "O piloto, André Vaz, estava rumando na direção de cabo Agulhas, que foi devidamente localizado, quando depararam com ventos leste que os desviaram para cerca de 65 milhas náuticas a sudoeste do cabo da Boa Esperança. ... A seguir, atacado por ventos oeste furiosos, o capitão, o mestre e o piloto concordaram que seria melhor fugir da tempestade, voltando para a direção leste. ... Cerca de 550 quilômetros a leste do cabo, o vento mudou para leste de novo, e eles retomaram a viagem para oeste num swell violento que ameaçava afundar o galeão a qualquer momento.

... Infelizmente, outra tempestade de oeste lançou sua fúria sobre eles, o navio cambou e três ondas enormes atingiram-no pelo través, quebrando todas as enxárcias e estais no estibordo. Decidiu-se então cortar fora o mastro principal, mas enquanto isso estava sendo feito, ele se rompeu ... e tudo desapareceu sobre o costado. Agora o leme quebrou pela metade e foi levado embora." O *São João* não venceu a tempestade (embora alguns passageiros tenham conseguido atingir a praia), nem milhares de outros navios que enchem as páginas de *Shipwrecks and Salvage in South Africa* (*Naufrágios e salvamento na África do Sul*), a obra de referência de onde a descrição anterior foi tirada. Essas águas eram cruéis.

Um dos incidentes mais amedrontadores na corrente de Agulhas envolveu um navio chamado *Waratah*, que deixou o porto de Durban na noite de 26 de julho de 1909. Sua viagem deveria levá-lo à Cidade do Cabo e depois até a Inglaterra. Agora conhecido como o *Titanic* do Sul, o navio de quinhentos pés e 9.300 toneladas, projetado para transportar passageiros e carga no longo percurso da Grã-Bretanha à Austrália, havia sido lançado ao mar em 1908 e recebera da Lloyd's de Londres a melhor avaliação disponível: 100 A1. Ao leme do *Waratah* estava o capitão Josiah Edward Ilbery, de 69 anos, um marinheiro notável que chegara ao posto de comodoro. Mesmo visto em velhas fotografias, Ilbery inspira confiança. Tinha cabelos grisalhos e suíças extravagantes, com olhos claros penetrantes e um queixo proeminente. Precisamente o tipo de lobo do mar heroico que você gostaria que conduzisse seu navio pela corrente de Agulhas. Ilbery, porém, cometeu ao menos um grave erro.

Na época pré-satélite, pré-Surfline, pré-GPS, pré-transmissor de emergência, pré-rádio, os capitães usavam quaisquer informações escassas que estivessem disponíveis para fazer suas previsões do tempo. Provavelmente, Ilbery não sabia da piora das condições ao deixar Durban para descer pela Costa Selvagem. Pouco tempo deve ter decorrido até que percebesse a verdade: outros navios na área haviam sido bombardeados por ondas tão altas que despejaram ao mar suas cargas. O *Waratah*, junto com seus 211 passageiros e tripulantes, carregava 6.650 toneladas de suprimentos, que incluíam um estoque novo de carvão e, algo nada promissor, 1.300 toneladas de chumbo.

(Na verdade, naquela noite deveria haver 212 pessoas a bordo do navio. Um homem, um engenheiro chamado Claude Sawyer, havia desembarcado em Durban, recusando-se a prosseguir viagem. Sawyer, que tentou sem sucesso convencer os demais passageiros a abandonar o *Waratah* junto com ele, falou sem rodeios da "forma estranha como o navio lidara com as ondas" ao vir da Austrália. Para piorar as coisas, Sawyer foi assolado por uma visão fantasmagórica: um homem zangado, com cabelos longos e emaranhados, emergindo do mar, brandindo uma espada ensanguentada e gritando: *"Waratah, Waratah"*. Sawyer foi muito claro sobre suas desconfianças e, ao que consta, passou grande parte da viagem disseminando-as. Ele reclamava no jantar, durante os exercícios de simulação de emergência e nos telegramas à sua esposa na Inglaterra. Quando o navio se afastou de Durban, os outros devem ter sentido um alívio por se livrarem dele.)

O *Waratah* foi visto pela última vez às seis da manhã de 27 de julho, quando ultrapassou um navio menor ao norte de East London. Ambas as embarcações estavam enfrentando ondas de aproximadamente dez metros e sinalizaram quando passaram uma pela outra. Depois o *Waratah* desapareceu. Meses de buscas intensas das Marinhas australiana, sul-africana e britânica, bem como de equipes de salvamento e outros navios, não revelaram sequer um fragmento de destroços. Diversos navios informaram que viram corpos flutuando na água, e um chegou a declarar ter visto o corpo de uma menininha loura num vestido vermelho, mas os relatos não foram considerados confiáveis. Uma boia salva-vidas do *Waratah* apareceu na Nova Zelândia, embora possa ter caído no mar em qualquer época. Uma semana após o desaparecimento do navio, houve algo ainda mais perturbador: um homem desgrenhado e confuso foi encontrado perambulando em uma praia sul-africana. As únicas palavras que conseguia proferir eram *"Waratah"* e "onda grande". Como não deu maiores detalhes, foi internado num hospício, e sua história de sobrevivência (se é que ele realmente tinha alguma) permaneceu trancada na sua mente. Somente em 15 de dezembro de 1909, quase cinco meses após o sumiço do *Waratah*, as buscas foram enfim interrompidas, e o Sino Lutine na Lloyd's de Londres soou seu dobre fúnebre.

Nos últimos anos, o *Waratah*, assim como o *Titanic*, tem atraído alguns exploradores. Uma série de tentativas foram realizadas para localizar seus destroços (uma delas financiada pelo romancista e explorador submarino americano Clive Cussler). Parecia que esses esforços seriam recompensados em 1999, quando um sonar de varredura lateral detectou o contorno de um navio coberto de areia que correspondia ao contorno do *Waratah*. A embarcação naufragada jazia a mais de seis quilômetros da costa, sob 180 metros de água, ao norte de East London, perto de onde o *Waratah* foi visto pela última vez.

Comemorou-se com champanhe e emitiu-se um comunicado à imprensa. Um submarino mergulhou para filmar o navio em seu derradeiro local de repouso para um possível longa-metragem. O único problema foi que, quando os destroços foram examinados mais de perto, não se tratava do *Waratah*, e sim de um navio de transporte do tempo da Segunda Guerra Mundial com um convés repleto de tanques e pneus. Outro destroço que jazia por perto também não era do *Waratah*. Tratava-se do navio de cruzeiros *Oceanos*, que naufragara numa tempestade em 4 de agosto de 1991.

Num espetacular resgate aéreo e marítimo da Força Aérea e da Marinha sul-africanas, todos os 571 passageiros e tripulantes do *Oceanos* haviam sido evacuados depois que uma onda gigante rompeu o casco, inundando a sala de máquinas e deixando o navio sem potência. Um escândalo irrompeu imediatamente após o incidente devido ao fato de que o capitão, Yiannis Avranas, de 51 anos, havia deixado para trás crianças, mulheres e idosos (inclusive uma senhora de oitenta anos com a bacia fraturada) a fim de garantir um lugar no primeiro helicóptero de resgate. O resto da tripulação sênior de Avranas também se distinguiu por se apoderar dos botes mais resistentes e cair fora, com bagagens e tudo, antes que a maioria dos passageiros sequer ficasse sabendo que o navio estava afundando. Com o capitão e a tripulação fugidos, o *Oceanos* se enchendo de água e centenas de pessoas ainda a bordo, um diretor de cruzeiro teve a presença de espírito de enviar um SOS pelo rádio. Coube ao comediante, ao mágico e aos músicos da banda do navio supervisionar o resgate, um ato terrivelmente assustador e arriscado conduzido em swells enormes sob ventos de cinquenta nós.

Por um milagre ninguém morreu. Mais tarde acusado de negligência, Avranas alegou que não fez nada de errado. "Quando ordeno o abandono do navio, não importa quando vou embora", ele contou, zangado, ao *ABC News*. "A ordem de abandono é para todos. Se algumas pessoas preferem permanecer, é a vontade delas."

Fiquei sabendo do *Oceanos* por meio de Sloane, que estivera na corrente de Agulhas naquela noite removendo quatrocentas pessoas de uma plataforma de petróleo que corria o risco de ser arrancada de suas fundações. Aquelas foram as condições mais descontroladas que qualquer um se lembrava de ter visto na Costa Selvagem, com três grandes operações de salvamento em andamento ao mesmo tempo. "Ventos de 85 nós", lembrou Sloane, com uma careta. "O tamanho *médio* das ondas naquela noite foi 23, 24 metros." Ele recordou seu terror quando a longa passarela que estavam usando para retirar as pessoas da plataforma, trinta metros acima da água, por pouco não foi varrida por uma onda. "A plataforma quase foi derrubada", continuou Sloane. "Enquanto estávamos lá, chegou o pedido de socorro do *Oceanos*. E depois o *Mimosa* – outro navio, um petroleiro – entrou em apuros. Aquela foi a pior tempestade em que já estive."

"Você já viu alguma onda que o tenha aterrorizado?", perguntei. "Algo totalmente absurdo?"

Sloane assentiu com a cabeça. "Ah, sim. Naquela noite, eu vi." Acessou uma foto no computador e virou a tela na minha direção. Mostrava um superpetroleiro quase completamente submerso numa bruma de borrifo, sendo engolfado por ondas que inundavam seu convés – ao menos vinte metros acima da linha da água. "Dizia-se que a onda de trinta metros jamais ocorreria", disse Sloane, com um leve sorriso. "Bem, eles estavam errados."

Por sugestão de Sloane, eu havia me encontrado com o capitão Dai Davies, um renomado especialista em salvamentos marítimos que, mais do que ninguém, vira as ondas extremas de Agulhas. Davies, um homem elegante com quase oitenta anos, ainda exalava o ar de total competência que distinguira sua longa carreira. Parecia dotado de uma memória fotográfica para nomes, datas, navios e tempestades, lembrando instantaneamente detalhes misteriosos como a nacionalidade da tripulação de um petroleiro, o tipo de carga que vinha carregando e o que foi servido de jantar durante o resgate. Os acontecimentos de 4 de agosto de 1991 estavam claros como cristal em sua cabeça.

"O *Mimosa*", disse ele, "tinha 365 mil toneladas. Tripulação norueguesa. O navio teve problemas perto de Porto Elizabeth, do lado oposto a este onde estamos, e veio descendo pela costa. Uma onda grande o atingiu. E eu recebi o pedido de socorro." Ele balançou a cabeça. "Nunca me esquecerei. O tempo estava horrível, horrível, horrível!" Falando com o capitão pelo rádio, Davies ficou sabendo que a onda havia destruído o sistema hidráulico do petroleiro, prendendo o leme e impossibilitando a pilotagem. "O capitão disse que a onda foi *muito* grande. Ele viu da ponte. As ondas no momento mediam uns vinte metros, e aquela tinha o dobro do tamanho. Surgiu do nada. Um vale superprofundo. Foi lá que eles caíram."

Com grande dificuldade, o navio oscilando loucamente no turbilhão de ondas, swells e correntes, Davies e seus homens conseguiram laçar o *Mimosa* (com suas milhares de toneladas de petróleo), rebocá-lo até águas protegidas e, depois, levá-lo por todo o percurso até Dubai, onde ele foi reparado. "Nenhuma gota de petróleo vazou", disse Davies orgulhoso. "Nenhuma gota."

Ele passou a recitar uma lista de navios que haviam trombado com ondas extremas naquelas águas, descrevendo em termos bem gráficos o dano sofrido pelas embarcações: "Parecia que um maçarico havia dividido o navio pela metade de um lado ao outro!" Depois: "O revestimento lateral do navio foi perfurado, completamente estraçalhado, formando um buraco onde daria para encaixar três ônibus de dois andares." Finalmente: "Olhei para baixo e pude ver que a proa havia desaparecido! Quatro toneladas e meia de aço! Havia se soltado."

"Temos atualmente uma situação muito esquisita nesta costa", disse Davies, e depois fez uma pausa dramática. Após um momento, continuou, seu sotaque galês ríspido tornando-se mais baixo e áspero. "Chamo esta parte do oceano de Avaliador Final. Se navios conseguem passar por aqui, eles estão OK, entende? Mas um monte deles não consegue. Muitos desses navios são destruídos."

⁓⊘

Num dia cinzento, deixei a Cidade do Cabo e desci de carro para o sul por uma estrada sinuosa, passando pelas aldeias de Muizenberg, Kalk Bay e Fish Hoek, até chegar a Simon's Town, uma comunidade bonita situada na margem de False Bay, a apenas oito quilômetros do cabo da Boa Esperança. Ali dei uma guinada à direita e subi por uma estrada íngreme até o Parque Nacional Table Mountain. Era meio solitário no topo do planalto, varrido pelo vento e coberto com vegetação raquítica; as encantadoras casas e os restaurantes ficaram todos lá embaixo. "Túmulo de Nuisance", dizia uma placa nada convidativa.* Enquanto eu dirigia, ficou claro que as árvores e a vegetação não estavam simplesmente abatidas: a paisagem havia sido carbonizada por fogo. Aquela era uma península estreita, descendo com determinação dramática até o cabo, e pude ter um vislumbre do oceano na minha frente e atrás.

Na subida, passei por uma vasta favela em meio às árvores queimadas. Um acampamento de papel alcatroado, compensado e estanho, aparentemente no meio do nada. Dei meia-volta, percebendo que havia ido além do meu destino, e dessa vez encontrei o que estava procurando: um grande portão de metal que dava para uma entrada de terra. Jean Pierre Arabonis havia visto meu carro passar por ali da primeira vez e ficou em frente esperando. Abrindo o portão, acenou para que eu entrasse. Entrei e parei diante de seu escritório, uma estrutura acanhada, de teto baixo, feita de pedra da cor de couro. Uma torre de quinze metros se erguia ao lado, a treliça de aço subindo até uma plataforma de madeira que continha uma enorme antena parabólica apontada para o céu.

---

*Just Nuisance foi um cão da Marinha Real Britânica que morreu em 1944 e foi enterrado com honras militares. (N.T.)

Ali, naquele lugar improvável, ficava a sede da empresa de Arabonis: a Ocean Satellite Imaging Systems (OSIS). Um sul-africano maciço, com 37 anos, descendente de belgas, Arabonis era um meteorologista marítimo muito procurado devido a suas previsões estranhamente exatas das ondas, do oceano e do clima. Tinha clientes do mundo inteiro – frotas pesqueiras, empresas de navegação, órgãos governamentais, empresas de salvamento marítimo –, mas ele se especializara nas águas complexas da África do Sul. Quando outros previsores diziam uma coisa, ele dizia outra, diferente, e, quando ficava claro que ele tinha razão, sua reputação crescia.

Cumprimentamo-nos, e ele me conduziu ao escritório, onde outro meteorologista, Mark Stonestreet, estava sentado diante de um computador, com uma carta náutica estendida ao seu lado. Eu viera conhecer Arabonis porque havia ouvido falar que ele entendia mais do que ninguém sobre os vagalhões da corrente de Agulhas. De fato, ele emitia avisos de quando elas poderiam surgir, levando os navios a repensar suas rotas. Certa vez, em 1995, Arabonis havia previsto ondas de trinta metros no Transkei (perto de East London) com tamanha precisão que Sloane conseguiu levar um surfista de tow-in chamado Jason Ribbink de helicóptero até a corrente de Agulhas e depositá-lo, com seu parceiro e o jet ski, na posição exata para surfar na corrente em sua fúria máxima.

"Eu estava ocupado com aquele negócio", contou-me Sloane, recordando o incidente. "Tínhamos o *Kiperousa*, um graneleiro grego, encalhado na praia. Ondas pesadas. Corria o risco de se romper. Então eu estava em contato com Jean Pierre sobre como andava o tempo. Ele disse: 'Vai haver umas ondas realmente anormais lá fora.' Bem, cerca de uma hora depois, Jason me ligou para dizer que estava planejando surfar as ondas grandes em Dungeons, sabe, perto de Hout Bay. Eu disse: 'Olha, você não deveria ir para *lá* – você deveria ir para a costa de Transkei! JP diz que será uma onda de trinta metros.'"

Ribbink e seu parceiro de tow-in, Dane Patterson, levaram fé na dica e foram para o norte. Encontraram-se com Sloane e, em East London, um mergulhador de segurança juntou-se ao grupo. Curioso acima de tudo, Sloane prendeu o jet ski sob o helicóptero e partiu para o oceano Índico com toda a turma. "Voamos por alguns navios", recordou Sloane. "Não há nada por lá, e aqui estamos com um jet ski dependurado. Eles nos contactaram e perguntaram: 'Para onde diabos vocês estão indo?' Eu respondi: 'Ah, estamos saindo para dar umas surfadas!'" Ele riu. "Basicamente o que fizemos naquele dia foi romper todas as regras da aviação. Fiquei contente que a imprensa não tenha ficado sabendo."

A cinquenta quilômetros da costa, chegaram ao lugar indicado por Arabonis, uma área onde a energia da tempestade encontrou um forte torvelinho na corrente. "Soltamos o jet ski do helicóptero, e o condutor saltou na água", contou Sloane. "Quando estava pronto, Jason saltou com sua prancha." Naquele local específico, Arabonis havia informado, "vocês terão uma janela de duas horas para ondas de trinta metros".

Ele estava certo.

"Ah, sim, eles pegaram algumas", confirmou Sloane, elevando as sobrancelhas para enfatizar. Infelizmente, vistas do ar, as ondas não pareciam tão assustadoras como realmente eram. As fotografias não conseguiram captar o espetáculo. Em alto-mar, um swell não quebra como num recife ou numa montanha submarina. Você não obtém uma crista ondulada terrível ou os momentos amedrontadores em que a onda vai subindo até liberar a energia num soco nocauteador. Em alto-mar na corrente de Agulhas, as ondas corcoveavam, rolavam e arremessavam seu peso em alturas enormes e com um poder terrível, mas pareciam rampas intermináveis em vez de penhascos íngremes. Essas ondas têm um comprimento imenso, por isso não parecem grande coisa", explicou Arabonis. "E você não consegue vê-las tão bem quando a área inteira está mexida – naquele dia, soprava um vento de quarenta ou cinquenta nós."

Procurando numa gaveta um mapa da corrente, Arabonis continuou falando: "Eu não trabalho segundo regras exatas", explicou. "Trabalho de acordo com a intuição e com o que já vi acontecer antes." Quando seu alarme interno de onda de trinta metros soava, ele geralmente era acionado por duas coisas simples: "Swell sudoeste [com um intervalo de] mais de quatorze segundos e ondas com mais de cinco metros de altura." Se estas duas variáveis estavam presentes, o tumulto tinha potencial para começar. Mas as próprias ondas anormais, caso aparecessem, desafiavam qualquer tipo de explicação lógica.

"É aqui que a mecânica das ondas começa a ficar um pouco confusa", disse Arabonis. Seu rosto exprimiu perplexidade ante a impossibilidade de conhecer todos os segredos das ondas. "Essas ondas aberrantes...", ele disse, esticando as palavras e depois reiniciando o pensamento. "Bem, não são mais os oceanógrafos que as estão examinando. São os físicos! Porque eles descobriram que essas ondas estão se comportando de uma maneira que é semelhante às ondas de luz. Elas conseguem sugar energia dos dois lados e concentrá-la em um ponto. E as ondas de luz são parcialmente partículas e parcialmente ondulatórias. Isso levando [o estudo das ondas] a uma dimensão totalmente diferente."

Nesse universo alternativo do comportamento oceânico, as ondas individuais em Agulhas de certo modo atingiram o ponto de virada quando (uma vez satisfeitos os dois requisitos básicos de Arabonis) um terceiro elemento (geralmente desconhecido) entrava em jogo e subvertia toda a equação. Subitamente as coisas se tornavam não lineares. Elas fugiam da escala, do radar, das curvas caprichosamente traçadas da distribuição estatística da altura das ondas, para adentrar o território sombrio, destrutivo que a corrente de Agulhas compartilhava com o Triângulo das Bermudas, onde coisas – enormes como superpetroleiros, gigantescas como transatlânticos e menores, mas mesmo assim difíceis de perder, como iates de oitenta pés – desapareciam no abismo.

Contei para Arabonis sobre a estatística de que, em média, a cada semana dois navios grandes desaparecem nos mares globais. "A cifra que ouvi foi que um graneleiro por semana estava desaparecendo", ele respondeu, para logo em seguida dar uma explicação detalhada. "Cargueiros de minério de ferro. Essas coisas são armadilhas mortais. São construídos de acordo com especificações sofríveis, vários são bem velhos, e eles ficam muito baixos na água. As ondas geralmente rompem a tampa da primeira e da segunda escotilhas. Uma vez que elas se quebram, duas coisas podem acontecer: os tabiques desabam ou a embarcação começa a abaixar o nariz.

Ele alaga de proa a popa e vai a pique. Pode afundar em aproximadamente um minuto."

Enquanto descrevia esse destino cruel, virou até um quadro-negro e bruscamente diagramou o cenário, seu giz arranhando no quadro enquanto ele esboçava os contornos do graneleiro condenado, e então deu um passo atrás para examinar o desenho. "Provavelmente veremos mais incidentes assim enquanto o preço – e a demanda – das commodities – permanecerem altos. Os navios mais antigos permanecem em serviço. Normalmente, um graneleiro, após vinte anos, precisa ser desmontado. Mas agora existem muitas latas-velhas ainda em atividade após 25, 27 anos. Eles arranjam uma tripulação de Terceiro Mundo e um capitão que está à beira do desemprego. Já deveriam estar fora dos mares há muito tempo."

Um vento forte soprou, chacoalhando as janelas. O tempo já estava ruim, mas parecia ainda pior visto dali, no que parecia o fim do mundo. Oito quilômetros ao sul, o cabo se projetava no Atlântico Sul. Depois dele, a próxima parada era a Antártida. Mas Arabonis não se importava com o isolamento. Na verdade, precisava dele para sua recepção de satélite. Mas ele se incomodava de morar ao lado de uma favela, e através dos anos havia defendido a sua casa, sua família, seu escritório, seus computadores, seu equipamento eletrônico e seu cão de ataques armados, tentativas de invasão e intrusos drogados portando facas. A paisagem queimada, ele me contou, foi resultado de incêndio criminoso.

Mas as mesmas coisas que haviam atraído Arabonis à sua profissão tornavam a África do Sul um lar ideal. Além de sua carreira de meteorologista marítimo, levava uma vida aquática profusa. Era um condutor de iate licenciado, marinheiro experiente e mergulhador comercial Classe IV, além de instrutor de mergulho subaquático com mais de dois mil mergulhos no currículo. Ouvir Arabonis descrever suas excursões submarinas é aprender que nessas águas não faltavam tubarões. Por exemplo, ali perto, na Pyramid Rock, a menos de trezentos metros de uma praia próxima a Simon's Town, Arabonis costumava encontrar montes deles. "Eu vi três grandes tubarões-brancos", contou. "Todos os três eram bem assustadores." Ele também deparou com tubarões-vacas de sete guelras malhados, uma criatura cujo nome aparentemente simpático esconde uma personalidade agressiva. "Com essas coisas é melhor não brincar", ele alertou, como se eu estivesse planejando ir direto para lá a fim de dar um mergulho.

Apenas poucas semanas antes da minha visita, todos os interesses de Arabonis haviam se reunido em uma tragédia singular e estranha, um acidente envolvendo uma onda gigante, uma embarcação e um grupo que estava mergulhando para ver grandes tubarões-brancos a pouca distância da ilha Dyer. O catamarã de 35 pés, da operadora de mergulhos em gaiola Shark Team, havia partido naquela manhã terrível carregando dez mergulhadores e uma tripulação de nove pessoas. As condições estavam longe do ideal, com um swell sudoeste de dois metros fustigado por um vento sudeste de dez nós sob um céu cor de cimento. Montes de algas flutuavam na superfície, carregadas pelo swell. Ao lançarem âncora numa área conhecida como Shark Alley (Alameda dos Tubarões), os mergulhos começaram. Alguns tubarões-brancos já haviam sido avistados circulando às dez e quinze quando, como um mergulhador descreveu mais tarde, "aquela onda enorme escureceu o céu".

A onda colheu o catamarã como um chumaço de algodão e lançou-o (com suas gaiolas de mergulho presas) de cabeça para baixo, deixando algumas pessoas livres, mas prendendo a maioria sob o casco. Diversos barcos que estavam ancorados por perto correram para arrancar os mergulhadores das águas infestadas, mas nem todos se salvaram. Três pessoas se afogaram, por perderem os sentidos devido ao impacto ou ficarem presas nas cordas da embarcação. Seis outras ficaram gravemente feridas.

Depois do acidente, e com tantas testemunhas oculares, um fato ficou claro: a onda tivera pelo menos três vezes o tamanho das ondas circundantes. "Nunca vi nada igual àquela onda", disse um observador. "Nada resistiria a ela, exceto talvez um transatlântico." Sem sombra de dúvida, tratou-se de uma onda aberrante, um vagalhão", disse um porta-voz do National Sea and Rescue Institute. "Você tem que ser humilde no oceano. É um lugar onde o desconhecido acontece."

Atribuir o acidente aos mistérios da natureza, porém, não satisfez as seguradoras, que contrataram Arabonis para descobrir o que exatamente aconteceu ali. Arabonis detestava serviços de perícia forense – ele era com frequência chamado para ajudar a localizar iates sumidos, situações que geralmente tinham finais infelizes –, mas produziu um relatório de 42 páginas sobre aquele dia: o estado do oceano, clima, batimetria, marés, profundidade da água, até a fase da lua. A onda, ele concluiu, medira uns seis metros, e apesar da opinião popular Arabonis não viu nada de misterioso nela. Foi simplesmente uma onda incomum, um animal bem maior que saía da obscuridade em intervalos longos, um comportamento oceânico raro mas explicável. "Embarcações pequenas têm problemas em ondas grandes", disse ele.

Assim sendo, o que faz com que uma onda normal de menos de dois metros cresça a ponto de começar a derrubar barcos? Após examinar gráficos e fotografias de como as ondas estavam quebrando naquele dia, Arabonis concluiu que um banco de areia perto de Shark Alley havia concentrado a energia das ondas, assim como uma lente de aumento, se segurada na posição certa, consegue ampliar a energia da luz. "Quando as ondas se aglomeram, é aí que você obterá a grandona e estranha", explicou ele. "Mas o que está acontecendo, tenho certeza quase absoluta, é que, vez ou outra, as características do fundo são suficientes para que se aglomerem *e* ainda por cima se concentrem num ponto. É o pequeno fator decisivo. É o que a faz extravasar de modo a se obter a onda que só acontece uma vez em mil."

O mesmo fenômeno poderia ser extrapolado e exportado para Agulhas, onde as ondas conseguiam partir navios-tanque pela metade. "Eu suspeito que as descontinuidades na plataforma [continental] estão causando – estão ajudando – a formação dessas ondas anormais", disse Arabonis. Os cânions e as encostas irregulares embaixo d'água bloqueavam os swells, retardando parte deles e provocando acúmulos, que eram lançados em alturas ainda maiores por um vento oposto e pelas batidas de frente entre a corrente e os swells vindos do Atlântico Sul. Se você fosse ao laboratório para criar o ambiente ideal para as ondas mutantes, não poderia fazer nada melhor. "O oceano é um lugar bem selvagem", disse Arabonis gravemente. "Um monte de navios se perde. E se você considerar os barcos menores, os números são extraordinários. Já ouvi dizer que milhares de iates desaparecem a cada ano." Levantou-se para encher nossas xícaras de chá. "Uma onda que tem vinte metros do vale à crista é um bicho bem assustador. Mas quando atinge 25 metros você está falando de algo absolutamente do outro mundo."

Tanto na superfície como abaixo dela, tudo está em constante fluxo. A energia flui e ondula e ocasionalmente urra. A própria água é uma substância bem complexa, oitocentas vezes mais densa do que o ar, propensa a um comportamento desconcertante. O vento é invisível mas consegue causar destruição aonde quer que vá. Quando se trata de produzir uma onda, tantos fatores entram em jogo que fica difícil saber onde determinada coisa termina e outra começa, mas na África do Sul esses profissionais medem seu progresso pelo número de navios – e vidas – que conseguem salvar e pelos galões de petróleo que impedem de vazar e poluir a paisagem. Este é um trabalho em tempo integral.

"Sabendo como é este lugar, por que os navios vêm até aqui?", indaguei.

Arabonis deixou escapar um profundo suspiro, como se a pergunta o exasperasse. "O canal de Suez só consegue dar conta de um número limitado de navios, e somente até certo tamanho", respondeu. "Estamos vendo trinta por cento do transporte marítimo mundial passando pelo cabo aqui perto." Apontou para a janela e além, para a Costa Selvagem da África do Sul. "Eles não têm outra escolha!"

O helicóptero decolou do Aeroporto Internacional da Cidade do Cabo, elevando-se bem acima de Khayelitsha Township, uma colcha de retalhos de barracos com tetos planos que abrigava mais de dois milhões de pessoas, uma das reminiscências físicas mais fortes do legado cruel do *apartheid* na África do Sul. A distância, o monte Table acocorava-se sobre a cidade, nuvens circulando no seu pico. Passamos pela montanha Lion's Head, demos uma volta e pairamos à luz prateada do crepúsculo, depois viramos para o oceano, voando rápido e baixo sobre a água. As ondas afluíam, infinitas, e diante de nós a costa africana se estendia rumo ao oceano Índico, rumo ao navio encalhado em Moçambique e aos vestígios de tantos outros navios naufragados.

Ouvi a voz de Sloane no meu headset. "Olhe para baixo", disse ele, apontando para a minha janela.

Abaixo de nós, sobre as rochas de um promontório, jazia o esqueleto retorcido de um navio. Estava todo arrebentado e bastante inclinado, com um buraco na parte do meio. Um guindaste amassado pendia torto do convés. "Um navio russo estava rebocando-o desde o Congo", gritou Sloane mais alto que as hélices. "Perdeu-o numa tempestade, e ele foi parar nas rochas. Ondas de quinze metros. Um prejuízo de 100 milhões de dólares."

O helicóptero voou mais baixo para que eu pudesse ver melhor. As ondas estavam batendo no navio, encharcado por água espumosa. Pude ver a pátina de ferrugem e decadência, a insígnia orgulhosa já desbotada. Quando construída, a embarcação havia sido robusta e majestosa. Agora estava consumida pela natureza. Sloane, Arabonis, Davies e outros especialistas em salvamento com quem falei aqui esperavam, todos, um futuro mais tempestuoso, mais navios nas rochas. "A dinâmica dos oceanos está mudando", disse Arabonis. "Existe mais energia em todos os sistemas." Mas, ao olhar o cargueiro arruinado, percebi que uma coisa permanecia: as ondas sempre venciam.

Na beira do horizonte

HAIKU, MAUI

> "Longe está o que já se foi, e profundíssimo; quem o poderá achar?"
> Eclesiastes 7:24

"Apanhe seu colete."

A voz de Hamilton soou intermitente ao telefone celular, e pude ouvir um barulho estrondoso ao fundo, como se ele estivesse falando de dentro de um túnel de vento. Aquelas três palavras colocaram as coisas rapidamente em foco: "colete" significava colete salva-vidas, o que, por sua vez, significava ondas grandes. Como estávamos em Maui, ondas grandes significavam Jaws. "Apanhe seu colete", portanto, significava "Jaws está quebrando". Com base nos sons ao fundo e no tom brusco de Hamilton, eu sabia que estava ligando de sua picape, pisando fundo pela estrada Hana até a casa de Ilima Kalama, de onde se lançaria ao mar, ou já estava lá na água, subindo a costa num jet ski.

"Você está no mar?", perguntei, ainda grogue do sono. O sol acabara de raiar, e dava para ouvir o galo do meu vizinho cantando. Uma luz cor de damasco pairava sobre o Pacífico. Da janela do meu quarto tudo parecia enganadoramente sereno. "Como está o mar? Qual o tamanho...?"

Ele me cortou. "Desça até a casa de Ilima. Mas tem que ser rápido. Esqueça a maquiagem."

Saltei da minha cama e vesti um maiô, roupa de mergulho e camiseta rash guard, peguei meu colete e saí correndo da casa ainda escovando os dentes, quase tropeçando no meu gato. Se Jaws estava se exibindo hoje, eu não iria perder. Ao sair pelo portão, notei um punhado de picapes e carros descendo a estrada de Pe'ahi, uma via de mão única que serpenteava por arbustos retorcidos e campos abandonados, terminando num penhasco acima de Jaws, a dois vales de distância do ponto de observação de Hamilton num penhasco. Todo mundo estava sabendo: as ondas estavam ali. Em algumas horas, umas cem pessoas estariam reunidas na beirada daquele penhasco.

O swell, qualquer que fosse o seu tamanho, foi uma surpresa para mim. Até o dia anterior eu não ouvira comentários sobre ondas excepcionais aparecendo em um futuro próximo. Não havia bolhas magenta óbvias avançando sobre o Havaí, nem planos para que Don Shearer e seu helicóptero estivessem de sobreaviso. Não era incomum, porém, que Hamilton pressentisse que as condições estavam mudando – e não dissesse nada. Na sua cabeça, fazer pronunciamentos sobre o comportamento futuro do oceano representava a suprema arrogância. Uma das formas mais fáceis de irritá-lo era comentar o que as ondas iriam fazer na semana seguinte, digamos, ou mais tarde na temporada. "Amanhã vai ser ótimo", cometi o erro de dizer certa vez, após ver uma previsão promissora do tempo. "Ah, vai *mesmo*, é?", ele retorquiu numa voz sarcástica, olhando-me duramente. "Nós não *sabemos*. Ninguém *sabe*." De sua filosofia originava-se uma aversão a qualquer tipo de plano, uma necessidade de deixar todas as opções em aberto até que o oceano realmente mostrasse sua mão. "Previsão é um jogo de dados. Eu espero até o mar mostrar a cara", disse Hamilton, descrevendo como julgava o que era, ou não, um swell válido.

Mas algo estava acontecendo naquela manhã. Pude ouvir em sua voz. Disparei ao longo da costa norte para descobrir o que era.

A casa de Ilima ficava escondida da estrada, acessível por uma abertura estreita e sem identificação, numa plantação bem alta de cana-de-açúcar. Lama vermelha revestia os pneus do meu carro e sujaram os meus pés quando saltei para abrir o portão, antes de estacionar à sombra de uma palmeira-real. A picape preta de Hamilton estava parada mais para o lado, junto a um trailer desatrelado. Várias outras picapes e jet skis cobriam o gramado, que logo se confundia com a Baldwin Beach, um crescente de areia clara na direção do vento com mais de um quilômetro de comprimento. Spreckelsville ficava no mar a oeste dali. A leste quebrava Hookipa e, alguns quilômetros adiante, Jaws. Postada na praia, vi que as coisas na água não estavam tão tranquilas como pareciam de longe.

A chegada do swell fazia o oceano se erguer e ondular, confuso, agitado e espumoso, com camadas distintas de verde e azul, claro e escuro. Da casa de Ilima até Pe'ahi era uma boa distância pela água, mas partir da praia era vital quando havia ondas: os jet skis não se saíam bem quando lançados ao mar agitado perto de penhascos rochosos. A maioria das equipes de tow-in partia de Maliko Gulch, uma baía costa acima parcialmente abrigada, mas mesmo ali o swell e o refluxo das ondas podiam tornar impossível puxar um jet ski até a água. Nos dias de ondas maiores, contara-me Lickle, um dos maiores desafios em Jaws era partir em direção à onda.

Não me surpreendi ao não ver nenhum sinal de Hamilton, mas à beira da água vi uma figura alta e magra lutando para colocar um jet ski na água rasa. Era Don King, o cinegrafista de Oahu que rodara a maioria dos filmes de Hamilton. Se você assistiu a alguma cena de oceano revolto por uma lente olho de peixe em um filme de sucesso – os momentos assustadores de *Náufrago*, por exemplo, quando Tom Hanks está se debatendo nas ondas fortes durante a tempestade de raios –, você viu o trabalho de King. Um ex-campeão de polo aquático em Stanford, King conseguia nadar com sua câmera até qualquer tipo de caos líquido e permanecer calmamente no controle. Depois de ter uma de suas fotografias publicada na *Surfing Magazine* aos quinze anos, King tornou-se pioneiro na prática de emergir *dentro* de uma onda para obter ângulos incomuns. A manobra revolucionou a fotografia do surfe, embora nadadores menos aptos arriscassem a vida para tentá-la.

Corri para cumprimentar King e ajudá-lo a empurrar a máquina de novecentos quilos para dentro da água. Ele disse que sairia ao mar com o estojo da câmera amarrado na prancha de resgate, de modo que eu poderia ir com ele. "O que está acontecendo por lá?", perguntei. "Está sabendo?" King meteu a mão no bolso de sua bermuda e pegou seu iPhone, que mostrava as últimas leituras da Boia 1, ao norte de Kauai. "Quatro metros em dezenove segundos", ele disse com um aceno de cabeça. Apesar de sua ousadia, King era um sujeito modesto. Um rosto compassivo, suas feições aquilinas emolduradas por um bigode e óculos. Mesmo nas situações mais intensas, King tinha sempre um jeito delicado de falar e se comportar.

Vestindo meu colete salva-vidas, subi no jet ski. O vento tinha aumentado um pouco, agitando as palmeiras e lançando sobre nós um borrifo fino, enquanto King dirigia pela arrebentação. Imediatamente, senti os efeitos do swell. Ondas com três vezes o tamanho dos surfistas balançavam à nossa frente, e mais ao fundo o oceano inteiro parecia estar se erguendo em imensas arfadas. "Segure-se", disse ele, olhando rápido para trás, e depois acelerou, avançando de encontro a uma onda ameaçadora, que se encrespou apenas meio segundo antes de quebrar. Agarrei com força o jet ski.

"Você já fez isso antes, certo?", berrou King, sua voz abafada pelo vento e pelas ondas. Antes que eu pudesse responder, ele fez uma curva fechada e voltou correndo na direção de onde havíamos vindo, uma retirada calculada para escapar da quebra de outra onda. Elas estavam por toda parte, do tamanho de casas, elevando-se da esquerda e da direita. Nosso ziguezague por entre a colcha de retalhos dos recifes foi como se estivéssemos nos arriscando em algum videogame oceânico maluco. Quanto melhor driblávamos uma onda, mais rapidamente outra saltava.

King ricocheteou pela rebentação, avançando e recuando, e eu retesei cada músculo disponível para garantir minha permanência no jet ski. Havia ouvido histórias de Mike Prickett, Sonny Miller e outros sobre ser ejetado em situações assim, lançado ao ar numa posição que Lickle denominou como "Super-Homem total". King e eu acabamos conseguindo atingir as águas mais profundas, onde as cores escureceram de água-marinha e esmeralda para um azul-marinho insondável, e o mar agitado deu lugar a um swell rolante. Estava mexido, mas, até o momento, não ameaçador. Avançamos a dez nós costa acima. O céu claro encheu-se de nuvens suficientes para manter as coisas interessantes, fofas e magníficentes, com protuberâncias tingidas de cinza.

"Você já viu Exploding Rock (Rocha Explosiva)?", perguntou King, diminuindo a marcha e virando para uma área onde uma formação de lava irregular criava uma rebentação dramática, com borrifo subindo como num gêiser. Eu conhecia o local – na verdade, havia nadado por lá, mas sob condições bem mais calmas. Hoje estava explodindo. Uma onda passaria sob o jet ski com o poder suave de um *slider*.* Quando se unia a essas rochas, toda a sua energia explodia em direção ao céu. O sol cintilava através da cortina de água de quinze metros, formando uma chuva de diamantes minúsculos. Nos cantos, arco-íris circulares brilhavam feito auréolas. Um espetáculo tão onírico quanto perigoso, um ímpeto imenso concentrado num pequeno ponto.

Continuamos avançando. O oceano estava vivo, com pequenas cristas. Não é de se admirar que os cientistas estivessem confusos, pensei. Aquilo era anarquia. Cada swell nascia num lugar diferente, sendo constituído de uma receita específica de vento, tempo e água, e, como Hamilton havia observado, cada onda era tão única como uma impressão digital. Tinha sua própria procedência e seu próprio destino, chocando-se contra seus vizinhos ou mesclando-se com eles, saltando de uma paisagem marinha ou se dissolvendo nela.

Quando transpusemos a última baía antes de Jaws, o sol atingiu meus olhos e transformou as pessoas agrupadas no penhasco em silhuetas do tamanho de soldadinhos de chumbo. Com tanta água se movendo, sugando o jet ski para a frente numa trajetória oblíqua rumo ao canal, e com tanto borrifo obscurecendo o ar, era fácil se desorientar. Meus batimentos cardíacos aceleraram com a adrenalina. Eu conseguia ouvir os estrondos de barítono e conseguia cheirar a fragrância estranha, ligeiramente elétrica, que surgia quando a água e a energia de tempestade se encontravam – mas por alguma razão eu não conseguia ver a onda. No segundo seguinte, percebi por quê: King se aproximara de Jaws por trás. A face

---

* No beisebol, bola lançada em trajetória curva. (N.T.)

rugidora estava diretamente à nossa frente, mas víamos as suas costas. A onda emergiu do mar primeiro como uma protuberância imensa – uma encosta de morro perfeitamente arredondada que por acaso se movia a uns cinquenta quilômetros por hora. Quando tropeçou no recife, saltou para cima e se abriu, detonando em água espumosa enquanto tudo desabava. Estávamos ao lado do alinhamento, onde uma dúzia de equipes de tow-in, com seus jet skis resplandecendo sob o sol, manobravam para se posicionar. Pilotando o jet ski através das ondas, King parecia indiferente, como se estivéssemos atravessando um estacionamento.

Outro jet ski aproximou-se de nós. Sierra Emory estava rebocando Hamilton. Eles não pararam. Ao passarem reconheci aquele olhar de Hamilton que não permitia um bate-papo matinal. Ele vestia traje preto, nada de camiseta rash guard amarela alegre ou colete salva-vidas vermelho berrante, e os músculos de suas pernas, costas e antebraços estavam visivelmente retesados enquanto ele agarrava a corda, loucos pela batalha. Percebendo que Hamilton estava na iminência de pegar uma onda, King correu de volta ao canal.

Penetramos na denominada zona de segurança, junto a um par de equipes de tow-in que haviam se colocado à margem, e, enquanto King soltava seu estojo da câmera e montava seu suporte, fitei Jaws. Com mais de dez metros, não era o maior dia já registrado, mas de algum modo isso não diminuía sua imponência. A onda era de tirar o fôlego. Ao se elevar, sua face se abria para os penhascos e sua crista ondulava sobre um tubo perfeito. Exceto por cintilações de turquesa no seu topo, a onda era azul-safira, clara como gim, e salpicada de branco. Se o paraíso fosse uma cor, seria daquele tom. Você poderia cair na água e ficar nela feliz para sempre, e nunca cansaria de contemplá-la. Jaws não permitia que seus espectadores devaneassem sobre estar em outro lugar ou se sentissem entediados, irritados ou saturados. Observá-la era um antídoto instantâneo contra os problemas triviais. Não podia haver dúvida sobre quem dava as cartas aqui, nesse lugar deslumbrante, assombroso, pesado, luxuriante e primordial, com todos os seus azuis indescritíveis e sua capacidade de nutrir e ao mesmo tempo matar. Havia um poder indizível em Jaws, mas foi a beleza que me seduziu.

Como se lesse a minha mente, King disse: "É tão raro encontrar uma água clara assim perto de uma onda gigante." A claridade era propícia a imagens espetaculares, e quando Hamilton dropou na onda King ergueu sua câmera e começou a filmar. Agora eu estava presenciando um quadro que havia visto antes: Hamilton, agachado em sua postura firme característica, deslizando pelo tubo, escovando os molares de Jaws até onde o destino permitisse. Ele deu algumas cavadas, projetando-se à frente como que lançado por um estilingue, e depois, quando a onda estava para fechar, ele se projetou para cima e voou num aéreo de backside,* com as nuvens em segundo plano. Emory veio apanhá-lo às pressas, Hamilton agarrou a corda, e voltaram rápido para o alinhamento. Um minuto depois, Hamilton apareceu em outra onda.

Repetiram aquele circuito durante horas, revezando-se a cada seis ondas mais ou menos. King e eu margeamos o perímetro, enquanto ele filmava de diferentes ângulos. Com tudo que eu ouvira sobre mau comportamento e excesso de surfistas que haviam infestado Jaws nos últimos anos, as coisas pareciam sob controle. Aquele swell não era suficientemente notável para valer algum prêmio. Era simplesmente uma dádiva inesperada dos deuses do clima.

Eu estava sentada de lado no jet ski, contente por observar onda após onda até o sol se pôr, quando Hamilton se aproximou. "Suba", ele disse, indicando seu jet ski.

Eu não sabia direito o que ele tinha em mente, mas subi atrás dele, e voltamos ao alinhamento, onde Emory aguardava na água com sua prancha. Hamilton virou e examinou meu colete salva-vidas, verificando se estava bem preso e em boas condições. Depois lançou para Emory a corda de reboque, apontou com a cabeça uma série no horizonte e acelerou. "Vamos pegar uma onda", ele disse, e foi direto à zona de partida. Retesei minhas pernas, abraçando o jet ski, e agarrei com mais força um cinto que subitamente pareceu muito frágil. Hamilton estava de pé, olhando sobre o

---

* Aéreo é uma manobra em que o surfista se lança por cima da onda. Backside significa que a manobra foi feita de costas para a onda. (N.T.)

ombro direito para Emory e para Jaws, que aumentava atrás de nós, o jet ski a pleno vapor. Emory manobrou na esteira do jet ski e soltou a corda, deixando-a cair. Agora estávamos na própria onda, perto do alto da face que começava a subir, e eu sabia que a qualquer momento Hamilton sairia do palco pela esquerda e se afastaria das costas da onda, contornando-a para apanhar seu parceiro.

Só que ele não fez isso.

Em vez disso, manteve-se na posição. Percebi chocada que estávamos descendo direto pela face da onda: ou seja, surfando Jaws. Emory estava tão perto que pude vê-lo olhando para nós, olhos arregalados de surpresa. Num espasmo de violência, a onda se elevou. Empurrou-nos para a frente enquanto descíamos por uma parede tão íngreme que tive certeza de que seria arremessada por cima da cabeça de Hamilton. Emory guinou para a direita, e Hamilton elevou o olhar para a crista que agora se empinava sobre nós, calculando exatamente quantos segundos tínhamos antes que Jaws nos engolisse. As forças G tornavam difícil virar a cabeça, mas no limiar de minha visão vi borrifo e espuma, e o sangue latejou com força nas minhas orelhas, enquanto a onda bramia poucos metros atrás de nós. Tínhamos pegado a esquerda – a especialidade de Hamilton e Kalama. Hamilton disparou à frente num surto de poder, e nós ultrapassamos a crista em queda, voando à zona de impacto diretamente rumo ao campo de rochas perto da praia.

Ele manobrou o jet ski para evitar os obstáculos e chegar bem onde Emory havia saído. "Você não precisa de uma prancha de surfe para surfar, sabe?", disse ele, sorrindo. "Está a fim de outra?"

Uma pergunta retórica, e Hamilton, mais do que qualquer outra pessoa, sabia disso. Cada célula do meu corpo vibrava. Se eu estava a fim de outra onda? Estava a fim de outras *dez*, e depois mais dez. Embora viessem a passar semanas até que eu processasse toda a sensação de surfar Jaws, nada que já havia feito, visto ou vivido me fez sentir tão viva. Intelectualmente, eu sempre soubera que os surfistas de ondas grandes eram viciados nessa caça. Agora sabia por quê.

"A energia do swell foi boa nesta onda", disse Hamilton, abrindo um compartimento no painel do jet ski e extraindo uma barra de granola. "Intervalo longo." King e eu permanecemos no canal com ele enquanto a tarde terminava. As ondas ainda tinham bastante energia, mas os surfistas haviam encerrado as atividades do dia. Os olhos estavam injetados, as gargantas inflamadas de tanto gritar, e conseguiam ouvir aquela voz interior lembrando: *Os piores ferimentos acontecem quando você baixa a guarda.* Emory conseguira uma carona de volta para Maliko, e King estava filmando e entrevistando Hamilton. Aquele era o melhor momento possível para perguntas. Após uma maratona de trinta ondas, Hamilton estava relaxado e falador.

Cada swell chegava com um ritmo diferente, continuou Hamilton, explicando como às vezes a energia era regular e organizada, enquanto outras vezes as ondas eram perigosamente instáveis. Podiam crescer de ângulos diferentes que agiam com objetivos contrários: "Quando isso acontece, é fácil parar em uma situação na qual, se cair, outra onda estará bem em cima de você." Interpretar as nuances do oceano constituía uma habilidade fundamental para os surfistas de ondas grandes, e levava anos para desenvolver os maiores graus de sensibilidade. Ondas que pareciam atraentes do penhasco poderiam se revelar cheias de singularidades, armadilhas e os tipos de surpresas que ninguém quer encontrar numa face de quinze metros. Em comparação, as ondas daquele dia haviam sido bastante comportadas.

Os surfistas afirmavam que, se você estivesse realmente em contato com o ambiente, conseguia não apenas ver os ritmos das ondas, mas também *senti-los*. "Seus sentidos podem se sintonizar com as coisas mais sutis na água", havia comentado Dave Kalama. Durante o swell de Halloween no Taiti, eu tentara um experimento ao longo dessas linhas, mergulhando na água e nadando em direção à face de Teahupoo. Eu queria saber se era possível captar sua energia quando ela explodisse pelo mar. Minha aventura foi abruptamente interrompida pelo capitão, Eric Labaste, que gesticulou, zangado, para que eu voltasse ao barco. *"Non, non, non!"*, ele disse, balançando a cabeça enquanto eu subia de volta ao convés. *"NON."*

"Eu queria ver se conseguia sentir a energia da onda", eu havia explicado timidamente a Sonny Miller, que estava por perto.

"Bem", ele disse, com um riso irônico. "Acho que o que provavelmente aconteceria é que você primeiro não a sentiria – e depois a sentiria com força total."

Hamilton, Kalama e Lickle haviam estudado a tradição polinésia de orientação, a arte de usar os sentidos para navegar por longos percursos oceânicos. "Os havaianos estavam sintonizados com tudo", disse Lickle. "Eles viam, eles sentiam. Eles mapeavam."

Hamilton concordou. "Eles podiam observar o swell chegando e dizer: 'OK, a tempestade que gerou isto durou três dias.' Conseguiam ver os diferentes ritmos, as várias pulsações, todas as pequenas e estranhas características. Olhavam para uma onda e viam uma história completa. Conseguiam ver organização mesmo dentro do caos."

Era estranho, mas era verdade: da mesma forma como um indivíduo tem seus estados de espírito e hábitos, as tempestades e ondas também tinham. Recordando as ondas mais memoráveis que eu havia visto, percebi que os surfistas estavam certos: cada uma possuía uma personalidade diferente. Jaws *era* a Grande Imperatriz, hipnotizante e feroz. Fiel à reputação, Teahupoo era uma trituradora. Mavericks era um alçapão para o lado sombrio, e Todos Santos era um fim de semana alegre em Baja, diversão que poderia virar tragédia num instante. Ghost Tree era um pedaço de vidro irregular, reluzente ao sol, mas se você manuseasse de modo errado podia se cortar feio. Cortes Bank era como pousar na Lua, exótica e extraterrestre, e Egypt, aparentemente, era uma esfinge à espreita. Um elenco de astros no grande drama da natureza, mas para cada onda que alguém reconhecia havia infinitas ondas desconhecidas. Em raras ocasiões conseguíamos pôr os olhos nelas, mas eu sabia agora que as ondas gigantes eram tudo menos eventos singulares. Elas se esgueiravam por trás dos navios, avançavam na calada da noite e ganhavam vida no fim do mundo, vistas somente por satélites. Nos vastos e inexplorados oceanos elas estavam sempre por ali, correndo em direção a uma linha de chegada desconhecida, tão incontáveis quanto as estrelas do céu, tão presentes como a sua próxima respiração.

"Quer dizer que esta é Egypt?"

Hamilton e eu flutuávamos a uns três quilômetros da costa. O mar era uma pintura dos últimos anos frenéticos de Van Gogh, pinceladas furiosas de azul, verde e branco. O céu se enchera de nuvens, suas cores se aprofundando em dourado escuro, rosa e cinza. Contrastando com elas, no horizonte uma fileira espumosa de ondas quase brilhava. Eu havia pedido que ele me levasse ali quando voltássemos à casa de Ilima, então passamos por Baldwin Beach e continuamos além de Spreckelsville, através dos recifes mais rasos, com seus golpes traiçoeiros e suas águas furiosas, margeando o mar aberto até Hamilton diminuir a marcha e dizer: "É esta aí." O jet ski balançou nos swells. Havia uma vibração mais espessa, mais musculosa ali, uma fronteira diferente. As condições daquele dia não eram suficientes para Egypt quebrar, mas mesmo assim tive uma sensação do lugar. E ela me inquietou.

Hamilton gesticulou para um trecho à nossa frente. "Esta é a zona da partida", disse ele. Tentando avaliar a distância, olhei para a praia, para as agulhas do vale Iao. Um jato subiu do aeroporto perfazendo um arco gracioso ao se elevar no céu. "Quer dizer que você caiu lá dentro?", perguntei. Ele assentiu com a cabeça. "Provavelmente quase quatrocentos metros. Não sei direito. Estava tão concentrado em dropar – era tão longa e íngreme – que não tive a chance de ver o que a onda estava fazendo. Não conseguia nem olhar à frente para realizar uma manobra. Eu estava simplesmente tentando manter o controle para ir reto."

Fitei-o. Levando em conta o que Hamilton havia feito em sua carreira, as ondas que havia surfado e a aparente invencibilidade que acompanhava aquele currículo, era surpreendente imaginá-lo levado ao limite e pensar como aquele limite deve ser longe. Para tê-lo desafiado muito mais intensamente do que Teahupoo em seus acessos de loucura ou Jaws em seu tamanho máximo, as ondas de Egypt devem ter sido surreais. Mencionei isso. Hamilton assentiu, de semblante sério. "Fiz tudo o que pude", ele disse, falando devagar. "A coisa que achei mais incrível, mais diferente de tudo que já surfei, foi a velocidade. Era muito mais rápida."

Dez semanas haviam decorrido desde 3 de dezembro. Olhando para Hamilton agora, e ouvindo seu tom de voz, percebi que ainda estava revivendo aquele dia em sua mente. Por mais terrível que fosse, o ferimento de Lickle sararia. A marca psicológica levaria mais tempo para se apagar. Como se estivesse pensando o mesmo que eu, Hamilton acrescentou: "Aquela onda nos derrubou como se estivéssemos retrocedendo a oitenta quilômetros por hora." Ele franziu a testa. "Houve muitas emoções em jogo depois que fomos ceifados."

"O que você mais recorda?"

Ficou em silêncio. Uma andorinha-do-mar rodopiou no ar e depois mergulhou em direção à água. A luz esmaecera, transformando a superfície num azul-cinzento. Um momento decorreu.

"Quando vi a perna de Brett", ele disse. A dor lampejou nos seus olhos. "Parecia uma laranja esmagada. Dilacerada até o osso. E eu pensei: 'OOOOK. Vou fazer um torniquete com o quê? A tira do colete salva-vidas, talvez?' Mas aí percebi que minha roupa de mergulho era perfeita. Uma manga comprida, fina, um milímetro. Que nem sempre visto – mas naquele dia vesti. Tirei-a e enrolei duas vezes, fiz um nó, voltei a enrolar duas vezes, e fiz outro nó. E prendi bem aquilo. Mas não apertado demais, porque se você errar no torniquete pode ferrar com a pessoa." Ele assentiu. "Sim, pode fazer com que ela perca a perna, se ficar tempo demais, ou apertado demais. Depois dei a ele meu colete, e então ele ficou deitado sobre o meu e usando o dele. E aí pensei: 'Agora onde está o jet ski?' Aí avistei o jet ski, estava tão distante..."

Subitamente a voz de Hamilton falhou, a emoção transbordando. "Eu sabia que não conseguiria tirar Brett do mar a nado. Eu disse para ele: 'Vou lá... você tem que aguentar aí.' Então eu fui, e tudo que conseguia pensar era: *'Deus, não o deixe sangrar até morrer.'*"

Eu estava quieta, ouvindo. Uma coisa era ouvir os detalhes do acidente, e outra era ver o efeito que produziu. Hamilton fez uma pausa, tentando controlar a emoção. "Eu só lembro que a única coisa em que estava pensando era... ah, não..." Olhou para as mãos. "Eu não queria ter que explicar para Shannon e as meninas que Brett não voltaria para casa", ele disse com dificuldade. "Que Brett não conseguiu retornar." Várias lágrimas rolaram por seu rosto. Levantou o braço para enxugá-las, olhando com esforço para a praia distante. Depois balançou a cabeça lentamente. "Aquele foi um verdadeiro dia de 'Não faça besteira'", disse ele, traduzindo as normas de combate do oceano. "Não pense que você conseguirá pegar todas as ondas. Isso não vai acontecer."

"Mas aquela *foi* a maior onda que você já pegou, certo?"

A pergunta era arriscada, considerando o quanto Hamilton detestava a noção de avaliar as ondas daquela maneira, mas tive que fazê-la. Ficou silencioso por outro longo momento e depois inspirou profundamente, como se estivesse se preparando para alguma tarefa inevitável. "Foi algo monstruoso, inacreditável?", ele disse com uma voz baixa, virando para me olhar. "Sim. Teve uma onda em particular que lembro – foi como se você não soubesse mais como medir. Eu estava contando as cristas. *Um segundo. Dois segundos...* Estavam caindo entre três e quatro segundos. A matemática é simples: a dez metros por segundo, são necessários quase quatro segundos para cair 35 metros."

Olhei para Egypt, tentando multiplicar as ondas daquele dia em Jaws por três para evocar a imagem de uma onda de 35 metros. Não consegui. "Acho que nem uma foto daria uma ideia..."

Ele me interrompeu. "O grande barato, toda a ironia daquele dia: *não há fotos.*" Ele riu, mas um riso sem humor. "O que é perfeito! Aquela foi para nós. Nós a temos. Ninguém pode tirar isso de nós, e não precisamos de uma cópia digital para lembrar dela. Nada disso. Nós a temos. Temos bem aqui." Ele tocou no peito. "Tratou-se da experiência daquele dia. Como quando Don disse para mim: 'Não preciso ir até lá.' E eu disse: 'Precisa sim. Você tem que ir. Para *vê-la*. Seria como se o *Tyrannosaurus rex* estivesse lá em cima da montanha e você pudesse ir vê-lo comendo algo! Você *tem* que ir ver.'"

"Ainda penso que a coisa mais estranha foi que ninguém esperava aquelas ondas por aqui", eu disse. "Como você acha que isso aconteceu?"

Hamilton juntou as mãos em forma de uma letra V. "É como uma luz. Quando você está mais perto da tempestade, a janela é bem menor, e bem mais intensa. Acho que a tempestade convergiu direto para nós. Estávamos bem no centro da energia. E por que aquilo não foi previsto? Bem, não havia nenhuma boia que pudesse captar. Não há nada posicionado ao norte e a oeste de nós." Ele deu de ombros. "Também acho que eles não sabem interpretar tempestades com tanta precisão. Não estão acostumados a descobrir qual será o tamanho das ondas a mais de cem quilômetros de distância."

O vento aumentara, e havíamos sido levados para ainda mais longe da costa. Então, Hamilton conectou a chave de segurança e acionou a ignição. Enquanto fazia aquilo, duas jubartes apareceram a uns cinquenta metros de distância, seus dorsos curvados roçando na superfície. Soltaram seu esguicho com um suspiro fraco. Estávamos no covil das ondas gigantes e de criaturas marinhas colossais, e convinha não esquecer aquilo. "Existe certo poder por aqui", disse Hamilton, observando as baleias passando pelos swells. "Mas é disto que se trata. Deste poder."

Sua observação continuou na minha mente enquanto nos afastávamos de Egypt. À nossa volta as ondas estavam quebrando, dançando e remexendo como presságios inquietos de alguma tempestade distante, mas ao mesmo tempo a sensação era de paz. Assim como o mar, estamos sempre em movimento. As ondas avultam em nossos sonhos e em nossos pesadelos o tempo todo, seus ritmos pulsando por nós. Elas avançam por um horizonte fraco, com a força do amor e o surto da dor, o alívio da paz e depois o medo, com o coração que bate e depois fica quieto, todo o sobe e desce, sobe e desce, a chegada e a partida, a procissão infinita da vida. E o oceano envolve a Terra, lembrando que os mistérios chegam em ondas.

Epílogo

21,3° N, 134,8° L
NOROESTE DO OCEANO PACÍFICO
25 DE NOVEMBRO DE 2009

Nas fotos de satélite o supertufão Nida era uma visão assustadora, um vórtice enorme e ameaçador com um olho negro perfeitamente circular. Como símbolo da força bruta, o olho de Nida era tão largo e bem-definido que ondas de quinze metros eram claramente visíveis através dele. À medida que a tempestade avançou para noroeste, lançando ventos de 270 quilômetros por hora, ondas gigantes e chuvas torrenciais sobre as ilhas de Okinawa, Guam e Yap, especialistas em clima especularam que aquele era o ciclone mais intenso já ocorrido num mês de novembro, e um dos mais fortes já registrados.

Esse Rei das Bolhas Magenta iluminou o Pacífico, enfraquecendo ligeiramente para a categoria quatro, apenas para voltar a bramir como um majestoso tufão de categoria cinco. Ao turbilhonar rumo às ilhas Aleutas, a interferência dos ventos cruzados o retardou, e ele regrediu para um sistema de baixa pressão menos poderoso – mas ainda vasto. Quando a umidade tropical do Nida colidiu com outras tempestades mais frias na área, Sean Collins observou no Surfline que "é como lançar cinquenta litros de gasolina numa fogueira ainda forte". Os surfistas podiam esperar, ele escreveu, algumas ondas antológicas: "Nossa tempestade de dezembro de 2009 será bem especial."

Em 3 de dezembro, os mapas dos radares estavam radiantes de púrpura. "O Pacífico inteiro está em polvorosa", informou o Surfline. O resultado de todo o distúrbio foi um swell noroeste cavalar rumando direto para o Havaí. Suas ondas seriam imensas, segundo os previsores, com chances de ofuscar aquelas de 4 de dezembro de 1969, quando o maior swell da história do Havaí atingiu as ilhas, destruindo estradas, arrastando carros para o mar, depositando barcos em terra firme e arrancando casas de suas fundações. "Enquanto o mar do Havaí se agita, os surfistas aguardam a onda gigante", dizia uma manchete do *New York Times*. "Clima contra a humanidade enquanto o tempo enlouquece",* apregoou o *New York Post*. "Ondas de quinze metros atingem o Havaííííí!" e "Superswell chegando", alertou a primeira página do *Honolulu Advertiser*. "Oahu prepara-se para onda monstro."

Dave Kalama, monitorando o avanço do swell sobre Maui, estava abalado por seu tamanho e sua intensidade. "Foi a maior tempestade que vi nos mapas de previsão *em todos os tempos*", ele me diria depois. "Meio que me lançou num estado de pânico. Eu tinha que pensar até que ponto queria me arriscar."

Hamilton, que estava praticando em Kauai, ficou sabendo das ondas por diversos canais, nenhum deles envolvendo um computador. "Tento evitar o máximo possível olhar para a tela", ele disse. "Ouço o que todos estão falando e acabo formando minha própria opinião." Sempre cético com a badalação que acompanhava um swell potencialmente importante, naquele caso até ele estava temeroso: "Eu estava me preparando para o desconhecido."

Após 42 anos no Havaí, Hamilton tinha memórias intensas de tempestades famosas. O oceano, como ele testemunhara, era capaz de fúrias bem maiores do que as pessoas conscientemente admitem. Ele tinha cinco anos durante o swell histórico de 1969 e recorda sua família evacuando a casa à meia-noite na costa norte de Oahu. "Lembro que entrei no Chevy 56 conversível do meu pai", ele disse, "e as ondas estavam correndo sob o carro, sob meus pés." Em 1992, ele morava em Kauai quando o furacão Iniki atacou, destruindo mais de quatro mil lares (alguns deles chegaram a ser carregados para o mar por ondas de mais de dez metros) e deixando a ilha em frangalhos. Em outra ocasião na infância, lembra que viu a rebentação de Kings' Reef, uma onda de águas profundas fora da baía de Hanalei

---

* Em inglês ("Climes Against Humanity as the Weather Goes Wild"), ocorre um jogo de palavras intraduzível para o português entre *climes* (clima) e *crimes* (crimes). (N.T.)

que é tão rara que parece mítica. Para irromper em seu pleno esplendor, Kings' Reef precisa de um conjunto raro – e poderosíssimo – de condições que ocorrem somente uma ou duas vezes por década. Hamilton nunca esqueceu o aspecto, ou o tamanho, de Kings' Reef. "Está sempre no fundo da minha mente", ele disse. "Dava para obter uma onda de sessenta metros ali. Trinta metros, facilmente."

Contudo, à medida que o swell criado por Nida avançava rumo às ilhas, ficou claro que a onda mais condizente com sua direção era Jaws. "Parece um swell perfeito para Pe'ahi", observou Hamilton. "E faz tempo que não temos um." Ele reuniu seu equipamento e voou de volta a Maui.

O céu estava agitado na noite anterior à chegada das ondas. Passei de carro por Paia, que estava iluminada para o Natal, depois subi a estrada Hana sob uma estranha meia-lua horizontal. Nuvens finas deslizavam à sua frente, atenuando sua luz âmbar. Havia poucos automóveis na estrada, um clima geral de deserção. Em Hookipa parei e saltei do carro. Uma rajada úmida de ar e uma parede de barulho oceânico vieram ao meu encontro, a energia crescente das primeiras manifestações arrepiantes do swell. Mesmo no escuro dava para sentir que as ondas estavam crescendo. Cristas brancas brilhavam ousadas no mar, e a batida grave da rebentação era alta e insistente.

Por toda a ilha, as pessoas haviam passado o dia se mobilizando para a aproximação das ondas altas. Nas praias da costa norte, os salva-vidas afastaram suas torres de observação do mar. Funcionários da prefeitura persuadiram os sem-teto a se afastar do litoral e alertaram os moradores cujas propriedades poderiam estar submersas na manhã seguinte. Barcos retornaram às marinas. Saídas foram canceladas. Os serviços de resgate reforçaram seu efetivo. "O que acha dessas ondas que estão chegando?", me perguntou um caixa no mercado, rosto radiante de excitação.

Hamilton e Kalama tinham estado ocupados preparando jet skis, cordas de reboque, pranchas e equipamento de resgate. "Quanto maior a onda, mais nós exageramos", disse Hamilton. "Temos uma lista das coisas que fazemos todas as vezes. Mudamos os copinhos?* Reforçamos os streps? Como estão as pranchas de resgate? Precisamos de gasolina? De pilhas de rádio? São várias coisas. Eu checo tudinho. Depois Kalama checa também. Aí eu volto a checar a lista. E *ele* talvez ainda a olhe mais uma vez. É um ritual importante."

A prancha que Hamilton pretendia utilizar era uma que ele chamava de Green Meanie (Malvada Verde). Feita à mão pelo mestre *shaper* Dick Brewer, a Meanie era uma lança reluzente de dois metros com uma ponta cruel e quilhas afiadas como navalha que, de acordo com Hamilton, "possuía certa magia". Nem toda prancha possuía. Com frequência, ele tinha que testar uma dúzia delas para descobrir uma que realmente agradasse. "Algumas só de *olhar* sei que não gosto", ele disse. "Quando a energia não está fluindo direito."

Além da vivacidade, a Meanie conseguia lidar com a velocidade. "Tem uma quinta marcha", disse Hamilton, acrescentando que a última coisa que uma pessoa queria sentir durante uma cavada numa onda de vinte metros era sua prancha vibrando sob os pés. Mas, como qualquer puro-sangue nervoso, a Meanie de vez em quando se comportava mal. Ela esteve presente quatro anos antes quando Hamilton arrebentou o joelho no Taiti, e em Egypt quando a perna de Lickle foi esfolada. (Lickle, na verdade, acreditava que foi a quilha traseira de Meanie a causadora de seu ferimento.) Embora segundo a superstição do surfe pranchas verdes dessem azar, Hamilton não ligava para aquilo. "Quando elas funcionam como esta aqui, você não se desfaz delas tão rápido."

A Meanie já estivera em Jaws antes, mas nunca num swell daquele tamanho. Afinal, desde o último haviam decorrido quatro anos, 51 semanas e um dia. Naquele aspecto a tempestade foi uma reunião, a primeira vez em que a equipe completa de Hamilton se reunia desde dezembro de 2004. No final da tarde, Darrick Doerner chegou de Oahu, junto com Jamie Mitchell, Don King, Sonny Miller e dois assistentes de câmera.

---

* Peça que prende o strep na prancha de surfe. (N.T.)

Epílogo

O veterano de ondas grandes Terry Chun veio de Kauai. Assim como Doerner e Mitchell, ele ia alternar entre ondas e dar cobertura a Hamilton e Kalama com um jet ski. Don Shearer, patrulhando em seu helicóptero, e um par de paramédicos que estaria estacionado em um barco no canal, completavam a equipe.

Mas havia uma pessoa faltando.

Mais cedo naquele dia, eu havia falado com a esposa de Brett Lickle, Shannon, e perguntado se ele pretendia sair ao mar. "Ele ainda não sabe", foi a resposta. "Mas... acho que não." Nos dois anos desde o acidente, Lickle ficou de fora de diversos swells, mas uma vez em 2008 concordou em se sentar de novo no jet ski e rebocar Hamilton. A sessão terminara mal, com Hamilton frustrado e Lickle sentindo-se receoso e perturbado. Apesar disso, fiquei pensando se a dramaticidade daquele swell o faria mudar de ideia. A resposta só viria na manhã seguinte.

Nas sombras pré-alvorada, o porto de Kahului estava agitado com surfistas, fotógrafos, capitães de barcos e todo o maquinário pesado que os acompanhava. A primeira coisa que vi quando entrei no estacionamento foi uma picape e seu trailer sendo sugados para o mar por ondas que batiam no alto da rampa de lançamento. Os olhos do motorista estavam arregalados, e os pneus rodavam enquanto ele acelerava no cimento escorregadio, mas estava sendo puxado rapidamente para trás. O oceano cobriu os para-lamas. Foi preciso uma ação rápida de um guincho para salvá-lo. Felizmente havia muitos por perto. Postada perto do píer, uma equipe de tow-in que não reconheci estava colocando coletes salva-vidas duplos, ficando muito parecidos a uma versão aquática do boneco da Michelin. Ao passar por eles senti no ar uma combinação de maconha e medo.

Jet skis e barcos aproximavam-se da água agitada, deslizando para dentro do porto. Todos os outros pontos de acesso daquele lado da ilha estavam fechados. "Isto é para valer", disse Don King, olhando para o oceano. "E a maré está superalta." Ele estava de pé no convés de nosso barco de 35 pés chamado *Kai Kane* (Homem da Água em havaiano), comandado pelo pescador local Alan Cadiz. Hamilton, Kalama e os outros estavam à nossa frente em quatro jet skis. Shearer partiria do heliporto com Miller assim que amanhecesse.

Jaws deveria estar apinhada. O desejo contido de surfar a onda a pleno vapor garantia isso. "Todo mundo quer dar uma surfada", dissera Kalama checa madrugada. "Veja – pelo menos metade desse pessoal não deveria estar lá no mar." O potencial para o caos era aumentado pelo fato de que muitos surfistas experientes estariam ausentes. Homens como Greg Long, Twiggy Baker, Carlos Burle, Garrett McNamara, Kealii Mamala e Shane Dorian haviam permanecido em Oahu para a competição Eddie Aikau.

Conhecido como o Eddie, tratava-se do evento mais icônico do surfe de remada. Promovido em homenagem a Aikau, um surfista havaiano que desapareceu no mar em 1978 quando remava em busca de ajuda depois que ele e seus colegas de equipe foram levados pela correnteza numa canoa havaiana, o Eddie era em parte um concurso de ondas grandes, em parte um memorial sagrado. Contribuía para sua aura o fato de acontecer raramente: desde sua criação em 1984, havia sido realizado apenas oito vezes, quando as ondas na baía de Waimea estavam perfeitas e ultrapassavam oito metros. Naquele ano parecia que os deuses do clima ouviram as súplicas. A única preocupação: as ondas seriam grandes demais?

Hamilton e Kalama – ambos prefeririam mastigar vidro a participar de uma competição de surfe, mesmo daquela – estavam em busca de algo totalmente diferente. O *Kai Kane* partiu ruidosamente do porto para dentro do Pacífico brincalhão. Cadiz, um sujeito atlético com um blusão de moletom e bermudas, estava descalço ao timão. Perscrutou o oceano com uma atenção redobrada, como se cada movimento da água trouxesse algum presságio maior. Aquele não era um dia para descuidos.

Enfim amanheceu, e surgiu uma luz amarela diáfana contra um céu indefinido. Era difícil prever como seria o tempo. Com uma tempestade tão formidável estacionada (relativamente) perto, tudo era possível: "Cada swell é diferente", disse Don King, obtendo a leitura de boia mais recente em seu celular. Cadiz assentiu, sintonizando o rádio. A estática crepitava, e a voz de computador que informava o tempo no mar ressoava pela cabine: "Um grande e perigoso swell noroeste continuará trazendo ondas muito grandes para as ilhas até pelo menos quarta-feira", disse a voz eletrônica. "As ondas ultrapassarão os níveis de alerta ... algumas áreas podem experimentar ondas em lugares incomuns." Era segunda-feira, e aquele swell estava ali sim, galopando por nós com paredes do tamanho de ônibus intercaladas por vales profundos. O barco oscilava num ritmo lento e resoluto.

Passamos ao largo de Hookipa. A entrada da praia estava fechada, isolada pela polícia. Uma barreira de borrifo obscurecia a costa, ondas explodindo nos recifes externos. Ergui o olhar para Haleakala. O sol iluminava o observatório no pico do vulcão, fazendo-o brilhar como um farol. Jaws estava à frente. Cadiz fez um amplo arco e reduziu o motor, sondando o cenário antes de se aventurar mais perto. King debruçou-se na amurada e sorriu. "Está *ligada*", ele disse. A distância, pude ver longos penachos brancos cuspidos pelo que parecia uma montanha ondulante de contornos suaves.

Com cuidado, rumamos para o canal. Jet skis voavam de todas as direções, e três helicópteros perfaziam pequenos círculos a baixa altitude, um deles com uma câmera de vídeo no nariz. A onda parecia se formar a quilômetros de distância, uma protuberância que aumentava num pico, e depois virava um monstro uivante. Estávamos mais perto agora, e a energia frenética começou a se estabilizar e concentrar. "Quando chega perto o bastante para realmente ouvi-la e sentir o ruído no seu peito", disse Cadiz, "é aí que você *percebe*." King estava postado no convés posterior e vestiu seu traje de mergulho e colete salva-vidas. Fiz o mesmo, embora minhas mãos tremessem e eu não estivesse nada segura de que queria entrar na água. Ao penetrarmos lentamente no canal, Cadiz examinou o ângulo das ondas. Mesmo uma ligeira guinada para o norte podia mover a rebentação naquela direção.

"Ahhh, olhe esta série!", exclamou King, apontando. A onda se elevou, sua face raiada de branco, e investiu contra o céu, pairando lá, acentuando-se e emplumando-se, antes que a crista caísse e rebentasse na superfície durante três ensurdecedores segundos. E depois tudo virou água espumosa branca, ar reluzente, os cacos líquidos de um espelho quebrado, e o *Kai Kane* balançou após a onda. Uma Pe'ahi diferente daquela que eu encontrara antes.

O helicóptero amarelo de Don Shearer mergulhou sobre o penhasco e ao longo da água, manobrando em frente ao tubo. Shearer voava tão baixo que às vezes a crista da onda estava acima dele. Seus movimentos eram tão precisos e intuitivos que seu helicóptero conseguia acompanhar a rota de um surfista, próximo o suficiente para monitorar as expressões faciais dele. Miller, preso por um cinto de segurança, inclinou-se para fora do helicóptero sem portas, filmando. Quando uma prancha, um jet ski ou um surfista se perdia na água espumosa, Shearer distinguia sua localização do alto e depois pairava bem acima, sinalizando para a equipe de resgate.

Do canto do olho vi um jet ski se aproximando. Doerner, vestindo um blusão vermelho e bermudas, com um par de pés de pato para resgate amarrados no pulso, parou ao nosso lado. Ele era um sujeito de aspecto normal com uma intensidade anormal, e embora eu nunca o tivesse visto em ação antes, tive na hora uma impressão de que ele era profundamente habilidoso. Doerner muitas vezes lançava suas ironias cortantes contra a estupidez de surfistas vacilões do mundo do tow-in (embora estivesse sempre preparado para resgatá-los). "Este é o Esporte dos Reis", ele dissera. "Não o Esporte dos Manés." Hoje seus olhos castanho-escuros emitiam a mensagem: *Esta onda é séria, e é bom que quem estiver por aqui seja sério também.*

Segurando o estojo volumoso da câmera, King lançou uma perna sobre a amurada e depois virou para trás para me dar alguns últimos conselhos. "Se for atingida por uma onda", ele disse, "o segredo é não entrar em pânico. Você não quer perder o controle – assim acaba se dando mal –, você quer se safar. Lembre: você *tem* capacidade pulmonar para aguentar." Sua voz soava como que vindo de uma grande distância, o estrondo da onda deformando os sons à nossa volta, engolindo-os. Depois ele saltou no jet ski de Doerner e foi-se.

Cinco minutos depois, Hamilton subiu no barco para pegar água no refrigerador do convés. "Como está o mar?", perguntei, entregando uma garrafa. "Está tudo de bom", ele respondeu. "Pode ir fundo. Você vai sentir a energia..." O resto de sua frase foi suprimido pelo troar de outra onda quebrando. Depois ele se virou e berrou algo que não captei exceto as palavras "lá fora". Partiu com a mesma rapidez com que surgira, mas Terry Chun chegou em seguida e acenou para que eu pulasse no seu jet ski.

⁂

As ondas gigantescas permaneceram por dois dias. Mesmo depois daquilo, pelo resto da semana, o mar continuou turbulento. Não foi o swell histórico que havia sido anunciado – a tempestade demoníaca que varreria Maui do mapa –, mas mesmo assim foi algo muito bom e raro. Celebrando as ondas, assim que o Primeiro Dia escureceu, recomeçou a tradição de se reunir no penhasco para brindar Pe'ahi.

Picapes e carrinhos de golfe descem pelas plantações de abacaxis: Hamilton, Kalama, Mitchell. Sierra Emory estava ali, bem como Teddy Casil. Miller, King e o fotógrafo francês Sylvain Cazenave trouxeram suas câmeras. Vi Lickle apoiado em uma cerca frágil que alguém havia erguido, e fui até lá. Ele estava observando uma equipe solitária de tow-in pelo binóculo, ainda lá fora na onda. Uma dupla obstinada que ainda não aprendera que os jet skis quebram constantemente, e que quando isso acontece não é bom estar no oceano Pacífico agitado pela tempestade à noite. "Ainda está grande", disse ele quando me aproximei. "E minha previsão é que será maior amanhã."

"Está mudando de ideia?"

Lickle baixou o binóculo e balançou a cabeça, negando. "Pela maneira como eles alardearam esse swell, fiquei contente por *não* estar envolvido. Quero dizer, ainda estou abalado, e quando eles começam a dizer 'AS MAIORES ONDAS EM CEM ANOS!' penso: 'Não quero estar ali.'" Ele riu. "Quero estar bem aqui, no penhasco."

Daquele ponto de observação, Lickle vira a cena se desenrolar em todas as suas cores, e tivera bons motivos para se sentir grato pelo chão sólido sob seus pés. Três jet skis haviam se arrebentado nas rochas, além de diversas pranchas e um montão de equipamentos. Embora Hamilton, Kalama, Mitchell, Emory, Shearer e outros não tivessem poupado esforços tentando ajudar as pessoas em apuros, muita gente só escapou do desastre por um triz. O surfista australiano Jason Polakow quase não sobreviveu a um caldo de três ondas após ser sugado sobre a crista e ter seu colete salva-vidas arrancado. Ficou preso no fundo – entre as fendas – por um minuto inteiro, uma eternidade naquele tipo de turbulência, e quando enfim emergiu na superfície seus pulmões estavam parcialmente cheios d'água. "Sou tão sortudo por estar aqui", disse ele depois, com o rosto pálido. "Eu me vi morrendo. Conseguia sentir o cérebro sistematicamente desligando."

No jet ski com Chun, eu havia visto um surfista ser atingido bem na cabeça pela crista de uma onda, depois desaparecer por muito tempo. "É como ser atropelado por um carro", disse Chun. "Ele está no escuro agora. Espero que esteja bem. Mas duvido."

Houve um fluxo constante de acidentes. Condutores inexperientes haviam sido capturados dentro da onda, seus jet skis aprisionados sob a crista. Cabos de reboque haviam se entrecruzado, causando colisões em alta velocidade; surfistas inseguros haviam dropado em ondas que já tinham começado a fechar, condenados antes mesmo de iniciar, obliterados numa canhoneira de água espumosa. No meio da tarde, uma frente havia chegado, a temperatura caiu, o vento mudou e, com ele, as regras do jogo viraram outras. "Vento maral", observou Hamilton vendo a última baixa: um sujeito num traje de mergulho verde néon, rosto coberto de óxido de zinco branco, caindo de costas pela face de Jaws. "Ele vai ficar lá embaixo por um tempo."

O circo, o risco, o nervosismo – Lickle deixou claro que não sentia falta daquilo. "Dormi de verdade esta noite", contou. "Não fiquei feito alguém que tomou bolinha e acorda de hora em hora suando frio." Acreditei nele. No entanto, fiquei pensando se uma pessoa acostumada às experiências radicais se satisfaria em ficar à margem. Havia sempre algo agridoce nas transições, a consciência de que o tempo transforma tudo, mesmo as verdades mais confiáveis, em lembranças talismânicas. Enquanto Hamilton e Kalama dominaram o alinhamento naquele dia, como costumavam fazer, uma era pós-ondas grandes havia chegado para Lickle – e mesclado ao seu óbvio alívio senti um toque de tristeza. Perguntei se aquilo era verdade.

Ele respondeu rápido, como se já tivesse refletido bastante naquela questão: "A única coisa que direi é que o acidente foi como que um bilhete de saída, entende?" Sua voz soava áspera, mas cheia de emoção. "O que tínhamos era uma *gangue*. E não dava para abandonar a gangue. Não havia como sair. Existe tanta pressão dos companheiros como: 'Vamos, você é o cara! Bola pra frente!' Você não pode simplesmente se afastar porque… não dá. Mas se você se acidentou e quase morreu, eles deixam você ir."

Um preço alto a pagar, mas é por isso que foi importante. Embora a época de Lickle na arena das ondas grandes tivesse terminado, aquilo não eliminava o que acontecera. "Recordando aquele dia" eu disse, "e sabendo o que teve que sofrer, você faria tudo de novo? Valeu a pena pegar aquela onda?"

"Com certeza", respondeu Lickle enfaticamente. "Nunca estive tão eufórico como quando soltei aquela corda e subi no jet ski para rebocar Laird." Seu rosto ficou grave. "Dali fui para um lugar que foi tão ruim, estava praticamente sangrando até morrer. Mas, ah, sim, mesmo que eu soubesse… mesmo assim teria surfado aquela onda."

Baixei o olhar para sua perna esquerda, a cicatriz tão proeminente que parecia que toda a sua panturrilha havia se fundido. A carne estava mexida, endurecida. Lickle elevou seu binóculo de novo. "Pode ter um pouco mais de vento norte no swell agora", ele disse, mudando bruscamente de assunto.

Atrás de nós as coisas estavam ruidosas, o vinho tinto e a Coors Light fluindo. "Você está com tudo!", gritou Kalama afetuosamente para Don Shearer. Você está nos ofuscando! Éramos nós os tais nas ondas! Agora só se ouve: 'Ei, quem é aquele sujeito no helicóptero?'"

Miller, postado por perto, deu seu riso contagioso característico. "Nossa banda não tocava havia um tempão", ele disse, e gesticulou para

Jaws. "É como se o gigante adormecido tivesse acordado!" Encostou no para-choque da picape de Hamilton. "Tem umas ondas malucas que o pessoal está pegando, na Tasmânia e sei lá onde, mas num dia como hoje você se lembra: Pe'ahi vence todas elas."

Hamilton, ouvindo a conversa, concordou: "Quando ela está em ação, é bom todo mundo abaixar a cabeça."

Nos últimos anos, o surfe tow-in havia aberto uma nova vanguarda: as ondas "malucas" a que Miller se referiu. Chamadas de lajes (ou às vezes lajes mortais), eram mais como batidas de carro oceânicas do que ondas propriamente ditas, tão espessas quanto altas, fraturadas e brutalmente disformes, com buracos cavernosos e sugadores em suas bases. Formavam-se ao redor de recifes e saliências onde swells oceânicos fortes eram forçados abruptamente a mudar da água profunda para uma água muito rasa, não deixando ao surfista qualquer margem de erro. "Algumas ondas são paredes e outras são tetos", dissera Hamilton certa vez, referindo-se a Teahupoo, que no fundo era uma laje. Mas aquela onda havia frequentado uma escola de freiras comparada com algumas das lajes na costa australiana, que pareciam egressas do manicômio da natureza. "É inacreditável", contou-me Mitchell. "É um negócio totalmente diferente. Existe uma fronteira. Se você cai de um lado da fronteira, tudo bem. Se cai do outro, está morto."

As lajes perigosas pouco interessavam a Hamilton, embora outras ondas-limite chamassem sua atenção. Embora a idade tenha aparado algumas de suas arestas mais aguçadas – os saltos que dava do alto de penhascos de quase quarenta metros ficaram no passado –, ele não estava reduzindo seu ritmo. "Estou batalhando a longo prazo", dissera certa vez, acrescentando que experiência era exatamente o que precisava para progredir. "Você é um apostador melhor quando consegue pagar a conta."

Mesmo assim, havia coisas de que não gostava – a badalação e as luzes que agora cercavam o surfe tow-in ocupavam o topo da lista –, e eu suspeitava que no futuro ele tentaria evitá-las. Uma forma de fazê-lo era a prancha de surfe *hydrofoil*, um dispositivo híbrido dotado de hidrofólio que ele criara cerca de uma década antes e com que vinha flertando desde então. O foil surfing, como era conhecido, parecia um pouco estranho, com o surfista flutuando pouco mais de um metro sobre a onda, usando botas de snowboard. A própria prancha de foiling era ainda menor do que a de tow-in, guiada por um leme embaixo d'água ligado a um suporte vertical. Por mais tosco que parecesse, o foil surfing permitia aos surfistas tirar graciosos arcos até nas ondas mais mexidas. Todo o atrito era eliminado.

Mas algumas dificuldades ainda perduravam. A queda, por exemplo, era um caminho rápido para sérios apuros. Uma coisa era se soltar de um par de streps, outra coisa era desafivelar botas de snowboard embaixo d'água enquanto você era serrado pelo próprio dispositivo. O hidrofólio de aço – a pá que retalhava a onda logo abaixo da superfície – era pesado e pontudo, capaz de danos terríveis. Num acidente, Don King, lançado embaixo d'água, escapou por pouco de ser decapitado.

Mesmo assim, Hamilton estava otimista. "Acho que o foil evoluirá para nos ajudar a romper as barreiras no surfe de ondas gigantes", disse. "Permitirá avançarmos à próxima dimensão, que é a rapidez. Não seremos afetados pelas condições da superfície." Tempestades de força doze no mar do Norte, um swell perigosamente bruto na beira de um furacão, ondas enormes ou caóticas demais para o surfe tow-in – com o equipamento certo, tudo isso se tornaria surfável: "O objetivo é surfar os maiores swells que o oceano consegue criar."

Esses novos pontos extremos que Hamilton buscava? Ele provavelmente os encontraria. Tudo no oceano, ao que parecia, estava aumentando: a altura das ondas, o nível dos mares, a temperatura da superfície, a velocidade dos ventos, a intensidade das tempestades, as ondas costeiras, o risco de tsunamis. "Está na hora de se preparar para as grandes enchentes", alertou um editorial de julho de 2009 da revista *New Scientist*, prevendo que "grandes trechos de paisagem urbana desaparecerão sob as ondas" à medida que o oceano se elevasse. "É fácil imaginar um futuro apocalíptico encharcado para Nova York", alertou a revista *New York*, "ondas altas molhando a bainha do manto da Estátua da Liberdade, inundações súbitas penetrando túneis de metrô, caiaques descendo Wall Street." "O futuro das cidades costeiras do Reino Unido está em risco devido à elevação dos níveis do mar", informou a Lloyd's de Londres em um de seus boletins. "O Maior Kahuna",* dizia uma manchete recente da *Scientific American*. "Ondas oceânicas extremas mais frequentes e mais altas serão um subproduto do aquecimento global?"

A relação entre as ondas, o clima, as temperaturas crescentes do planeta e os ciclos oceânicos dominantes é de extrema complexidade – e nossa compreensão acerca dela está longe de ser completa –, mas a resposta sucinta à pergunta da *Scientific American* é: quase certamente, sim. Pesquisadores da Oregon State University concluíram que "os aumentos são importantes em seus impactos, seja na segurança dos navios ou na elevação dos riscos nos litorais, bem como no projeto de engenharia de estruturas oceânicas e costeiras". Num importante artigo, eles haviam acabado de revelar que a onda de cem anos no noroeste do Pacífico, cuja altura em 1996 foi de dez metros, estava agora mais perto dos quatorze metros, e segundo alguns cálculos poderia ultrapassar os dezessete.

Não era difícil imaginar ondas desse tamanho – e maiores. Tudo que eu tinha que fazer era olhar sobre a cerca. Em Jaws, as ondas continuavam chegando. Água espumosa se elevava e tombava da arrebentação ao penhasco, a energia que crescera através do Pacífico chegando ao fim naquelas rochas. Hamilton foi falar com Lickle, seguido por Buster, seu rat terrier. "Ainda está bombando", ele disse. "E as boias estão agitadas."

"Bem, se você olhar para a bolha", disse Lickle, "ainda está aqui – e continua púrpura. Não está indo embora. Está parada aqui." Assentiu com um ar sábio. "Houve umas ondas grandes hoje, mas foram provavelmente a linha de frente . Acho que amanhã é que o bicho vai pegar!"

Hamilton inclinou-se sobre a cerca, subitamente concentrado na água. "Algumas dessas ondas são inacreditáveis."

"Espero que não atinjam o auge esta noite", disse Lickle. "Ei, só para constar", ele acrescentou, numa voz baixa, como se estivesse para revelar um segredo.

---

* No original, *"The Bigger Kahuna"*: alusão à expressão *Big Kahuna*, que designa o melhor surfista da praia. *Kahuna* em havaiano significa "feiticeiro". (N.T.)

"Sim?" Hamilton elevou o olhar.

"Aquela onda quase acabou com você." Lickle deu uma risada sarcástica.

"Qual delas?" Hamilton pensou por um momento. "Ah, sim. *Aquela*. A onda assassina."

"Você estava três metros sob a crista!" O tom de Lickle era de incredulidade. "O fato de que você conseguiu se safar..."

"Fico contente de que você tenha visto", disse Hamilton, rindo. "Surfada submarina."

Sentíamos a umidade no ar. O céu estava pleno de tons melancólicos de cinza e púrpura. Uma frente estava chegando, mudando os ventos para terrais de novo. Mas as rajadas continuavam fracas e provavelmente permaneceriam assim até a manhã. "Este dia valeu por três", disse Hamilton. "É o que o torna tão boni..."

"*Como foi o surfe hoje?*"

Uma voz pequenina interrompeu Hamilton atrás. A pequena Sky Lickle – com seu metro e vinte – estava ali, mãos nos quadris, querendo saber.

"Como foi o surfe?", repetiu Hamilton, procurando um adjetivo. "Hmm... um sucesso."

"Você conseguiu!" O rosto de Sky se iluminou com um sorriso.

"Exatamente!" Hamilton riu, o corpo inteiro irradiando felicidade. Inclinou-se para Sky: "Toca aqui", e depois esticou os braços como que para abraçar tudo aquilo, as ondas, os campos e as pessoas à sua volta. "É *disto* que estou falando!", ele disse. "Quer saber? Isso sintetiza tudo: 'Você conseguiu.'"

Agradecimentos

Nunca esperei que fosse fácil examinar os segredos das ondas gigantes. Seria uma busca complicada, pensei, e para ter alguma esperança de sucesso eu precisaria de um guia. Para isso contactei Laird Hamilton. Minha gratidão a ele é imensurável. Além da disposição em abrir seu mundo para mim, fornecendo um vislumbre extraordinário do oceano com todos os seus segredos, ele e sua esposa, Gabby Reece, abriram seus corações também. Com eles aprendi o verdadeiro significado de *aloha* – a adorável tradição havaiana de contribuir desinteressadamente, mesmo com alguém que você não conhece tão bem.

Deparei com essa generosidade de espírito durante toda a minha pesquisa, em todos os lugares por onde me aventurei, mas especialmente em Maui. Meus agradecimentos profundos vão também para a família Lickle – Brett, Shannon, McKenna e Skylar –, que ofereceu meu lar favorito na ilha, além de muitas conversas e jantares maravilhosos; Dave e Shaina Kalama; Teddy Casil e Devri Schultz; Don e Donna Shearer, Sonny Miller, Jeff Hornbaker e Don King. No continente, sou gratíssimo a Don e Rebecca Wildman, e Ron e Kelly Meyer. Nem sei como agradecer a Jane Kachmer, uma mulher extraordinária, sem a qual este projeto jamais teria acontecido. Sou realmente grata ao seu apoio incansável, trabalho árduo e otimismo contagioso.

Tantas pessoas me ajudaram nas ondas. No mundo do surfe, mando um *shaka* sincero para: Darrick Doerner, Sierra Emory, Gerry Lopez, Greg Long, Twiggy Baker, Sean Collins, Garrett McNamara, Kealii Mamala, Jeff Clark, Tony Harrington, Mike Prickett, Jamie Mitchell, Art Gimbel, Terry Chun, Nelson Chubach, Martha Malone, James "Billy" Watson, Mike Parsons, Robert Brown, Brad Gerlach, Peter Mel, Ken "Skindog" Collins, Raimana Van Bastolaer, Teiva e Nina Joyeux, Tim McKenna, Randy Laine, Maya Gabeira, Ricky Grigg, Greg Noll, Bill Ballard, Josh Kendrick, Scott Taylor, Rob Brown, Tom Servais, Erik Aeder e Sylvain Cazenave.

Agradecimentos

No domínio da ciência, minha lista é igualmente extensa. Imensos agradecimentos a: Don Resio, Val Swail, Al Osborne, Peter Janssen, Penny Holliday, Margaret Yelland, Sheldon Bacon, Peter Challenor, Christine Gommenginger, Russell Wynn, David Levinson, John Marra, Bill McGuire, Steven N. Ward, George Plafker, Lawrance Bailey, Ken Melville, Enric Sala, Jeremy Jackson, Paolo Cipollini, Meric Srokosz, Peter Taylor, Andy Louch, Joanne Donahoe, Kim Marshall-Brown e Mike Douglas.

Na África do Sul, sou grata a Nicholas Sloane, Jean Pierre Arabonis, Dai Davies e Desiree Bik. Em Londres, agradeço a Neil Roberts, da Lloyd's de Londres, e Bill McGuire, do Centro de Pesquisas de Risco Aon Benfield UCL. Qualquer pessoa que esteja interessada em se aprofundar no mundo fascinante da Lloyd's de Londres achará admirável seu site na web. Dá para ficar lá horas sem fim. De forma semelhante, recomendo fortemente os livros de Bill McGuire sobre os extremos assustadores da natureza.

O Havaí mostrou-se muito mais do que o local principal de *A onda*. Tornou-se meu lar, e um lugar de consolação após a morte súbita do meu pai em julho de 2008. Àquela altura eu mal começara a escrever o livro, e nem sabia como conseguiria continuar, mas as pessoas, o local e o oceano me ajudaram a suportar esse período doloroso. Por toda parte em Maui encontrei gente de extraordinária generosidade, e jamais esquecerei sua gentileza: Rich e Ann Marie Landry (e todos os nadadores de touca rosa de Maui!), Gary Ryan, Marie Cruz, Ed e Kerri Stewart, Felice e Paul Miller, Chelsea Hill, Cheyenne Ehrlich, Ian Horswill, os reverendos Shelley e Kedar St. John, Skeeter Tichnor e todos em The Studio Maui, Chinta Mackinnon, Tim Sherer, Doug Fujiwara, Skip Armstrong e Eddie Cabatu. Envio um superaloha especial a Phyllis Tavares, a fundadora de Ninth Life, um abrigo para gatos em Haiku. Phyl adotou a família de gatos abandonados que fixaram residência na minha varanda, aninhando-se atrás de minhas pranchas de surfe. Se você quiser ler a história inspiradora de uma heroína local, visite seu site: www.9thlifehawaii.org.

Também no continente sou grata a muitos amigos. Andy Astrachan leu a primeira versão da obra, e seu estímulo me inspirou e sustentou.

Meus profundos agradecimentos vão também para Hilary Laidlaw, Niccolo Ravano, David Lynch, Sharon Ludtke, Kristin Gary, Samantha Carey, Eldar Beiseitov, Ann Jackson, Susan Scandrett, Tim Carvell, Tom Keeton, Celia e Henry McGee, Susan Orlean e John Gillespie, Jill Meilus, Vic Calandra, Peggy Dold, Isolde Motley, Maria Moyer, Ace Mackay-Smith, Mark Taylor, Paula Blanchet, Susan King, John e Jane Clarke, Mary Lou Furlong, La Mura Boelling, dr. Lionel Bissoon e Leslie Fischer.

Como sempre, devo muito à minha família: minha mãe Angela Casey, meus irmãos Bob Casey e Bill Casey, bem como Pam Manning, Beth Oman, Mike Casey, Caroline Casey, Kellie Casey, John Casey, Lorna Walkling, Tom Walkling, Chris Walkling e Sarah Walkling-Innes.

Entre meus colegas sou especialmente grata a Martha Corcoran, cuja ajuda ao longo deste projeto foi inestimável. Tom Colligan e Cathay Che contribuíram com informações importantes e checagem dos fatos. Sara Corbett e Lucy Kaylin leram uma versão preliminar do manuscrito e ofereceram muitas ideias e apoio, assim como Terry McDonell, David Granger e Tim Carvell. Na ICM, gostaria de agradecer a Kristyn Keene, Niki Castle e Molly Rosenbaum por sua constante ajuda e boa vontade; e a John DeLaney pela competência jurídica. Devo uma onda gigante de agradecimento ao meu editor, Bill Thomas, cuja orientação hábil está presente em cada página, e à sua incrível assistente Melissa Ann Danaczko.

Durante os cinco anos que gastei trabalhando em *A onda*, uma pessoa esteve sempre presente: meu agente, Sloan Harris. Sua paixão e visão para este projeto foram constantes, e não há palavras para expressar minha gratidão. Em qualquer percurso existem altos e baixos, guinadas, obstáculos inesperados e, às vezes, uma crista quebrando bem na sua cabeça. Com grande senso de humor, Sloan me ajudou a navegar por tudo isso.

Bibliografia

Livros

Atwater, Brian F., Satoko Musumi-Rokkaku, Kenji Satake, Kazue Ueda e David K. Yamaguchi. *The Orphan Tsunami of 1700*. Seattle, WA: University of Washington Press, 2005.
Bascom, Willard. *Waves and Beaches: The Dynamics of the Ocean Surface*. Nova York: Anchor Books, 1980.
Bohn, Dave. *Glacier Bay: The Land and the Silence*. Nova York: Ballantine Books, 1967.
Bruce, Peter. *Adlard Coles' Heavy Weather Sailing*. Camden, ME: International Marine, 1999.
Bryant, Edward. *Tsunami: The Underrated Hazard*. Cambridge, Inglaterra: Cambridge University Press, 2001.
Butt, Tony e Paul Russell. *Surf Science*. Honolulu: University of Hawaii Press, 2004.
Caldwell, Francis E. *The Land of the Ocean Mists*. Edmonds, AK: Alaska Northwest Publishing, 1986.
Carson, Rachel. *The Sea Around Us*. Nova York: Oxford University Press, 1989.
Cramer, Deborah. *Smithsonian Ocean*. Nova York: Smithsonian Books, 2008.
Dudley, Walter C. e Min Lee. *Tsunami!*. Honolulu: University of Hawaii Press, 1998.
Florin, Diacu. *Mega Disasters*. Princeton, NJ: Princeton University Press, 2010.
Fradkin, Philip L. *Wildest Alaska*. Berkeley, CA: University of California Press, 2001.
Grigg, Ricky. *Big Surf, Deep Dives, and the Islands*. Honolulu: Editions Limited, 1998.
Hooke, Norman. *Modern Shipping Disasters*. Londres: Lloyd's of London Press, 1989.
Lapham, Lewis. *Lapham's Quarterly: Book of Nature*. Nova York: American Agora Foundation, 2008.
Lutjeharms, R.E. Johann. *The Agulhas Current*. Berlim: Springer, 2006.
Maslin, Mark. *Global Warming*. Nova York: Oxford University Press, 2004.
McGuire, Bill. *Apocalypse: A Natural History of Global Disasters*. Londres: Cassell & Co, 1999.
_____. *Surviving Armageddon*. Nova York: Oxford University Press, 2005.
Ochoa, George, Jennifer Hoffman e Tina Tin. *Climate*. Londres: Rodale Books International, 2005.
Orrell, David. *The Future of Everything*. Nova York: Thunder's Mouth Press, 2007.
Pilkey, Orrin H. e Linda Pilkey-Jarvis. *Useless Arithmetic*. Nova York: Columbia University Press, 2006.
Polkinghorne, John. *Quantum Theory*. Nova York: Oxford University Press, 2002.
Prager, Ellen J. *Furious Earth: The Science and Nature of Earthquakes, Volcanoes, and Tsunamis*. Nova York: McGraw-Hill, 2000.

Redfern, Martin. *The Earth*. Nova York: Oxford University Press, 2003.
Smith, Craig B. *Extreme Waves*. Washington, D.C.: Joseph Henry Press, 2006.
Smith, Leonard. *Chaos*. Nova York: Oxford University Press, 2007.
Smith, P.J. *The Lost Ship SS Waratah*. Gloucestershire, UK: History Press, 2009.
Sverdrup, Keith A., Alyn C. Duxbury e Alison B. Duxbury. *An Introduction to the World's Oceans*. Nova York: McGraw-Hill, 2003.
Turner, Malcolm. *Shipwrecks & Salvage in South Africa*. Cidade do Cabo, África do Sul: Struik, 1988.
Ulanski, Stan. *The Gulf Stream*. Chapel Hill: University of North Carolina Press, 2008.
Uys, Ian. *Survivors of Africa's Oceans*. África do Sul: Fortress Publishers, 1993.
Warshaw, Matt. *Mavericks*. São Francisco: Chronicle Books, 2000.
_____. *The Encyclopedia of Surfing*. Orlando, FL: Harcourt, 2005.
Williams, Waimea. *Aloha, Kauai*. Waipahu, HI: Island Heritage Publishing, 2004.
Winchester, Simon. *Krakatoa*. Nova York: HarperCollins, 2003.

Publicações científicas, periódicos e jornais

Abruzzese, Leo. "Nature's Fury". *The Economist*, 16 nov 2006.
Ananthaswamy, Anil. "Going, Going..." *New Scientist*, 4 jul 2009.
Ball, Philip. "Ship Endures Record-Breaking Waves", *Nature*, 17 mar 2006.
BBC News. "Giant Wave Could Threaten U.S.", 4 out 2000.
BBC News. "Rogue Wave Theory for Ship Disaster", 26 nov 2001.
Becker, Markus. "Vessel Measures Record Ocean Swells", *Der Spiegel*, 31 mar 2006.
Bojanowski, Axel. "Study Sees North Sea Tsunami Risk", *Der Spiegel*, 10 out 2006.
Britt, Robert Roy. "Ship-Devouring Waves, Once Legendary, Common Sight on Satellite", *USA Today*, 23 jul 2004.
Broad, William J. "New Tools Yield Clues to Disasters at Sea", *New York Times*, 16 mar 1999.
_____. "Rogue Giants at Sea", *New York Times*, 11 jul 2006.
Calamai, Peter. "The Cold Truth About Rogue Waves", *Toronto Star*, 19 dez 2006.
Carson, Rachel. "The Sea: Wind, Sun, and Moon", *The New Yorker*, 16 jul 1951.
Chang, Kenneth. "Strongest Hurricanes May Be Getting Stronger", *New York Times*, 4 set 2008.
Dean, Cornelia. "Study Warns of Threats to Coasts From Rising Sea Levels", *New York Times*, 17 jan 2009.
Draper, Laurence. "Severe Wave Conditions at Sea", *Journal of the Institute of Navigation*, vol. 24, n.3, jul 1971.
Emanuel, Kerry. "Increasing Destructiveness of Tropical Cyclones Over the Past 30 Years. *Nature*, 4 ago 2005.
European Space Agency (ESA). "Ship-Sinking Monster Waves Revealed by ESA Satellites", 21 jul 2004.

Fearing, Katie M. e Robert A. Dalrymple. "Wave Refraction at Jaws, Maui". Artigo do Center for Applied Coastal Research, University of Delaware, 1998.
Fyfe, John C. e Oleg A. Saenko. "Anthropogenic Speed-Up of Oceanic Planetary Waves", *Geophysical Research Letters*, vol. 34, 2007.
Gain, Bruce. "Predicting Rogue Waves", *MIT Technology Review*, mar 2007.
Haver, Sverre. "Freak Wave Event at Draupner Jacket". Artigo do Ifremer Rogue Wave Symposium, 2004.
_____. "Freak Waves: A Suggested Definition and Possible Consequences for Marine Structures". Artigo do Ifremer Rogue Wave Symposium, 2004.
Heberger, Matthew, Heather Cooley, Pablo Herrera, Peter H. Gleick e Eli Moore. "The Impacts of Sea-Level Rise on the California Coast". Artigo do California Climate Change Center, 2009.
Heller, Eric. "Freak Waves: Just Bad Luck, or Avoidable?". *Europhysics News*, set-out 2005.
Holliday, Naomi P. e Colin R. Griffiths. Relato de cruzeiro do Southampton Oceanography Center. Southampton, Inglaterra, 2000.
Holliday, Naomi P., Margaret J. Yelland, Robin Pascal, Val R. Swail, Peter K. Taylor, Colin R. Griffiths e Elizabeth Kent. "Were Extreme Waves in the Rockall Trough the Largest Ever Recorded?" *Geophysical Research Letters*, vol. 33, 2006.
International Union of Marine Insurance. "IUMI 2006 Shipping Statistics: Analysis", Zurique, Suíça, 2006.
_____. "IUMI 2008 Shipping Statistics: Analysis", Zurique, Suíça, 2008.
_____. "IUMI Facts and Figures Committee Report", Vancouver, Canadá, 2008.
Kolbert, Elizabeth. "Outlook: Extreme", *National Geographic*, abr 2009.
Komar, Paul D. e Jonathan Charles Allen. "Increasing Wave Heights Along the U.S. Atlantic Coast Due to the Intensification of Hurricanes", *Journal of Coastal Research*, 2008.
Kushnir, Y., V.J. Cardone, J.G. Greenwood e M.A. Cane. "The Recent Increase in North Atlantic Wave Heights", *Journal of Climate*, 1997.
Ledford, Heidi. "California Caught Off Guard By Tsunami", *Nature*, 17 nov 2006.
Lloyd's de Londres. "360 Risk Project: Catastrophe Trends 1". Relatório da Lloyd's de Londres, Inglaterra, 2006.
Lohr, Steve. "Puzzled Scientists Find Waves Off Britain Are Growing Larger", *New York Times*, 19 abr 1988.
Lovett, Richard. "The Wave from Nowhere", *New Scientist*, 24 fev 2007.
Magnusson, Karin Anne, Magnar Reistad, Øyvind Breivik, Rasmus Myklebust e Ellis Ash. "Forecasting a 100-Year Wave Event", Apresentação do 9th International Workshop on Wave Hindcasting and Forecasting, 2006.
Mallory, J.K. "Abnormal Waves on the South East Coast of South Africa", Institute of Oceanography, University of Cape Town, 1997.
Mangold, Tom. "Scandal of the Rotting Tankers", *Reader's Digest*, nov 1993.
Masson, D.G., C.B. Harbitz, R.B. Wynn, G. Pedersen e F. Lovholt. "Submarine

Landslides: Processes, Triggers, and Hazard Prediction", *Philosophical Transactions of the Royal Society*, 2006.

MaxWave. "Minutes from the MaxWave SAP Meeting at BP Staines, 5th of November, 2001".

McCredie, Scott. "When Nightmare Waves Appear Out of Nowhere to Smash the Land", *Smithsonian*, mar 1994.

McGuire, Bill. "Climate Change: Tearing the Earth Apart?" *New Scientist*, 27 mai 2006.

_____. "Global Risk from Extreme Geophysical Events: Threat Identification and Assessment", *Philosophical Transactions of the Royal Society*, vol. 364, 2006, p.1889-1909.

_____. "Ground Deformation Monitoring of a Potential Landslide at La Palma, Canary Islands", *Journal of Volcanology and Geothermal Research*, vol. 94, 1999, p.251-65.

_____. "There's a Storm Brewing", *The Guardian*, 28 abr 2008.

Mercer, Phil. "Extreme Waves Worry Australia", BBC News, 1º dez 2008.

Mertie, J.B. "Notes on the Geography and Geology of Lituya Bay, Alaska", USGS, 1931.

Miller, Don J. "Giant Waves in Lituya Bay Alaska". Artigo profissional 354-C do USGS, 1960.

Moss, J.L., W.J. McGuire e D. Page. "Ground Deformation Monitoring of a Potential Landslide at La Palma, Canary Islands", *Journal of Volcanology and Geothermal Research*, vol. 94, 1999, p.251-65.

Organização Marítima Internacional (IMO). "IMO and the Safety of Bulk Carriers", Londres, Inglaterra, 1999.

Painel Intergovernamental sobre Mudança Climática, Grupo de Trabalho 1. "The Physical Science Basis: Summary for Policymakers", Organização Mundial de Meteorologia, Gênova, Suíça, 2007.

Paulson, Tom. "Secrets of Tsunamis Not Easily Revealed", *Seattle Post Intelligencer*, 17 jan 2005.

Peeples, Lynn. "The Bigger Kahuna: Are More Frequent and Higher Extreme Ocean Waves a By-Product of Global Warming?" *Scientific American*, fev 2010.

_____. "The Real Sea Monsters: On the Hunt for Rogue Waves", *Scientific American*, setembro de 2009.

Perkins, Sid. "Dashing Rogues", *Science News*, 18 nov 2006.

Rosenthal, W. e S. Lehner. "Rogue Waves: Results of the MaxWave Project", *Journal of Offshore Mechanics and Arctic Engineering*, vol. 130, 2008.

Ruggiero, Peter, Paul D. Komar e Jonathan C. Allan. "Increasing Wave Heights and Extreme Value Projections: The Wave Climate of the U.S. Pacific Northwest", *Coastal Engineering*, vol. 57, 2009, p.539-52.

Slunyaev, A., E. Pelinovsky e Guedes C. Soares. "Modeling Freak Waves from the North Sea", *Applied Ocean Research* 27, 2005, p.12-22.

Taylor, Paul, Dan Walker e Roy Rainey. "On the New Year Wave at Draupner in the Central North Sea in 1995", Apresentação do 20th International Workshop on Water Waves and Floating Bodies, Spitsbergen, Noruega, 2005.

Tisch, Timothy D. "Tsunamis: A Rare but Real Marine Hazard", *Professional Mariner*, ago-set 2005.
United States National Oceanic and Atmospheric Administration. "United States Tsunamis, 1690-1988", Publicação 41-2. Boulder, CO: U.S. Department of Commerce, 1989.
Wang, David W., Douglas A. Mitchell, William J. Teague, Ewa Jarosz e Mark S. Hulbert. "Extreme Waves Under Hurricane Ivan", *Science*, 5 ago 2005.
Ward, Steven N. e Simon Day. "Cumbre Vieja Volcano – Potential Collapse and Tsunami at La Palma, Canary Islands", American Geophysical Union, 2001.
Witze, Sandra. "Bad Weather Ahead", *Nature*, vol. 441, jun 2006.
Wynn, R.B. e D.G. Masson. "Canary Islands Landslides and Tsunami Generation: Can We Use Turbidite Deposits to Interpret Landslide Processes?" Southampton Oceanography Center. Southampton, Inglaterra, 2003.
Yanchunas, Don. "Crew of British Research Vessel Gathers Extraordinary and Dangerous Data on Waves", *Professional Mariner*, ago-set 2006.
Yeom, Dong-Il e Eggleton, Benjamin J. "Rogue Waves Surface in Light", *Nature*, 13 dez 2007.

Sites

Clima e previsão de ondas
Surfline: www.surfline.com
Stormsurf: www.stormsurf.com
Wavewatch III Climate Model: http://polar.ncep.noaa.gov/waves/wavewatch/

Instituições e organizações
Centro de Pesquisas de Risco Aon Benfield: www.abuhrc.org
Competição Billabong XXL: www.billabongxxl.com
Lloyd's de Londres: www.lloyds.com
National Oceanography Center (Southampton): www.noc.soton.ac.uk
National Oceanographic and Atmospheric Administration: www.noaa.gov
Serviço de Pesquisas Geológicas dos Estados Unidos: www.usgs.gov

Personagens
Arabonis, Jean Pierre: www.osis.co.za
Clark, Jeff: www.jeffclarksurfboards.com
Doerner, Darrick: www.dd-sea.com
Gabeira, Maya: www.mayagabeira.com
Gerlach, Brad: www.bradgerlach.com
Hamilton, Laird: www.lairdhamilton.com
Harrington, Tony: www.harroart.com

Hornbaker, Jeff: www.thirdeyeworld.com
Kalama, Dave: www.davidkalama.com
Lickle, Brett: www.surfball.net
Long, Greg: www.greglong.com
McNamara, Garrett: www.garrettmcnamara.com
Mel, Peter: www.petermel.com
Miller, Sonny: www.worldwavepictures.com
Mitchell, Jamie: www.jamie-mitchell.com
Prickett, Mike: www.prickettfilms.com
Shearer, Don: www.windwardaviationmaui.com
Sloane, capitão Nicholas: www.svitzer.com

Sites em português
RicoSurf: www.ricosurf.globo.com
Burle, Carlos: www.carlosburle.com

Créditos das ilustrações

1. Tom Servais
2. Tom Servais
3. Tom Servais
4. Tom Servais
5. erikaeder.com
6. N. Penny Holliday
7. Cortesia da Nasa/JPL-Caltech AIRS Project
8. National Oceanography Centre
9. N. Penny Holliday
10. Arnulf Husmo/Getty Images
11. Brian Ingpen
12. Susan Casey
13. Tom Servais
14. Tom Servais
15. Dana Edmunds
16. Tony Harrington
17. Tim McKenna/Cortesia da revista *Surfer*
18. Tony Harrington
19. Tony Harrington
20. Tony Harrington
21. Robert Brown Photography.com
22. Robert Brown Photography.com
23. U.S. Geological Survey
24. SSPL/Getty Images
25. Bloomberg via Getty Images
26. The Granger Collection, Nova York
27. Karsten Petersen, www.global-mariner.com
28. D.J. Miller/U.S. Geological Survey
29. D.J. Miller/U.S. Geological Survey
30. D.J. Miller/U.S. Geological Survey
31. U.S. Geological Survey
32. U.S. Army/U.S. Geological Survey
33. Andrew Ingram/*The Cape Times*
34. Benjamin Thouarsd
35. Don King
36. Tom Servais
37. Da ponte do navio *Discoverer* da NOAA, tirada por RADM Richard R. Behn, NOAA (aposentado)

Este livro foi composto por Mari Taboada em Dante Pro 11,5/16
e impresso em papel pólen soft 80g/m² e cartão triplex 250g/m²
por Geográfica Editora em outubro de 2010.